心理検査を支援に繋ぐフィードバック

事例でわかる心理検査の伝え方・活かし方

[第2集]

竹内健児 編

金剛出版

目次

第1章
心理検査の客観的で支持的なフィードバックを目指して ………… 3
竹内　健児

第2章
小学校就学を控えて小児科を受診した男児に知能検査を実施した事例 ………… 19
検査▶WISC-IV
森　名月

2章コメント
就学時の発達相談における知能検査の意味と活かし方 ………… 33
筺　倫子

第3章
チック症状を主訴として来談した、発達障害の疑いがある9歳女児の事例 ………… 43
検査▶WISC-IV, P-Fスタディ(児童版)
山口　恵理

3章コメント
発達臨床における心理検査の実施とその後の対応 ………… 62
吉岡　恒生

第4章

就労での躓きをきっかけに療育手帳の取得に至った20代前半の女性の事例 ………… 71
知的障害者更生相談所における判定としての心理検査

検査▶新版K式発達検査2001, バウムテスト

福田 香織

4章コメント
福田さんの事例対応における「心理検査の伝え方・活かし方」についてのコメント ………… 90

川畑 隆

第5章

再就職を目標にしている20代の女性入院患者に対する心理検査の活用 ………… 99
デイケアスタッフと協働した事例

検査▶WAIS-III, SCT, バウムテスト, ロールシャッハ・テスト

宮部 由紀

5章コメント
共に理解を深め治療に活かす心理アセスメント

髙橋 靖恵 ………… 117

第6章

職場での不適応を悩み, 自分は「アスペルガー症候群」ではないかと疑った30代女性の事例 ………… 125
心療内科診療所における臨床実践から

検査▶バウムテスト, 風景構成法, 自閉症スペクトラム質問紙(AQテスト), WAIS-III

森崎 志麻

6章コメント
心理検査と心理療法の間の橋となるもの ………… 144

吉川 眞理

第7章

発達障害を疑って自ら心理検査を希望した30代女性の事例 ………… 153

検査 ▶ バウムテスト, WAIS-III

柿田 明梨

7章コメント

経験から学ぶ ………… 170

篠竹 利和

第8章

自殺企図を起こして救急搬送された40代男性のアセスメント ………… 179

検査 ▶ ロールシャッハ・テスト, バウムテスト, SCT, WAIS-III

天満 弥生

8章コメント

心理検査の臨床的な活用について考える ………… 195
患者との結果の共有を中心に

吉村 聡

第9章

認知症が疑われた高齢者糖尿病患者への認知機能検査を他職種連携へと活用した事例 ………… 205

検査 ▶ HDS-R, MMSE-J, FAB, WAIS-III簡易実施法, 時計描画テスト, 立体図形模写

水戸 薫

9章コメント

糖尿病患者への心理的援助とチーム医療における他職種との連携・協働について ………… 225

久保 克彦

あとがき ………… 236
索引 ………… 238

心理検査を支援に繋ぐフィードバック

事例でわかる心理検査の伝え方・活かし方［第2集］

第1章

心理検査の客観的で
支持的なフィードバックを目指して

竹内 健児

I │ 第2集の意図

　前著『事例でわかる心理検査の伝え方・活かし方』(2009)（以下，「第1集」と呼ぶ）を刊行してから7年近くが経とうとしている。日本における心理検査のフィードバックに関する議論は，「前世紀」には非常に乏しいものであったと言わざるを得ない。やがて，中村と中村[12]による「ロールシャッハ・フィードバックセッション」に関する研究などを皮切りに，2000年代に入ってゆっくりとしたペースで歩み始める。成書で言えば，川畑ら[7]，氏原ら[21]，森田[11]，小山[9]，下山ら[14]の手によるものには同じテーマが取り上げられているし，2007年には米国においてこの分野で先進的な活躍を見せるフィン[1]の訳書が刊行された。それでも，心理検査のフィードバックの仕方やその後の活用について，事例を通して詳述している本はごく僅かな状況であった。筆者[17]が第1集を編んだのは，そうした状況に一石を投じ，このテーマの議論を活性化させたいと考えたからであった。

　では，その議論はその後，2010年代に入ってどのような進展を見せているだろうか。まず，いくつかの学術雑誌の特集でこのテーマが取り上げられた。例えば，『老年精神医学雑誌』では「高齢者の生活支援のための心理検査の活かし方」[13]が，『発達』誌では「子どものためのアセスメント」[20]が，『こころの科学』誌では「治療に活かす心理アセスメント」[4]がそれぞれ特集されている。また，フィードバックに関する実証的研究も，橋本と安岡[3]や依田と田島[23]によって着手されており，今後の発展が期待される。その他にも岩野・横山[6]，依田[22]，岩佐[5]による論考があり，流れは2010年代に入っていくらか加速しているように見える。それは成書についても言える。例えば髙橋編著[15]の本では1つの章がフィードバックに割かれているし，高橋と津川[16]の編集になる本では実に3

つの章がフィードバックに関する内容に充てられている。筆者ら[19]の文献もそれに加えていただこう。そして、フィンの「治療的アセスメント」が詳述される『治療的アセスメントの理論と実践』の訳書[2]が登場したことも、こうした流れに掉さすものであった。かつて、心理アセスメント関連の本であっても、検査のフィードバックと活用については、最後の方にまるでつけ足しのように取り上げられ、多くても3～4ページが割かれる程度であったことからすると、大きな進歩と言わねばなるまい。

　しかし、である。心理療法の事例検討会に比べて、心理検査を用いた心理アセスメントの過程全体を取り上げる事例検討会がどれほど催されているかと言えば、そこには大きな開きがあるだろう。筆者がここで「アセスメントの過程全体」と言っているのは、検査データをもとにその解釈を検討するだけではなく、検査の依頼があったときから、あるいは検査をしようと自ら思い立ったときから、あるいはクライエントから検査を受けたいという申し出があったときから、検査を準備し、実施し、結果をまとめ、伝え、それを心理学的支援、治療、福祉的支援につなげていく一連の活動を、一つのストーリーとして詳細に検討していくことを指している。そうした事例検討会は、筆者の知る限りではまだまだ少ないのが現状である。第2集を編むことにしたのは、ここ数年の動きをもうひと押ししようと考えてのことである。

　フィードバックにおいて何が重要かについては、上述した文献における議論を通してほぼ出揃ったと言ってよいのではないだろうか。そうした要点は実は、「そう言ってしまえば大変もっともだが、やろうとすると簡単ではない」といった類のものである。現場の心理臨床家としてはそうした要点を個々の事例の中で実際にどう展開させていけばよいか、という具体性が大切になる。そこで今回も第1集と同様に、事例を詳述する形式をとることとした。

II｜検査者の心理検査行動とその情緒的要因

　先程、検査実施をめぐる一連の流れを一つのストーリーとして詳細に検討すると述べた。検査者は、検査データ、および受検時における受検者の行動をもとに受検者の心理を的確に査定しようと努めるが、検査者の行動はそれだけにとどまるものではない（本書では、検査を受ける人の主体性を重視して、「被検査者」や「被検者」ではなく「受検者」の語を用いる）。なぜ検査をしたのか、なぜこのタイミングで検査をしたのか、なぜこの検査を選択したのか、なぜ検査の最中にこ

うした判断を下したのか，なぜこの形でフィードバックしたのか。そこには検査者の思考・判断・実行といった，いわば「検査者の心理検査行動」がある。その行動は，まずもって受検者の利益が最大となるように行われるのであるが，検査者自身が抱く情緒的要因もそこに大なり小なり影響を与えている。検査者は，受検者，その家族，検査者が所属する機関のスタッフ，他機関のスタッフとの関わりの中でさまざまな情緒的体験をしている。面接過程において患者に巻き込まれることを避けるための防衛として検査を実施しようとしたり，取りこぼしを避けるために検査の数をできるだけ増やそうとしたり，所見を書き報告するまでの期間が短いことに焦りを覚えたりもする。また，協働・連携の中では，機関にもよるだろうが，組織の論理，経営面からの要請，人間関係といった要因から，不安や不満，気遣い，気後れなどの感情が混じってくる[18]。

　そうした自分の情緒の動きを統制し，またそれに動かされながらも，的確に判断し，行動に移していく活動が，ここで「検査者の心理検査行動」と呼ぶものである。となれば，心理面接のときだけでなく，心理検査を用いた臨床心理査定の過程においても，検査者は自らの感情の動きをよく見てやる必要がある。精神力動的アプローチで言えば，「検査者の逆転移理解とその活用」となるだろうし，人間性心理学の用語で言えば，「テスター・フォーカシング」といったものになるだろう。第1集も同様だったが，本書の事例執筆者には，そうした検査者の情緒的要因にも触れながら，事例を記述してもらっている。

Ⅲ｜フィードバックを計画する

　臨床心理検査の結果は，検査を受けた人のものである。①いつ，②誰が，③どのように，フィードバックするかについては，個別事例に応じて，つまり援助や治療の目標に沿う形でよく考える必要のあることだが，何も伝えないということはあり得ない。これは検査を行う際の前提条件である。したがって，検査をすることが決まった時点で，フィードバックをどのように行うのか，計画を立てておくことが望ましい。実際にはその時点ではまだ決められない場合もあるし，受検者の希望も聞く必要がある。さらには検査後にバタバタと状況が変わって予定が変更になることもあり得るが，検査をする前に検査施行後のことを視野に入れておくことが大切である。とりわけ，受検者が何らかの事情で，「いついつまでに報告文書がほしい」と要望してくるときは，それに間に合うように期限から逆算して計画しなくてはならない。

表1-1　フィードバックの計画

①いつ
②誰が
・検査者が／依頼者が／両者が同席して
③誰に
・受検者本人に／家族に（支援者を含む）／両方に
④どのような方法で
・口頭のみ／文書のみ／両方
・文書がある場合，説明の後に手渡す／手渡さない

　誰がフィードバックするか。医師からの依頼で心理士が検査をする場合，あるいは心理療法を担当している心理士からの依頼で他の心理士が検査をする場合など，検査者の他に検査の依頼者がいることがある。この場合は，依頼者がフィードバックするのか，検査者がするのかをあらかじめ決めておく必要がある。受検者やその家族からの希望があるなら，それも考慮に入れる。心理療法を行っている心理士と検査を依頼されて実施した心理士が同じ機関に勤めている場合には，フィードバックの時だけ，両方の心理士が同席するというやり方もあってよい。

　誰にフィードバックするか。基本は受検者本人だが，受検者の年齢や状況に応じては，家族と同席，あるいは家族のみということもあり得る。施設利用者であれば，支援者にということもある。

　検査者がフィードバックをする場合，口頭のみで行うか，文書を示すかという選択肢がある（表1-1）。後者の場合，その文書は見せて説明するだけか，それともフィードバック終了後に手渡すかという選択肢がある。例えば，「耳から入ってくる刺激よりも，目から入ってくる刺激の方が理解しやすいし，記憶しやすいようです」というフィードバックを，聴覚刺激だけでやるのは自己矛盾である。その場合は，視覚刺激を使って説明すべきだろう。

　依頼者がフィードバックをする場合，検査者は依頼者に報告を行うことになる。その場合は，報告は文書のみか，口頭でも行うかという選択肢がある（依頼者への報告を口頭だけで行うことはおそらく稀だろう）。また，依頼者宛の報告書の他に，依頼者が受検者にフィードバックする際の受検者宛の文書を別に作り，両方を渡す場合もある。例えば医師が医師宛の報告書をそのまま患者に見せるのではなく，患者が読んで理解できるような文書をあらかじめ別に作成して医師に渡しておくのである（表1-2）。

表1-2 依頼者への報告の計画

①いつ
②どのような方法で
- 文書のみ／文書と口頭で
- 依頼者用の文書のみ／依頼者がフィードバックする際に受検者に提示する（場合によっては手渡す）文書も作成しておく

IV 検査データを言語化する

　検査を施行し，各検査のデータを整理したら，まず検査ごとにその検査から言えることを言語化することになる。とりわけ描画法では，言語化には熟練が要るだろう。その場合，検査データに対する検査者自身の内的体験（検査中のものもあれば，終わってからデータと向き合っているときのものもある）を捉えることも，読み解きの重要な要素となる。例えば，バウムテストで，樹の形状を「枝が複雑に絡み合っている」と言葉で描写し，そこに何らかの心の混乱（これだけでは，まだ何に混乱しているかはわからない）の可能性を読み取る場合，「見ていて奇異な感じがする」か，それとも「痛々しさは感じるが共感はできる」かといった検査者自身の内的体験が，受検者の病態水準の理解に関わってくる。

　また，心理検査を用いた臨床心理査定においては，検査データだけでなく，検査中の受検者の行動を観察し，それも含めて総合的な査定をする必要がある。例えばバウムテストでは，描かれた絵だけが大事なのではない。施行時間が同じ3分であっても，①すぐに描き始めたが，ゆっくりと時間をかけて描いた場合と，②教示を受けてから，じっと考え込み，最初の線を描くまで2分30秒，描き始めたらササッと30秒で描き上げた場合では，3分の意味合いも違うだろう。

V 報告書・フィードバック文書を作成する

　どんな文章であれ，文章を書くときは，誰を読み手として想定しているかを意識しながら書くことが大切だが，心理検査の報告書やフィードバック文書の場合も同様である。読み手は受検者本人なのか，家族なのか，主治医なのか，その他の支援者なのか。複数のこともある。患者と主治医と両方が目を通すことになる

所見であれば，両者が読めるもの，両者が読んで得るものがあるような書き方をしなければならない。読み手が誰かを意識して書くなど当たり前ではないかと思われるかもしれないが，心理検査の報告書は以前は必ずしもそうではなかった。心理「学」レポートとしては格調高いことが書かれていても，誰が読むことを念頭に置いているのだろうと疑問に思うものも少なくなかった。受検者に宛てるのであれば，受検者の読みこなす力への配慮が要るし，医師に宛てるのであれば，その医師の心理検査への通暁度を考慮する必要がある。報告書は決して，書いて提出した後そのままどこかに保管されるだけものではなく，誰かが読むためのものである。そして，読み手は心理士だけではない。

受検者用の文書は，できるだけわかりやすく，ですます調など柔らかい表現を使う。過度な飾りつけはよくないが，場合によってはイラストをいくつか入れたり，文字の大きさに変化をつけるなど，「紙面の明るさ」にも配慮する。

総合所見を書く

総合所見は，研究論文で言えば総合考察の部分に当たる。総合考察を書くには，得られた個々の結果について考察するだけでなく，その論文の「問題と目的」を改めて意識し直し，最初に自らが掲げた問いに自ら答えるという作業をすることになる。同様に，総合所見も，検査実施の目的に立ち返り，最初に受検者，依頼者，検査者によって設定された問いに答えるものである。時折，検査目的が書かれていない報告書を目にすることがあるが，それでは，答えが書かれていても，何に対する答えなのかがわからない。報告書の最初の方に検査目的を書いておくべきであろう。そもそも，検査目的が分からなければフィードバックの仕方も決まって来ないはずである。（だからこそ，本書の事例では，検査目的がどこにあるかを明確にするため，「検査実施前」を詳しく報告してもらっている。）

また，検査データの細かい点に拘るあまり，そもそもの目的を見失うことのないようにしたい。受検者や家族が今困っていることがあり，なぜそうなっているのかを知りたいということであれば，その理由について検査結果から推察されることを書くと，「役に立つ文書」になるだろう。その際は，客観性の高い推察を先に，検査者の主観度の高いものをより後に書くのが望ましい。受検者や家族が「検査を受けて，自分がどうすればよいのかを知りたい」のであれば，検査結果から言えそうな助言があれば書き加えておく。

総合所見を書くときは，その後実施しようとするフィードバック面接を思い浮かべながら書くとよい。総合所見はある意味，フィードバックそのものだと言って

も過言ではない。既に面接を続けているクライエントにフィードバックするなら，クライエントとの問答を想定してみたらよいだろう。障害者枠で採用になった成人の検査所見を書くのであれば，もし仮にその障害者の職場の上司が相談に来たとしたら，と想像し，その上司からこう聞かれたらどう答えようか，どう助言しようかと，想定問答を頭の中で繰り広げてみると，「生きた所見」になるだろう。

　フィードバックは単なるデータの伝達ではなく，それをもとにして受検者に役立つ理解を伝えることにある。報告書を書く際，「得意なところ，苦手なところ，今後気をつけたいところ」のように分け，それぞれの特徴を短文の箇条書きで列挙していく書き方もあるが，筆者は，フィードバック面接を想定し，その際に検査者が受検者に何を伝えたいのかが明確になるような書き方を工夫する。まず，①検査結果を受けて受検者に伝えたいことを考え，それを項目として列挙する。次に，②どの順番で伝えるのが受検者にとってすっと心に入ってきやすいかを考慮して，適切な順に並べ替える。続いて，③全部でいくつのことを伝えようとしているのかがパッと見てわかるように，番号を振っておく。そして，④それぞれの項目について根拠を挙げながら説明を加えていく，のである。先ほどの「得意なところ，苦手なところ」といった特徴は，その根拠の中に散りばめられていくことになる。

ステレオタイプな記述と個性的な記述

　さて昨今，良くも悪しくも「発達障害ブーム」の中で，「視覚優位なので，カードを使って指示しましょう」といった，あまりにステレオタイプな知能検査の所見にしばしばお目にかかるようになった。その助言自体がおかしいと言っているのではなく，「所見にはそう書いておきさえすればよい」といった書き手の安易なマニュアル主義的態度が感じられることに危惧を覚えるという意味である。人は皆それぞれ個性的な存在なのだとすれば，受検者の姿を思い浮かべ，検査以外のデータも照らし合わせながら，検査のデータを深く読み込むことで，自分の中から言葉を紡ぎだしてくる必要がある。その言葉は受検者の個性がどこかしら反映された，個性的な記述になっているはずである。「現場は業務が忙しく，それどころではない」という嘆きも聞こえてきそうだが，それに埋没してはならないだろう。

　個性的な記述をするためには，検査のデータだけでなく受検態度にも立ち返って考えねばならない。知能検査で言えば，実際には，知的「能力」だけでなく，知的「態度」や知的「意欲」も関わっているはずである。例えば，知能検査で「処理速度が遅い」という結果が出ても，注意が散漫で，気が散っている場合もあれ

ば，過度に几帳面で，確実に正解しようとするために遅くなる場合もある。あるいは，単純作業になるとモチベーションが下がるという人もいるだろう。

　所見を書くにあたってマニュアル主義に陥らないためには，ある種の「哲学」を持つことが必要なのだと思う。例えば，知能と知能検査の関係はどうか。知能検査で人間の持つ知能の全てが測られるわけではない。「その知能検査で測られる知能」を測ることはできるが，それ以外の知能についてはそれをもとに推察するか，もしくはもっと謙虚に，「それ以外の知能についてはこの検査からはわからない」とすべきものである。だとするならば，検査所見でその受検者の知能について記述する際には，「この検査で測られている知能はどのような知能か」という理解が前提となるし，逆に「この知能検査で測られていない知能は何か」を考えておく必要がある。その下位検査を受けた時に自分の中でどのような知的操作が行われているかを順を追って分析してみる作業を重ねていけば，「この検査で測られている知能はどのような知能か」が見えてくるだろう。あるいは，例えば文章完成テストや内田クレペリン精神検査を知能検査としてみた場合，どのような知能が測られることになるかを考えてみるのもトレーニングになるだろう。また，知能を測る課題を自分で考案し，数人で持ち寄って，その課題で必要とされるのはどのような知能かを議論するのもよい。例えば，次のような課題があるとしたら，ここで測られる知能はどのような知能だろうか。

　説明会場となっている建物の入り口に「二十歳以上の方は第1会議室に，二十歳以下の方は第2会議室にお入りください」という案内がありました。これでは困る人が出てきます。それは何故ですか。

　診断と知能検査の関係はどうか。知能検査のみで「この患者は発達障害と考えられる」とけっこう断定的な言い方をする所見も目にするが，知能検査にどこまで診断力があるのかも問い直す必要があるだろう。知能検査上で凹凸が見られることがまるで発達障害の定義であるかのような記述も見られるが，たとえいくつかの研究結果から発達障害の人にある程度共通した凹凸の傾向が見出されたとしても，同様の凹凸のある人が皆発達障害であるなどとは言えない。診断はもっと総合的な査定に基づいて行われるべきものであることを改めて確認しておきたい。

　発達支援とは何か。それは人を「平均的な人間にする」ことでも，個人内差のない「平板な人間」にすることでもない。こう言えば当たり前のことだが，知能検査・発達検査の所見となると，残念ながら「そういう人間を目指しましょう」

表1-3　本章で述べた文書作成の要点

①読み手が誰かを意識して書く
②受検者用の文書は，できるだけわかりやすく，柔らかい表現を使う
③総合所見を書くときには，検査目的に戻り，受検者が困っていることに可能な範囲で答える
④総合所見を書くときには，予定しているフィードバック面接を思い浮かべながら書く
⑤ステレオタイプな記述ではなく，受検者の個性を浮き彫りにする記述を心がける

といったニュアンスが感じられる文章に出会うことがある。では，発達支援とは何なのか。平均から「遅れ」を取っていると，社会の中では辛い思いをすることもあるだろうし，それによって自信を失うこともあるから，苦手とする力を可能な範囲で向上させることも一つの支援である。それによって生活の自由度は増すし，生きる意欲も増す。しかし，誰にとっても限界がある以上，その人の力の限界をどのように環境の側で補い，その人がすでに持っている力をどのように活かすかを考えることも支援の一つである。そしてさらに，その人が自分にそうした限界があることを自覚して落ち込んだり，あるいは周囲の人からの言動に傷つけられたとしても，前向きに生きていくことを心理面から支えることがもう一つの支援である。職場によって，対象者の年齢層によって，また学派によって，この3つの支援の方向のうち，どれに力点が置かれるかは異なるだろうが，3つを対立的に捉えるのではなく，支援者はどれをも視野に入れておくべきであろう。

VI｜受検者へのフィードバック面接の手順

　繰り返すが，フィードバックは単なるデータの開示ではない。データを基にして何かを伝えることで支援する，一つの心理面接である。その留意点については既に第1集でも述べたが，ここにその要点をまとめておこう。
　今回は，時間の流れに沿ってフィードバックの手順を記してみたい。検査結果を伝えねばならないという気持ちが先走ってであろうか，すぐにデータの話を始めようとする初心者もいるが，検査結果を聞くというのは誰しも緊張するものなのだから，まずは和んでもらうことが大切だろう。〈検査をしたのはちょっと前になりますけど，覚えておられますか〉とか，〈検査の後，眠れましたか？〉とか，保護者であれば，〈あの後，お子さんは検査のことを帰り道や家で何か言っておら

表1-4　フィードバックの留意点

①検査結果を踏まえて伝える。根拠を示せるように準備しておく。
②要点をまとめ，伝える順番に配慮して，明瞭に伝える。情報量があまり多すぎるとかえって混乱する場合があるので絞り込む。
③できるだけわかりやすい言葉（日常的な言葉）で伝える。
④結果を伝えるだけで終わらせず，話し合う。
 - クライエントが検査結果を聞いて自己理解を深める契機としてもらう。クライエントが知りたいことに答える。質問を受ける。
 - 検査者もフィードバックを通して受検者への理解をさらに深める。質問をする。感想や連想を尋ねる。
⑤たとえ厳しい結果であっても，嘘をついてはならない。ただし，「治療的な正直さ」であること。受検者の受けとめる力に配慮し，受検者が前向きになれるように支える。
⑥受検者が望めば，その後も繰り返し説明する。

れましたか？〉などと尋ねてみてもよい。それもまた新たなアセスメント情報となる。もっとも，いいから早く結果を，と急かす感じの受検者なら，〈では早速〉とあまり前置きに時間を取らずに始めてもよい。

　次に，フィードバック文書を作成した場合であれば，文書を受検者の前に示す。すぐに，〈これが結果の報告書です。では順にご説明をしていきます〉と説明を始めても悪くはないが，もし報告書が複数枚あるのであれば，受検者は内心"全部で何枚あるのかな？　でも勝手にペラペラめくったりしたら失礼だろうな""これって，後で持って帰ってもいいのかな？"という疑問を抱いているかもしれない。それならば，報告書を出すと同時に，〈これが結果の報告書です。全部で3枚あります（3枚を広げてみせる）。これは後でお持ち帰りいただきます〉とあらかじめ言っておく方がより丁寧だろう。こう聞けば，"持って帰れるのか。それなら今必死で読まなくても，後で読み返すこともできるんだな"と安心する人もいるはずである。

　そして，検査目的の確認から始める。〈＊＊さんは今回，――ということで困っておられて，それで検査を受けてAのこととBのことがわかったら，というのが目的でしたね〉。こう言われれば，"ああ，覚えていてくれたんだな"と安堵する受検者もいるだろう。〈では，＊＊さんが今困っておられることについて，この検査結果からどんなことが言えそうか，私なりに考えたことをお伝えします。この部分に書かれているのがAのことで，こっちがBのことです。では順に説明していきます〉と言い，〈わからないところとか，疑問なところがあれば，後で遠慮な

く質問してください〉と言葉を添える。

　説明は，明快になるように心がける。文書があるなら，それをもとに進める。例えば，こんな言い方になるだろうか。〈これから，ここに書かれてある通り，全部で5つのことについてお伝えしようと思います。まず一つ目は，集中力についてです。こっちの課題では集中力がうまく続かないようでした。一方で，こっちの場合はとてもよくできていました。途中から急に難しくなっても，頑張ってクリアできました。＊＊さんはこうした課題の方が集中しやすいのかもしれませんね〉。

　先程，文書の書き方のところで，伝えるべきことを「どの順番で伝えるのが受検者にとってすっと心に入ってきやすいかを考慮して，適切な順に並べ替える」と述べた。では，適切な順番とはどのようなものだろうか。フィードバックの目的は受検者のニーズに応えることにあるのだから，それに答えることから出発して，それ以外にも言えることを後で付け加えるのがよい場合もあるだろうし，各検査を通して個別に言えることをまず説明して，最後にそれを合流させる形で受検者の知りたいことにまとめて答えるほうが良い場合もあるだろう。

　知能検査の場合であれば，結果を聞くとき，まず全体として知能指数が高いか低いかが気になるのが人情というものだろう。それだけで終わってしまってはいけないというのはその通りだが，まずは全検査IQから伝えるのがよいと思う。反応は実にさまざまである。全検査IQが120の場合でも，「もっと高いと思っていた」とショックを受ける人もいるし，平均を少し下回るがほぼ平均的だと聞いて「よっしゃー」と喜ぶ人もいる。その後，より分析的な結果の説明に移るが，とりわけ，数値が低くてそのことにショックを受けている人であれば，〈全体としてはこうだけれども，知能をもう少し分けて見てみると，＊＊さんの中でより得意なところというのがあるんですよ〉と比較的得意なところを強調するのも必要なことであろう。

　質問紙法検査においても，総合得点を伝えた後，より詳細な分析結果を伝えられると丁寧な説明になる。同じ総合得点であっても，状態像は同じとは限らない。〈＊＊さんのうつには，うつの中でもこういう特徴があります〉ということが伝えられると，受検者の自己理解につながるだろう。私見だが，うつ状態を測る質問紙法検査の中でも日本版BDI-IIベック抑うつ質問票は項目ごとに何を問う項目であるかが明示されている点で，うつ状態の特徴について分析がしやすく，受検者へのフィードバックにおいても使いやすい。例えば，〈総合得点としては32点でした。29点以上が「重度」とされていますから，うつの重さという点では，「重

度の中の軽いほう」といったところでしょうか。では、どういうところが高くてどういうところはそれ程でもない、というのをもう少し詳しく見てみましょう。3点のところに○が付けられた項目を拾ってみると、自己否定的な項目が並んでいますね。逆に、身体症状の項目に関しては、1点のものが多い。ということは、＊＊さんのうつは、自己否定感の強さに特徴があると言えそうです〉のように伝えることもできる。

　どの検査であろうと、説明したら反応をよく見ることが大切である。それがまた査定のための新たな情報となるし、特にクライエントにとって厳しい内容である場合は、フォローが必要となるためである。木村[8]は、「検査者の方はテストから得られたいくつかの側面を公平にきちんと伝え、説明しているつもりであっても、その中の何かの点が被検者側のコンプレックスに触れると、それのみが大きくクローズアップされて残り、他のすべての情報が受け取られずに終わることがある」と指摘し、「検査者はこうした現象がしばしば起こるということを常に心にとめて、対処していかなければならない」と述べている。

　また、栗原[10]は、WAISを受検した精神遅滞傾向のある患者が、医師から「全検査IQは60」と聞いて、100点満点の60点であるかのように理解し、そう理解することですごく納得していたという例を挙げている。もちろん、それは科学的に見れば間違った理解なのだが、栗原はそれを「『半分よりちょっとできたくらいかな』という検査中のその人自身の実感がその結果とぴったりマッチしていて、その人の心の中にしっくり納まったんですね」とコメントし、受検者の「腑に落ちる」フィードバックであったとしている。考えさせられるエピソードである。

　さて、こちらの伝えたいことを伝えたら、それに対する受検者の質問を聞き、こちらからも質問をして対話し、その場でさらに理解を深める。例えば、質問紙法検査で言えば、総合点を出すだけでなく、個々の項目に戻って特徴的なところを拾い上げてみる。〈この項目では、ここに○をされていますが、けっこう頻繁にそういうことがあるのでしょうか〉といった取り上げ方をするのである。すると、受検者はその点についてもう少し詳しく話してくれるだろう。いわば、半構造化面接のツールとして使う感覚である。例えばうつ状態を測る質問紙法検査の質問項目は、うつ状態に関してある程度網羅的であるから、面接で自由に語ってもらうだけでは抜け落ちてしまう事柄を拾うのにも役立つ。

　質問紙法検査の回答の途中で「これは、家と職場とで違うんですけど、どっちで回答したらいいですか」と質問した受検者がいたとしよう。その場では、〈どちらか先にパッと思いついた方で答えてください〉と答えるだろうが、一方でその

表1-5 フィードバック面接の手順

①まず緊張を解く
②全体の枠組みをあらかじめ示す
③検査の目的に戻って説明を始める
④説明は，いくつのことを伝えたいのかを明確にし，順番を考慮して，明快に伝える
⑤反応をよく見てフォローするとともに，その反応を査定のための新たな情報とする
⑥双方向に質問し，対話することでさらに理解を深める

ことをメモしておき，フィードバックの際に，〈＊番の質問の時，『家と職場で違う』とおっしゃっていたんですが，家ならどうで，職場ならどうなのですか？〉と尋ねてみる。さらに，〈その違いはどこから来るのでしょう〉と尋ねることで話は一段と深まるだろう。

VII 臨床心理検査の活かし方

　検査の活かし方は，（1）検査のみの関わりで，フィードバック面接を1，2回行った後はもう会うことがない場合と，（2）検査で関わった後，心理療法を継続していくことになった場合と，（3）先に心理療法を継続している中で必要に応じて検査を実施することになった場合とでは，おのずと異なったものになるだろう。特に（1）の場合は，検査結果をフィードバックしたことが受検者にどう意味づけられたかを後日確認することのできない難しさがある。それでも，否，それだけに受検者にとってその後の支えとなるような言葉を選んで伝えておきたいものである。
　第1集では，心理検査の活用の仕方を6つに分けて紹介したが，今回はそこに新たに2つの項目（⑥と⑧）を追加したい（表1-6）。
　心理検査を心理療法に活かす方法は，検査結果を共有し，その理解を深めるというだけではない。例えば，継続面接の中で検査を実施した翌週，クライエントから「この1週間は何だか気分がすぐれなかったです」とか，「職場で誰々にこんなことを言われて，試されているみたいな気がしました」といった話が出たとしよう。その場合，それは検査を受けたことへの反応かもしれないと考えてみる必要があるだろう。〈検査は辛くなかったですか〉とか，〈受けるときは『別にかまいませんよ』と言っておられましたが，実際やってみられていかがでしたか〉と

表1-6 臨床心理検査の活かし方

①セラピストの見立てと方針に役立てる。
②クライエントによる自己理解の深化。
③他スタッフや家族のクライエント理解の深化。
④検査結果に基づいて課題の明確化と共有を行い，面接経過の中でときどき課題に立ち返り，変化の具合を確認する。
⑤心理検査自体をセラピーを進める道具として活用する。
⑥受検体験について話し合うことをセラピーの一部とする。
⑦検査のフィードバックをセラピー継続への動機づけとして使う。
⑧検査のフィードバックを他スタッフや他機関による支援への動機づけとして使う。

尋ねてみる。そして，本当は無理していたといった話が出たら，〈そのときは，受けたくないとはやはり言いにくかったですか〉とさらに尋ねてみる。検査で負担かけたことを労うとともに，検査を受けること，受けないことを巡って湧いてきたセラピストへの感情について話し合うことを，セラピーの一部とするのである（これを⑥とする）。

次に，検査結果を受けて，自分がセラピーを継続するというだけでなく，他機関にリファーするとか，同じ機関であっても，他職スタッフによる別の形の支援につなぐという活用の仕方がある（これを⑧とする）。例えば，大学の学生相談に来ている学生に検査を行い，検査結果からも日常のエピソードからも発達障害が疑われる場合，検査結果を受けて他機関につなぐ際には，こんな言い方もできるだろう。〈発達障害という言葉を聞いたことがあるでしょうか。この検査結果と，これまでお聞きしたお話，＊＊さん自身が困っておられることからすると，＊＊さんの場合は，いくらかその傾向があるようにも思えます。それが学習や研究を進める上で，影響しているのかもしれません。診断を受けるかどうかはともかく，医療機関に行ってみれば，医師の意見を聞くこともできるでしょう。それから，うちの大学には，学習支援室というのがあって，発達障害の傾向を持った学生に対して修学面でサポートするシステムもあります。＊＊さんがそれを求めるのであれば，私から学習支援室につなぐこともできます。そして，どの場合であっても，カウンセリングは今後も継続して私がお話を伺うつもりです。医療機関や学習支援室を利用してみるというのは＊＊さんにとってはどうですか？〉

最後に，④について若干補足をしておきたい。検査を実施して何カ月も経ってから，クライエントが，「あの検査の結果，もう一度聞かせてもらえませんか」と言い出すことがある。その場合は，もう一度説明するとともに，どうして今になっ

てもう一度聞きたくなったのかと尋ねてみる。検査直後のフィードバックで言われたことがその時は十分に理解できていなかったのかもしれない。心理検査にはどうしても受検者の自己理解に先んじて理解しようとするところがあるから，それは無理もない。検査結果を聞いても当時はピンと来なかったが，自分の心のどこかに引っかかってはいて，それが数カ月の心理療法を経て，検査のフィードバックで言われたことと自己理解とが合流し始め，今ならわかるかもしれない，その意味を明らかにしたい，という思いが強まったという可能性も考えられよう。

Ⅷ 結び──客観的で支持的な

知能検査を受けて数値が低かったことで落ち込む受検者や家族がいる。しかし，誰でも能力に限界がある以上，その人なりに頑張れるところまでは頑張ったのだ。そのことをまず評価しなくてはなるまい。人は自分ができることを一所懸命にやればよいのである。それは健常者でも障害者でもみんな一緒だと思う。できることを増やす努力もいるが，それにも限界がある。

臨床心理検査を実施する目的は，受検者が自己理解を深めることと，われわれが受検者に対する共感的理解を深めることにある。そして，その結果を一つの参考として，受検者が生きることにより前向きになれるように支えるのがわれわれの役割である。苦手な点や「欠点」ばかりを指摘するようなフィードバックは，そもそも援助の方向性に反しているといえよう。目指すところは，読んだだけで「支えてもらえている」と感じられるような報告書であり，聞いているだけで「自分ももう少しやれそうだ」と思えるようなフィードバックである。

本書が「客観的であると同時に支持的でもある報告書やフィードバック」の拡大に役立つことを願っている。

◆文献

[1] Finn, S. E. : Manual for Using the MMPI-2 as a Therapeutic Intervention. Univ of Minnesota Press, 1996（田澤安弘・酒木保訳：MMPIで学ぶ心理査定フィードバック面接マニュアル．金剛出版，2007）
[2] Finn, S. E. : In Our Clients' Shoes: Theory and Techniques of Therapeutic Assessment. Routledge, 2007．（野田昌道・中村紀子訳：治療的アセスメントの理論と実践．金剛出版，2014）
[3] 橋本忠行・安岡譽：ひきこもり青年とのロールシャッハ・フィードバック・セッション：グラウンデッド・セオリー・アプローチによるクライエント体験の検討．心理臨床学研究．30；205-216, 2012.
[4] 平島奈津子編：治療に活かす心理アセスメント．こころの科学．184, 2015.
[5] 岩佐和典：心理検査のやり方，伝え方．精神科診断学．7（1）；102-107, 2014.

- [6] 岩野香織・横山恭子：心理検査の結果をフィードバックすることの意義：インフォームド・コンセントの観点から．上智大学心理学年報，37；25-35, 2013.
- [7] 川畑隆，他：発達相談と援助：新版K式発達検査2001を用いた心理臨床．ミネルヴァ書房，2005.
- [8] 木村晴子：検査レポートのまとめ方．氏原寛他編：心理臨床大事典．培風館，2004.
- [9] 小山充道編：必携臨床心理アセスメント．金剛出版，2008.
- [10] 栗原和彦：心理臨床の実践と研究における倫理．（一丸藤太郎・栗原和彦編）レクチャー心理臨床入門．創元社，pp.149-202, 2005.
- [11] 森田美弥子編：臨床心理査定研究セミナー．現代のエスプリ別冊，至文堂，2007.
- [12] 中村紀子・中村伸一：ロールシャッハ・フィードバックセッション（Rorshach Feedback Session : RFBS）の方法と効用．精神療法，25（1）；31-38, 1999.
- [13] 日本老年精神医学会：高齢者の生活支援のための心理検査の活かし方．老年精神医学雑誌，22（10），2011.
- [14] 下山晴彦，他・松澤広和編：実践心理アセスメント．こころの科学 臨時増刊，2008.
- [15] 髙橋靖恵編：「臨床のこころ」を学ぶ心理アセスメントの実際：クライエント理解と支援のために．金子書房，2014.
- [16] 高橋依子・津川律子編：臨床心理検査バッテリーの実際．遠見書房，2015.
- [17] 竹内健児編：事例でわかる心理検査の伝え方・活かし方．金剛出版，2009.
- [18] 竹内健児編：事例でわかる子どもと思春期への協働心理臨床．遠見書房，2011.
- [19] 竹内健児・山下一夫：心理検査の臨床的活用．（岡田康伸他）パーソナリティの心理学（ベーシック現代心理学5）．有斐閣，2013.
- [20] 上野一彦，他：子どものためのアセスメント．発達，131, 2012.
- [21] 氏原寛，他編：心理査定実践ハンドブック．創元社，2006.
- [22] 依田尚也：ロールシャッハ・テストのフィードバックに関する研究：我が国におけるこれまでの研究と今後の課題．学習院大学人文科学論集，23；67-89, 2014.
- [23] 依田尚也・田島耕一郎：初心者にとっての心理検査フィードバックの過程について．臨床心理学，14（4）；557-562, 2014.

第2章

小学校就学を控えて小児科を受診した男児に知能検査を実施した事例

検査 ● WISC-IV

森　名月

I｜はじめに

　筆者は大学院修士課程を修了後，市の教育委員会にて特別支援教育関連や就学支援などの業務を2年間勤めた。その後，発達障害児の支援を行っている小児科クリニックに勤めて5年目になる。

　筆者の勤務する小児科クリニックは，風邪などの一般外来に加えて発達相談の専門外来を行っており，療育が必要な場合は併設している言語訓練や児童発達支援，放課後等デイサービスといった発達支援（福祉サービス）へとつなぐことができるよう整備されている。

　スタッフは，医師，看護師，医療事務，言語聴覚士，保育士，児童指導員，臨床心理士で構成されており，約70名のスタッフが日々子どもたちのため，保護者のために連携を図りながら発達支援を行っている。

　そのなか，臨床心理士は常勤で5名が勤務している。職務内容としては，臨床心理査定と福祉サービスを利用するために必要な受給者証取得に関連した相談支援業務が主である。

　臨床心理査定については，発達相談外来にて医師からの依頼を受けて行う場合と，言語訓練や福祉サービスを利用している子どもに対して行う場合がある。前者については，診断や療育の必要性の検討，各種診断書作成の補助として依頼されることが多い。後者については，現状把握や訓練の指導内容を検討するために行われている。

　心理査定に用いる検査の種類は，WISC，田中ビネーなどの知能検査，K-ABC，K式発達検査，PEP教育診断検査などの発達検査が主である。検査の選択は心理士に任されることが多いが，就学前児の場合は保護者の希望に応じて就学判定用

資料として教育委員会が指定している検査を行うこともある。
　査定終了後のフィードバックは検査に至る経緯によって異なる。発達相談外来と言語訓練利用児の場合は，所見作成後に医師に所見に目を通してもらいながら，口頭でも説明を行う。その後，保護者に対して医師または心理士から説明がなされている。福祉サービスを利用している子どもの場合は，保護者に所見に目を通してもらいながら心理士が説明を行っている。保護者への説明が終わった後，療育を担当している言語聴覚士や保育士，児童指導員に対して査定結果を伝達している。
　作成した所見は保護者に手渡しているため，後で読み返すことができ，生活のなかで活かしやすい点があるが，一方で，書かれた内容や文章表現が強く印象に残ることで戸惑いを覚える場合や所見の一人歩きが起きる可能性もあるため，保護者や子どもにとって理解しやすく，前向きに進んでいくことができることを意識してフィードバックを行っている。
　以下に記載する事例は，小学校就学を控えて保育所から指摘を受け，保健センターを経由して当院に相談に訪れたケースである。なお，本事例は筆者がこれまで経験したことを基に創作した架空事例である。

II｜事例の概要と検査実施までの経緯

1 出会い

　クライエントは，Aくん（6歳5カ月，年長児，保育所通園中）。
　発達相談外来にて，医師（発達相談専門，男性，50代），母，Aくんの3人が面談を行い，これまでの経緯や主訴について30分ほど医師と相談。医師から心理検査を勧められ，母が了承した。その場で医師から心理士へ連絡が入り，電話に出た筆者が面談室へと向かった。
　面談室前で医師と会い，年齢や主訴について大まかに説明があり，状態把握のために心理検査の予約を取るようにと指示があった。
　面談室に入室すると，母とAくんは着席して筆者を待っていた。Aくんはやや細身ではあったが身長は平均的。母のスマートフォンでゲームをしていた。母は筆者を見て軽くお辞儀をされ，Aくんにも挨拶をするように促した。Aくんは「ちょっと待ってー」と言い，ゲームを停止してから「こんにちは」と筆者を見て挨拶をした。その後，すぐにゲームを再開。筆者が自己紹介をして心理検査の説明と検査実施日について相談。母は少し緊張をされているようで表情が硬かった。

検査の日程を決める際に母がスケジュール帳を鞄から取り出すと，Aくんが「（水曜日を指さして）遠足行く！　動物園」と嬉しそうに教えてくれた。Aくんに対して明るく，元気のよさそうな印象を受けた。また，ゲームをしながらも母と筆者のやりとりを聞いていたこともわかった。母はAくんに「そうだね，楽しみだね」と微笑んで返しており，母子関係は良いように感じた。母に対しては優しい印象を受けた。5分ほど話し，検査は1週間後に実施することとなった。

2 医師への報告とカルテの確認

母とAくんを玄関まで見送った後，医師に検査実施日について報告を行った。

> 筆者：Aくんの検査日が決まりました。〇月〇日になりました。
> 医師：（カレンダーを見ながら）わかりました。
> 　　　お母さんの話だとASDとADHDの可能性があるんですよね。気になったらパッと動くところもあるし，保育所で工夫して関わってくれていたから今まで大丈夫だったのかもしれませんが。こだわりもあるし，お母さんも苦労しているようです。小学校まであまり時間がないので，検査で状況を把握して下さい。お母さんは支援を受けることも否定的ではなさそうだったけど。
> 筆者：はい（頷きながら話を聞いていた）。お母さんのなかでは特別支援学級も視野に入っている感じなんですか？
> 医師：特別支援学級の話を振ったときに嫌そうな感じではなかったけどね。実際にどれくらいの力を持っているのかは僕にもわからないから，とりあえず検査を取ってみてから考えていきましょう。
> 筆者：わかりました。検査のときにお母さんといろいろ話してみます。

その後，受付でカルテを受け取り，医師による面談内容を把握した。

〈家族構成・生育歴など〉

父（40代），母（30代），姉（8），Aくんの4人家族。満期産で出生し，発育に異常はなかった。乳幼児健診でも特に指摘はなかったが，母としてはやや落ち着きがないこと，言葉数が少ないことを感じていた。

3歳から姉が通っていた保育所に通園。それ以前にも開放保育に週1回通っていたこと，姉の送迎時に付き添っていたことから緊張することなく保育所生活に入ることができた。

保育所には毎日楽しんで通園している。ただ，絵本の読み聞かせや生活発表会

などの集団活動時には途中で皆の輪から離れてしまい，全体指示ではお話を聞いていないようで行動に移せずに困っているときが多いこと，外遊びから室内に戻るときに全体への声掛けでは戻れないことがあり，興味のあることに注目すると動けなくなること，保育所の散歩では一人で走っていってしまうことがあることから個別に担任が関わっていた。お友だちにも積極的に関わっていくが，玩具の貸し借りでケンカになり，手が出てしまうこともみられ，思いが通らないときは気持ちの切り替えに時間がかかった。また，自分の名前が書けないこと，母としては同年代と比べると言葉が幼いように感じていることが記載されていた。

　これまで担任が個別に関わってきたが，小学校就学を控えていることから個人懇談時に保健センターでの相談を勧められたため，保健師と相談。保健師からは，Aくんのペースで人と関わること，思いたつとすぐに行動に移しやすいこと，就学に向けて環境調整が必要であることを指摘され，相談機関の一覧表を受け取った。そのなかから，自宅から程近い当院を選び，11月に受診となった。

3 検査の選択とこの時点で考えていたこと

　カルテの内容と医師の指示から，就学に向けてどんな準備が必要なのかを検討するためにWISC-IVを実施することにした。保育所の担任や保健師から勧められて受診と心理検査の実施につながったが，実際のところ母としてはAくんのことをどのように受け止めているのかが気にかかった。Aくんを見る母の目は優しく温かい印象を受けたが，医師の話からはしんどさを抱えている可能性もあり，就学に対してもどのように思われているのだろうと考えた。仮に特別支援学級などの個別支援を受ける場合，教育委員会への申請期限もあることからあまり時間がなく，Aくんと母を支えながら必要な準備をどこまで行えるのか，筆者のなかで焦りがあった。

III 検査実施（初診から1週間後）

　1週間後，母とAくんが約束の時間の10分前に来所した。待合室でテレビを観ていたところに声を掛けたが，Aくんは少し緊張しているのか表情が硬かった。

1 検査実施時のAくんの様子

　検査室へ入室後，これから実施する検査について説明をした。Aくんに対しては，これからいくつかの課題に取り組んでほしいこと，もしかすると難しいものも

あるかもしれないけれど，一生懸命答えてくれたら大丈夫であること，わからないときは伝えてほしいことを説明すると頷いてくれた。母は「できるよ，大丈夫」とAくんに声を掛けて退室しようとしたが，Aくんが「ママも一緒！」と不安そうに話した。この日のAくんは緊張しているようだったので母が傍にいると安心できるだろうと思い，少し離れてAくんの後方から見守ってもらうこととなった。

　検査が始まると，表情は硬いままではあったが，一生懸命に取り組んでいた。時間の経過とともに緊張が緩んでいき，問題の感想を話したり問題から思い出したエピソードを話したりする場面もあった。話し始めるとイメージがどんどん膨らむようで，ときには問題から離れてしまうこともあり，切り替えて課題に戻るまでに時間がかかることもあった。お話しすることは好きなようで，検査の後半には笑顔もみられた。前回会ったときのような明るさが感じられ，全体的にはAくんらしく課題に取り組むことができたのではないかと感じた。また，母はAくんの回答に合わせて笑顔になったり肩を落としたりしていたが，Aくんに気づかれないように声は出さずにいてくれた。Aくんが回答に自信がなくて母の方を振り返るときが何度かあったが，母は「大丈夫。ママじゃなくて先生の方を見て頑張って」と励ましていた。検査時間は約70分間であった。

② 母親との面談

　検査終了後，検査についての説明と検査からどんなことがわかるのかを母に説明し，母の思いについて話をうかがった。Aくんには〈お勉強は終わったけど，この後，お母さんと先生，お話ししてもいいかな？　お話ししている間，一緒にいてもいいし，おもちゃのところで遊んでもいいし。どうする？〉と尋ねると，「えー……絵描きたい」とお絵描きを提案してきたので，紙とマーカーを渡した。お母さんの話では，普段もよくお絵描きをしているということだった。Aくんは母の横に座り，話が終わるまでお絵描きをして過ごした。

　母に〈Aくん，頑張っていましたね。難しい問題もありましたが，諦めずに答えを出そうとしていてえらかったですね。〉と声を掛けると，「けっこう難しいんですね，検査って。（Aくんが）途中で話がずれたりおしゃべりが止まらなかったりしてすみません。いつもそうなんですよ……」と，Aくんの様子について話し始めた。母からは，保育所で落ち着きがないこと，気になるとすぐに行動に移してしまうことの大変さが語られた。また，自宅では朝の身支度など一つひとつ声掛けをして促す必要があること，説明をしても理解できていないことが多いこと，人見知りがなく誰とでも仲良くなれる一方で，知らない人にも平気で話しかけて

いくことから，小学校への不安も感じているということだった。

母はやや緊張しているようだったが，Aくんのこれまでのエピソードをたくさん話されて，疲労や苦労が積もっているように感じた。筆者が〈気になるとすぐに行動しちゃうから，お母さんも一緒に追いかけたり止めたりするから疲れちゃいますよね〉と伝えると，母は「今日は何も起きないかなって，迷惑掛けてないかなって，最近はいつも考えてしまって。実は私自身が少しつらくなってきてて……。私の育て方が悪かったからこうなったのかなって……」と，目を伏せて話された。母のせいではないこと，Aくんの状態を把握することで関わり方を一緒に考えていくことができることを伝えた。

母と筆者が話をしている間，Aくんは一枚の絵を描きあげた。煙突のついた一軒家と数台車を停められる駐車場，空には太陽を描いていた。〈上手に描いたね〉と声を掛けると，Aくんは持って帰って父に見せたいと話し，絵を二つ折りにして母に渡していた。

検査結果については後日連絡することを伝え，二人を玄関まで見送った。

IV 検査結果のまとめと理解

1 WISC-IVの結果

検査結果としては，全検査86（90％信頼区間：81-92）となり，知的水準としては平均の下～平均の範囲にあった。合成得点は，言語理解84，知覚推理87，ワーキングメモリー100，処理速度88となり，ワーキングメモリーが他の三つの合成得点と比べて5％水準で有意に高かった。

また，各指標得点を構成する下位検査間の差や特徴をみてみたところ処理速度内で差があること（絵の抹消＞符号＞記号探し），ワーキングメモリーの下位検査である［数唱］で差があること（順唱＞逆唱），言語理解の下位検査である［類似］と知覚推理の下位検査である［絵の概念］の間に差があること（類似＜絵の概念）がわかった（表2-1参照）。言語理解については，全体的にやや低く，問題の意図を読み取りにくかった場面や，回答時に「こういうやつ」とジェスチャーで表現することもみられ，言語理解や言語表現に苦手さがあると思われる。

以上の結果から，就学後の学習面や生活面に関して個別的な支援の必要性があると思われた。

ワーキングメモリーが最も高いが，［数唱］のなかで逆唱と比べて順唱が高いことから，聞いたことをそのまま記憶することはできるが，整理しながら覚えたり

表2-1 下位検査評価点

合成得点	VCI			PRI			WMI			PSI		
下位検査	類似	単語	理解	積木模様	絵の概念	行列推理	数唱	語音整列	算数	符号	記号探し	絵の抹消
評価点	6	9	7	8	10	6	11	9	9	10	6	15

作業を進めたりすることはあまり得意ではないと思われる。処理速度内の差から考えて，Aくんにとって馴染みのあるもの，知っているものは注目しやすいが，記号のような抽象的でAくんにとって意味を伴っていないものは難しかったと思われる。また，言語理解は全体的にやや低めであることから，聞いて指示や内容を理解すること，言葉で思いや考えを表現することに苦手さがあると考えられる。

就学することを考えると，学習の習得はAくんのペースで関わっていく必要があること，クラスといった集団のなかでは集中しにくいことが考えられるので環境調整が必要であること，また，投薬についても検討する必要があるのではと感じた。

2 描画について

母との面談の間にAくんが描いた絵は，検査として実施したものではないが，一言触れておくこととする。家の煙突からはもくもくと煙が出ており，一軒家を上から見守るように笑顔の太陽が描かれていた。駐車場には駐車番号が書かれていたが，母の話によると自宅はマンションだそうで，自宅マンションと同じ並びで絵の一軒家の横に駐車場が描かれているということだった。一軒家はAくん自身で，煙突からもくもくと出ている煙はAくん自身の元気の良さのように感じられた。そんな一軒家のAくんを見守るように笑顔で見ている太陽は母のように感じられ，検査予約時や検査中のAくんと母との様子も含めて，母子関係は良いように感じられた。母はAくんへの関わりに苦労されているが，Aくんは母の関わりを温かく受け止めているように思われた。

V│医師への報告（検査実施の10日後）

所見作成後，医師に所見（表2-2）を見てもらいながら検査結果について口頭で簡単に報告を行った。なお，所見に関しては医師，療育スタッフ，保護者ともに同じものを手渡している。

筆者：外来のAくんの所見です。（所見を医師に手渡す。）
　　　IQは86で年齢より下〜年齢相応の範囲にありますが，領域に分けたときに凸凹があるのと，それぞれの力のなかでも差がみられます。WMIが高いのですが，聞きながら内容を理解することは苦手なので，先生の指示を聞いて覚えたり行動したりすることは難しいのだと思います。視覚情報があった方がわかりやすいタイプですが，意味を伴うように説明が必要かと思います。
医師：結構差がありますね。うーん，小学校，厳しいかもしれませんね。お母さんはどうでした？
筆者：お母さん自身，おうちでAくんと関わっていてなかなか伝わりにくい感覚を持っていらっしゃって，落ち着きのなさもあってかなり大変な思いをされています。自分の関わり方のせいなんじゃないかと責められているところもあるようで……。小学校にも不安を感じられています。検査のときの様子でも，Aくんのペースがあったので，個別的な支援が必要なんじゃないかと思います。
医師：通級が必要かもしれませんね。この子，衝動性もあると思うし，薬もあった方がいいんじゃないかな。
筆者：はい。思い立つと行動に移してしまうところがあるようなので，コントロールするためにも私も服薬した方がいいように感じます。

ひと通り所見に目を通してもらった後，保護者へのフィードバックは筆者が行うこととなった。母に電話をして1週間後に予約を取ることができた。

VI│両親へのフィードバック（医師への報告の1週間後）

1週間後のフィードバックにはご両親そろって来所された。姉とAくんも一緒に来ており，二人には別室で遊んで待ってもらうこととなった。
父は細身で背が高く，母と雰囲気が似ていた。父も一緒に来るとは思っていな

表2-2　Aくんの所見（要約；現物はカラー）

報告書作成日　年　月　日

日本版WISC-IV　検査結果報告書

お 名 前：Aくん　　　　　　　　　検査実施日：平成〇年〇月〇日
生年月日：平成〇年〇月〇日　　　　検　査　者：＊＊＊＊
生活年齢：6歳5カ月　　　　　　　　所　　属：小児科クリニック

【検査実施の目的】
　Aくんの現在の状態を把握することで，今後の生活の中でAくんの力をより発揮していくことができるように発達検査を実施しました。また，小学校就学に向けた準備や判断材料として活かしていくことをご両親は望まれています。

【検査時の様子】
　お母様と一緒に来られました。待合室へ迎えに行くと，Aくんはテレビを見て待っていました。検査者が声を掛けるとお母様と一緒に検査室へ移動しました。
　入室後，検査について説明をすると頷いて話を聞いていました。少し緊張していたようで表情は硬くなっていました。Aくんの希望でお母様にも同席していただきました。
　検査には一生懸命取り組んでいました。時間の経過とともに緊張も緩み，問題の感想を話したり問題から思い出したエピソードを話したりする場面もありました。検査は最後まで頑張り，やり遂げることができました。

【検査結果】

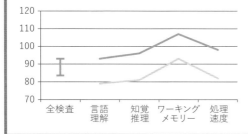

合成得点	
全検査	86（81-92）
言語理解	84（79-93）
知覚推理	87（81-96）
ワーキングメモリー	100（93-107）
処理速度	88（82-98）

表2-2　Aくんの所見（要約；現物はカラー）（つづき）

【検査結果より】
○全体的にみて
　全体的な能力は，「86（81-92）」です。
　【年齢より下～年齢相応の間】の範囲に位置しています。
　結果をみてみると，4つの力の中で差がみられました。
　よって，Aくんの特性に合わせた関わりが大切です。

○力が発揮できるように
　Aくんの力の中で得意不得意があるので，伝え方や関わり方によって分かりやすい時とそうではない時があると考えられます。4月から小学生にあがられますが，新しい環境の中で慣れないことも多いかと思います。Aくんが小学校で力を発揮しやすいような配慮があればと思います。

Aくんの理解の仕方について

＊記憶すること
　長いお話を聞きながら頭の中で整理したり覚えたりすることはあまり得意ではありません。
　→伝えたいことは，簡潔に，具体的にまとめて話す
　　スケジュールなど見て確認できるように掲示する

＊見比べること
　イラストなどAくんにとって馴染みのあるものを探したり
　書き写したりすることは正確に処理できます。
　→文字を読んだり覚えたりする時には形の特徴を伝える

○行動面について
　興味のあるものには意欲的に取り組むことができます。Aくんが見通しをもって過ごせるように事前に活動内容を予告することや時間の提示を行い，行動に移しやすい工夫ができればと思います。

○コミュニケーション面について
　Aくんはお話しすることや人と関わることがすきなお子さんだと思います。ただ，話すことに夢中になって自分のペースになりやすいところや，言葉が浮かびにくいようでジェスチャーで表現するところがありました。
　人と関わることがすきなAくんが，より楽しく過ごす経験へと繋げる関わりができればと思います。

　＊相互的に関わること　　：相手の話を聞いてから話す，返事をかえすなど
　＊言葉に置き換えること：Aくんの思いを代弁するなど

かったため，どのように話が進んでいくのか，父は就学に対してどのように考えているのかを思い，少し緊張した。両親も表情が少し固く，緊張しているようだった。着席後，所見を一緒に見ながら検査結果について伝えた。

筆者：Aくんがこの前頑張って取り組んでくれた検査結果になります。（検査時には父はいなかったので，検査の種類や検査からどんなことがわかるのかを簡単に説明。）
　　　今回の結果ですが，Aくんの持っている力としては［年齢より下～年齢相応の間］の範囲にありました。Aくんの力のなかで得意不得意があるので，伝え方や関わり方によって力を発揮しやすいときとそうではないときがあると思われます。Aくんの場合，聞いて記憶することが得意だと結果にでています。

母：本当ですか？　注意しても次の日にはまた同じことをしてしまって先生にもよく怒られているんですが。ちゃんと話を聞いていないんですよ。

筆者：Aくんは聞いたことをそのまま覚えることが得意です。ただ，聞きながら内容を整理したり理解しながら聞くとなると覚えにくさがあると思います。検査のなかで言葉の意味を答えたり状況を説明したりする課題があるのですが，Aくんはジェスチャーで伝えたり擬音語で雰囲気を伝えたりしていて言葉に置き換えて伝えることが難しいようでした。なので，記憶すること自体はできるのですが，先生やお母さんから言われていることを理解しながら整理しながら覚えることが難しいのかもしれませんね。

母：何回話しても「わかった」って言うけど，確認したら理解できてないってことはありますね。ねぇ？

父：伝わりにくいところは感じます。会話はできるけど，あんまり言葉も知らないようで，なんとなく雰囲気で掴んでいるようなところがあるのかと。

筆者：Aくんが普段から見たり使ったりして馴染みのあるものは見て映像として覚えているようなので，経験しながら言葉を添えて説明すると覚えやすいと思います。保育所やご家庭でも，実演したり一緒に取り組んだりしながら言葉を添えてあげられたら力を発揮しやすいと思います。そのとき，説明や指示が具体的な方がいいと思います。

母：口だけだとわかりにくいんですね。……先生，もうすぐAは小学校にあがるんですけど，このままで大丈夫なんでしょうか？　主人とも心配してるんです。

筆者：Aくんの力に差があるので，発揮しやすい伝え方と環境が大切だと思います。Aくんのペースがあるようなので，授業のような全体の状況や相手の

ペースなどを意識したり注意を向けて取り組んだりすることができるような配慮が合った方が過ごしやすいのかなと思います。

父：あんまり集中が続かないんですよ。家で平仮名とか数とか勉強を教えていても、気分が乗ってたら早く進むんですがダメなときは全然で。小学校にあがったら長い時間集中しないといけないじゃないですか。先生の話をちゃんと聞いてできるのか。平仮名もまだ覚えきれていないんですよ。

母：授業も心配だけど登下校も事故に遭ったり誰かに誘われて連れていかれたりしないかも不安で。知らない人でも全然気にせず話しかけていくから。

筆者：Aくんは興味をもったことは集中して取り組める力を持っていますし、その分、できることも増えていくと思います。誰とでも臆することなく関われることも関係を築く上でAくんのいいところでもあると思います。ただ、お父さん、お母さんが心配されているように興味のないものに対して注目することや状況を見て判断すること、行動をコントロールすることは今のAくんには苦手なものかもしれません。集中力や行動のコントロールをしやすくする方法としてお薬を飲むという選択肢もあるので、ご希望があれば医師との面談の予約を入れることもできます。小学校については、皆と一緒に取り組むよりも個別的に関わって力を伸ばしていくクラスもあります。小学校にコーディネーターの先生がいるので、一度Aくんのことを相談してみるのもいいかもしれません。

母：……どうする？（父を見る）

父：うーん……先生（医師）から詳しい話を聞いてみて、Aに必要なら薬も飲んでみてもいいかもしれないね。ちょっとでも小学校までにできるようにしてあげたいし。

母：……そうだね。小学校の先生からいろいろ話を聞いてみます。上の子が小学生なんで、担任の先生に聞いてみようかな。その上で主人と相談しながら決めていきます。

　その後も、保育所や家庭での取り組み、小学校での配慮等を話し合った。40分ほど話し合い、姉とAくんが待つ部屋へ向かった。二人でミニカーで遊んでいたようで、声を掛けたが「もうちょっと遊ぶー」と言ってAくんは動かなかった。一緒に時計を見て5分後に片づけることを決めると切り上げることができた。

　母が受付で支払いを済ませている間に、父、姉、Aくんが靴を履き、父に促されてAくんが「さようなら」と先に挨拶をした。3人が玄関から出た後に、最後に母が「ありがとうございました。……今日は主人も一緒に来てくれたし、Aのことが少しわかったような気がします。先のことを考えると不安だけど、お話が

聞けてよかったです」と，少し笑って話された。

VII 事例のその後の経過

Aくんは，再度医師との面談を通して服薬（ストラテラ）を開始した。また，医師の勧めで言語訓練に週1回通園することとなった。担当の言語聴覚士に検査結果を伝え，訓練課題の参考としてもらった。

就学に関しては，母が保育所の担任に検査結果を伝え，冬休み前に小学校と話し合いを行えるようにと担任が小学校側とすぐに調整を行った。母と担任で小学校へ見学に行き，校長先生や特別支援のコーディネーターと話し合いを行い，Aくんの小学校生活についてのイメージを深めた。その後，母のなかで支援を受けることに迷いはあったようだが，教育委員会への申し込み期限が1月上旬ということもあり，両親で相談して特別支援学級に在籍する方向で決め，手続きを進めた。2月下旬には教育委員会から特別支援学級が望ましいという判定結果が届き，特別支援学級に在籍することとなった。3月には，小学校側に母が就学引き継ぎシートと今回の検査結果のコピーを提出し，Aくんに必要な配慮や関わりを受けられるように具体的に話し合いを行うことができた。

Aくんについては言語訓練に来たときに時折会うことができ，また，訓練担当者からも近況を聞いている。入学後の様子としては時々お友だちとケンカをしたり忘れ物が多かったりすることもあるが，Aくん自身は楽しく小学校生活を送ることができているということだった。

VIII 事例を振り返って

今回実施した知能検査という客観的な指標からAくんの現状を伝えつつも，保護者の気持ちを受け止めつつ，支え，新しい環境のなかでAくんが成長することができるように，そのために必要な準備を考える機会と選択肢を提示することができた点では，検査結果を伝えたことに意味があったのではないかと思っている。

一方，就学まで時間が迫っていたことから必要な準備を期限内に終えられるようにと筆者のなかで焦る気持ちがあり，母の背中を強めに押してしまったところがあったのではないかとも感じている。母がしんどさを抱えていることを感じていたが，フィードバック時にあまり触れることができず，Aくん家族を見送った後に筆者のなかで自分の考えを伝えることに重きをおいていたように感じた。発

達検査とフィードバックの2回の面談のなかで方向性を決めなければという筆者の焦りから一度にたくさんの情報を話してしまうことが多く，両親の思いにしっかりと耳を傾けることができていたのかという不安が残った。ただ，今回はフィードバック時に父も同席しており，両親でAくんを支えようとする基盤があったこと，子育てに大変さを感じているが母子関係は良好である様子が感じられたことは，Aくんにとっても筆者にとっても救いとなったと思われる。

言語訓練通園児に対しては定期的に医師との面談が行われており，年1回発達検査を実施することになっている。筆者としては1年後にAくんの成長をご家族と一緒に振り返ることを楽しみにしている。

IX おわりに

今回出会った事例は就学前という年齢だが，保護者にとって悩みや不安を感じやすい時期であり，子どもたちにとっても小学校に向けて今までよりも厳しく見守られる時期でもある。そのなか，医療機関を受診することや知能検査を受けることに対して保護者はどんな思いをめぐらせるのだろうか。発達障害という言葉が世間に広がって敷居が低くなってきている一方で，実際に"うちの子が……"と思うと，相談することや受診することは怖かったり不安になったりするのではないかと思う。

知能検査は数値で客観的に子どものことを理解できるというプラスの面と，はっきりとした結果として表れるために現実を直視させられるという苦しい面の両方が含まれている。その親としての気持ちを想像しながら伝えなければ，検査結果は数値が独り歩きしてしまうことや傷つきを与えただけということになりかねず，本来の意味を発揮しないのではないかと思われる。保護者の気持ちに寄り添いつつ，就学という難しい選択を一緒に考え，今後の成長を大きく含んでいるという未来への可能性を伝えながら今後も子どもたちや保護者の傍で微力ながらも力になっていきたいと思う。

> 2章コメント

就学時の発達相談における知能検査の意味と活かし方

篁　倫子

I｜はじめに――就学に向けた発達相談

　障害とは診断されないが，発達の遅れが疑われたり，育てにくさを感じられる幼児も早期療育あるいは子育て支援へとつながっていくようになったのは比較的最近のことである。

　幼児期に療育を受けている子どもはほぼ自動的に就学相談へと進められるが，そうでない子どもは，年長時になって幼稚園・保育園から就学に向けて発達センターや医療機関の受診を勧められることが多い。本事例もその例である。

　就学を前にした発達・知能検査は就学相談（支援）委員会の資料として使われることも想定して検査の選択・実施を計画する必要がある。義務教育の始まりを方向づけるドキュメントとなりうることをよく認識しておきたい。

　ここで，筆者の経歴を簡単に紹介し，事例へのコメントの理解につなげていただければと思う。筆者の心理臨床は大学病院小児科で始まった。神経疾患，慢性疾患，発達障害（当時はMBD：微細脳機能障害の括りもあった），不登校や摂食障害などの適応障害など，さまざまな子どもたちとその家族の臨床であった。その後，現職に至るまでの10年余りは国の障害児教育の研究所に勤務した。この時期，日本の障害児教育は理念と対象の拡充へと進み，学習障害，注意欠陥（欠如）多動性障害（以下ADHD），自閉症スペクトラム障害（以下ASD）の子どもが新たに支援の対象となった。

　本稿に関係する経験として，極低出生体重児（出生体重1,500g未満）の長期フォローアップに長く携わってきたことがある。極低出生体重児は発達障害のハイリスク児と考えられ，6歳健診では発達評価と就学相談を実施するが，本事例のようなグレーゾーンの子どもたちは少なくない。限られた機会・時間に実施される検査とフィードバックについて本事例を通して考えたい。

II 事例について

1．相談の場

　森氏の臨床の場において，相談や検査がどのような流れで実施され，結果はどのように関係者に伝えられたのかが詳しく記述されており，事例の理解に役だった。また，検査者が受検者と保護者に配慮し，丁寧に対応されていることも読み取れた。

　まず，勤務先の小児科クリニックの規模とサービスの充実に驚いた。療育施設が併設されていることは当然支援へとつなげやすい。また，小児科クリニックでありながら多職種による協働態勢が整い，かつ常勤心理職が5名もいる恵まれた職場は珍しい。学校や医療機関で一人職場が多いとされるなか，とても羨ましい職場状況である。また，検査に先立って，短時間でも事前面接が設定されていることは，ラポール形成に役立つ。このような環境の中での実践であり，医療機関での心理臨床の，一つのモデルケースと言えるだろう。

2．事例の概要

　本事例は，就学に向けて医療機関で精査となった6歳男子である。ベテランの医師が初診をされ，生育歴や現在の行動特性からASD，ADHDの可能性を疑った。心理へは，発達評価と共に，日常生活での保護者の思いや就学についての保護者の考えを聞き取るよう依頼されている。

　記載された生育歴や面接・検査時の様子と，考えられる特性を表2-3に整理してみた。このうちどの特性が知能検査の結果と関連づけて考えられるか，検討するのも良いだろう。

III 心理検査からわかること

1．テスト場面

　A児は70分という長時間，注意が散漫になったり，自由連想のように話が止まらないようなことはあったろうが，大きく姿勢を崩したり，離席をすることなく検査に取り組めたのであれば，本児の発達の見通しについての大切な情報となる。一方，検査場面での分離不安は情緒的幼さ，対人的不安の強さなどを示しているかもしれない。親の同席については，子どもの年齢や発達段階，特性，検査場面，

表2-3　A児の行動と特性，および関連が考えられる認知機能

観察された行動	特性・問題
注意の切り替え困難・声かけに反応しない 話を聞いていないようで行動に移せず	注意力／理解力（言語&知的）／実行機能
集団から外れる・一人で走っていく マイペースで思いついたら行動	多動・衝動性／相互的対人関係
気持ちの切り替えに時間を要する	想像力／こだわり
玩具の貸し借りでケンカ・手が出る	衝動性／言語発達
名前が書けない	言語発達／知的発達／文字への興味
ことばが遅い	言語発達／知的発達
他児には積極的に関わる・保育園好き	向社会性
テスト前に緊張した面持ち	不安の高さ／状況に相応する感情
話し始めるとイメージが……止まらない	実行機能／多動・衝動性

注）　　　は問題ではなく，好ましい特性

　親の特性，検査者の熟練度等，種々の要件によって判断することになるが，就学健診もあることから，子どもと検査者の間で実施できるよう方向づけられると良いと考える。限られた検査・面接時間の中では，親子が一緒に時間と空間を共有することが場と検査者への親と子の安心感を高めることにつながる一方，検査後の母親面接に子どもが同席している状況では，「親の思い」を聞き取るには限界があるだろう。

2．WISC-IVの結果
1）全検査と4指標の結果

　全検査IQと4指標の合成得点を示し，「ワーキングメモリーが他の3つの合成得点とくらべて5％水準で有意に高かった」とし，これらが何を意味しているのかほとんど説明がないまま，下位検査の差に着目した解釈に進んでいる。

　WISC-IVでは，結果として最初に検討されるべきは全体IQであり，次に4指標の結果，指標間の差，下位検査（強いところと弱いところ），そして必要に応じて最後のプロセス分析と進めるのが基本である[2]。

　A児の全検査IQは86と，年齢平均の下，1標準偏差の下限に位置している。記述分類の「平均の下」，パーセンタイル順位では100人中下から23人に入る水準である。となれば，同齢集団の中では学習面や行動面で遅れを見せることは予想される。しかし，明らかな知的発達の遅れを認める水準にはなく，知的障害は否

定される。

　また，4指標の結果では，認知能力として中核にある言語理解（言語概念形成，言語推理能力，言語的習得知識）と知覚推理（視覚的情報の推理，体制化，空間処理），および処理速度（視覚－運動協応，視覚的暗記記憶，計画）はいずれも平均の下である一方，ワーキングメモリー（聴覚的短期記憶と情報の一定操作，注意集中）のみ年齢平均水準にある。すなわち，本児は一次的に聴覚的情報（数字とひらがな）を記憶にとどめ，その情報を操作して答えを出す能力は，年齢に見合ったもので，かつ本児の中で強い力と位置づけられる。

　ところで，WISC-IVでは「標準出現率」という新たな視点が取り入れられた。WISCでは個人内差が注目されるが，その差が果たしてどれだけ希であるかを示すのが標準出現率である。そして，統計的に有意差があることとその差が希であるかどうかは別のことであることに注意したい。A児の場合，ワーキングメモリーと他の3指標との差は13.5％〜21.2％の出現率であり，稀な差とは言えない。したがって，個人内差の存在が本児を最も特徴づけているとは言えないだろう。

2）下位検査の結果

　ワーキングメモリーの下位検査である数唱には順唱と逆唱があるが，それぞれの評価点やスパンを比較するプロセス分析では本児の順唱が逆唱を上回ることから，「聞いたことをそのまま記憶することはできるが，整理しながら覚えたり作業をすすめたりすることはあまり得意ではない」と解釈している。実際の値がないため，どの程度の差かはわからないが，逆唱は短期記憶に知的操作を要することから，このような解釈が考えられたのだろう。しかしながら，ワーキングメモリーに最も負荷量が高い語音整列の評価点が9であり，また，WMIの評価点が9と11と安定していることから合成得点100の信頼性は高く，A児のワーキングメモリーはやはり年齢平均と考えるのが妥当である。「整理しながら作業をすすめるのが得意でない」，「聞きながら理解するのは苦手である」のは言語理解が十分でないことと関連していると考えられる。

　次に注目する点は，処理速度の「絵の抹消」である。これは補助検査であり，合成得点には反映されないが，15という評価点は本児の中で突出している。この結果と「絵の概念」が「類似」を上回るという点を合わせると，A児は言語的な概念形成・推理は苦手であるが，絵や図などの非言語的な視覚情報を意味づける＝概念化する力は少なくとも年齢平均の水準にある。この特性は本児の強さとして，支援に活かせるだろう。所見の「文字を読んだり覚えたりする時には形の特徴を伝える」というコメントは適切なヒントになっている。

3. 描画

　ことばでの説明から想像するだけであるが、森氏が解釈されたように、一軒家の煙突から盛り上がる煙はA児の元気の証かもしれない。煙突と煙がこの年齢の子どもの家屋画には頻繁に描かれ、それはエネルギーや家庭の温かさ、幼児性を象徴していることがある[1]。観察された母子の関わりから、母親は優しく、母子関係は良好という印象が述べられているので、この解釈は納得できる。一方、本児が置かれた状況から絵を見ると、勢いよく出る煙は怒りの放出を表わしている可能性はないだろうか。就学を前に思い悩む親と共に、保健センター相談、病院受診という落ち着かない状況を、A児はどう体験しているだろうか？ 母子の繋がりが強いがために、母親の子育ての疲れや不安がA児に伝播する。検査時の母子分離の難しさもその表れと考えられる。

　煙はこの状況に対するA児の怒りを、あるいは、状況に対する親の怒りを表しているかもしれない。

4. 検査結果と行動特性との関連

　本事例では、子どもの行動特性（保護者や医師、検査者の観察、生育歴）はADHDを疑わせる不注意および多動性・衝動性の高さを示している。他方、知能検査の結果からはワーキングメモリーは年齢平均にあることが明らかになった。認知機能と発達障害に関する研究からは、ワーキングメモリーは行動決定や実行機能との関連が指摘され、ADHDとの負の関連も示唆されている[2,3]。しかし、行動特性と認知特性との関連は単純ではなく、解明されていないところが多い。

IV｜所見とフィードバック

　検査結果の何をどのように伝えていくかはアセスメントの要となる。前項で指摘した点と内容的に重なる点はあるが、所見から順に気がついた点をあげていく。

1. 所見

　保護者に書面で所見を示すことは、森氏も思案されているように、誤解を生じないように、数字が一人歩きをしないように、保護者を不用意に傷つけないようになど、留意するべき事柄が多い。また、時間を経て読んでも、あるいは第三者が読んでも理解できるものにするための工夫も必要である。

　検査結果について、「4つの力の中で差がみられました。よってA児の特性に合

わせた関わりが大切」とあるが，二つのコメントそれぞれの意味とそのつながりの説明が不足していないだろうか。まず，四つの指標の数値と図から「差がみられた」の意味は理解されるだろうか。少なくとも，言語理解，知覚推理，処理速度は年齢平均の下にある一方，ワーキングメモリーは年齢平均に位置し，前者の3つの指標よりも高かった，と記す必要はあるだろう。紙幅が許すならば，例えば「言語の理解・推理・概念化，および知識の力の言語理解，視覚（目から入る）情報を推理し，統合し，空間的に処理する力の知覚推理，視覚情報を素早く正確に読み込み，描写処理する力の処理速度の3つの指標は年齢平均の下にある。一方，注意を集中し，聴覚情報を一時的に記憶に留めて情報を操作するワーキングメモリーは年齢平均にあった」と添えると，子どもの「力と力の差」の内容がわかりやすくなるだろう。

　また，力の差があるから特性に合わせた関わりが必要という指摘は，子どもの発達に関わる専門家には理解されるが，保護者にとってはどうであろうか。これも，上述した説明に，フィードバック面接で「得意なことや不得意なことは誰にでもあるが，でこぼこが大きいと学習が積み上がりにくいこと，力が発揮しにくいことがある。そのため，特性を理解した指導・支援を考える必要がある」などと，口頭で添えるとよいのではないか。

　次に，細かいところではあるが，プロフィール図の描き方である。4指標の信頼区間の上下の値をそれぞれ実線で描いているが，一般的には実線でつなぐのは合成得点である。このような表示は2回の検査結果を比較する時に使われる。

　所見では，検査結果と日常生活の情報とを合わせて，A児の理解と支援・介入について「理解の仕方について」，「行動面について」，「コミュニケーション面について」と整理して説明されている。これは，子どもの行動をどう理解し，いかに対処したらよいかを悩む保護者にとって，簡単であっても明日からのヒントになる。アセスメントが支援に生かされるコメントと言える。

2．医師への報告

　医師とのやり取りは短い記述であるが，気になった点を2つあげる。一つは検査結果について「視覚情報があった方がわかりやすいタイプ」というコメントである。ASDの子どもには例外もあるが，視覚情報と聴覚情報はいずれかよりも両方の情報を掛け合わせることで情報理解を助けるのが一般的である。その意味では，視覚情報を添える工夫は支援の定石と言える。しかし，A児の視覚情報を処理する能力の水準は平均の下にあり，言語能力のそれとに差はない。この点からする

と「視覚情報があった方がわかりやすいタイプ」という表現はしっくりこない。

　もう一つは服薬に関することであるが，これは医師の治療方針があり，それに心理職は従うことになるため，あくまで感想・意見として述べておく。事例の記述から読み取るA児の状態と年齢，そしてこれまで未診断であったこと等を考えると，服薬という選択肢をこの段階（フィードバック面接）で提案したことに正直違和感を持った。診断，薬物治療，就学相談と，保護者には一度に大きな精神的負担（障害の受け入れ，決断すること）が掛かっている。本事例については，診察・診断を機に得たA児の行動特性の理解に立ち，保護者と保育者がそれぞれの対応を見直し，そして，A児がどのように変わるのか，変わらないのかを評価する。その上で服薬の検討をする，というプロセスがあっても良かったかと考える。

3. 両親へのフィードバック面接

　テスト結果の説明内容については所見で述べたので割愛する。テスト結果（例：聞いて記憶するのは得意）と日常の様子（聞いて記憶することが得意とは思えない）との不一致に親は疑問を示したが，森氏は対応の工夫を焦点化して上手くおさめている。ここは案外大事な面接の局面かもしれない。つまり，テスト結果から引き出された子ども理解を実際の子どもの様子（行動）と結び付けようとすれば無理や矛盾が出てくる。そこにとらわれるより，子どもの理解と対応について保護者と共に考えてみることに時間を割く方が賢明だろう。

　森氏は面接を振り返り，自分の考えを伝えることに重きを置いたこと，2回の面談の中で就学に向けて方向性を決めなければという焦りから，情報を伝えることを優先させたのではないかと危惧されている。確かに，保護者からのいくつかの問いかけや不安（このままで大丈夫？　登下校が心配など）に対して，その状況や親の心配の中身を聞き取るよりも，A児の行動特性と対処の仕方を伝えることに重点が置かれている。これは限られた時間の中ではありがちな運びである。面接のポイントと時間の配分を考えることも大切であるが，残された課題があれば次の面接を設定するなど，柔軟に対応されてもよいだろう。

　全体としては，アセスメントは受けた人の利益になり，支援につながるという基本的姿勢が大切にされたフィードバックであった。

V｜まとめ──就学相談における心理検査の活かし方

1．知能検査の活かし方

　ウェクスラー系知能検査は，知能を構成している諸能力は必ずしも均等に発達するものではないという考えに立ち，個人の能力のプロフィールを明らかにすることに最大の特長がある。そして，プロフィールにみられる個人内差から学習の指導・支援の方略を勘案することも本検査の醍醐味である。

　しかし，指標間の差，下位検査間の差という個人内差に引っ張られてしまう落とし穴もある。知能検査の結果とは，偏差IQに拠るウェクスラー系検査では，第一に同齢集団におけるその子どもの位置，すなわち知能水準である。この結果は数値と合わせて平均，平均の下という段階的記述で表わされるが，平均，平均の下が何を・どこを指しているのかについても説明が必要となる。親の特性や状況に応じて，漠然としたままが良いこともある。あるいは，検査用紙裏表紙の正規分布表を用いて同齢集団の中での子どもの位置を指し示すことが有用なこともある。

　子どもの発達を評価するということは，子どもが何をできたかではなく，何をどのようにしたか・答えたかをつぶさに見ることである，という発達臨床の教訓がある。それと同時に，指数や標準得点などの数値は，検査の目的に照らした結果を最も明確に示すデータであることも事実である。筆者は，数値を軽んじることなく，数値の意味を丁寧に説明し，理解してもらうことも心理検査を活かす基本であると考える。

2．発達の遅れが疑われる子どもの就学

　極低出生体重児の長期フォローアップから得た知見の一つに，6歳時点ではおおよその子どもの発達の速度はとらえられるが，学校生活への適応（学習，生活を含めた）を予測することはたやすくないということがある。生活適応には知能以外の個人要因と環境要因が関わることは言うまでもないが，発達がゆっくり目である子どもはなおさら，その子どもの発達の到達点を就学前に予測することは難しい。また，どのような学校で，どのような教師に指導され，どのような子どもたちと共に学ぶかによって，子どもの発達そのものが変わってくるということも実感している。

　一昔前ならば，療育手帳を持っている子どもやIQ70前後の子どもは就学時に特別支援学級を勧められるが，社会性や行動面に問題があっても，IQ80を超える子

どもが知的障害の特別支援学級を勧められることは稀であったと思う。ところが，最近では境界域の子どもについても，就学相談委員会は固定の支援級への就学を勧めるということを聞く。本事例は，保育園の担任，入学先小学校の校長と特別支援教育コーディネーター，言語聴覚士，医師など関係者の連携の下に保護者の最終的決断がされたようである。しかし，教育的支援にはいくつかの選択肢があることは保護者にわかりやすく示されたのだろうか，保護者の不安と迷いを十分に聞き取ることはできたのだろうかなど，若干の気がかりは残る。

　地域の特徴や学校の支援体制の充実など，さまざまな事柄を考慮しての判断になるが，これらの子どもの発達の伸び代も考えると，就学判断は難しい。森氏が書かれているように，子どもの未来への可能性を伝えながら親と共に考えていくこと，粘り強くそのプロセスを支えることは，子どもと親に関わる専門職が果たせることではないだろうか。

◆文献
[1] 日本描画テスト・描画療法学会：特集子どもの描画：その発達と臨床の発達と臨床．臨床描画研究14，金剛出版，1999．
[2] Prifitere, A., Saklofske, P. H., Weiss, L. G.：WISC-IV：Clinical Use and Interpretation：Scientists-Practitioner Perspectives. Elsevier Inc. 2005.（上野一彦，バーンズ亀山静子訳：WISC-IVの臨床的利用と解釈．日本文化科学社，2012）
[3] Wechsler, D.：Technical and Interpretive Manual for the WISC-IV. Pearson 2003.（日本版WISC-IV刊行委員会：日本版WISC-IV理論・解釈マニュアル，日本文化科学社，2010）

第3章

チック症状を主訴として来談した，発達障害の疑いがある9歳女児の事例

検査●WISC-IV, P-Fスタディ（児童版）

山口 恵理

I｜はじめに

　筆者は大学院修士課程修了後，医療機関，福祉機関，教育機関で勤務経験を経て，現在は精神科診療所と教育センターに非常勤で勤務している。

　筆者が勤務する教育センターは，北側に山があり，西側に川が流れる10万人規模の小規模住宅都市のなかにある。教育委員会・教育部に属しており，市内に住む3歳半〜中学卒業までの児童生徒・保護者・教職員の来所相談や電話相談などの教育相談，適応指導教室の運営，教職員研修，特別支援教育における就学園前相談などを主に行っている。利用は全て無料である。教育センターには，管理職，教員，事務職員，相談員として言語聴覚士や臨床心理士，元教員などが勤務しており，管理職および適応指導教室対応教員以外は非常勤職で，総数は20人程度になる。そのなかで，臨床心理士は非常勤の教育相談員として6人が勤務し，各日3人前後が配置されて，主に来所者のセラピーを行っている。筆者は，週2回の勤務で，適応指導教室での不登校児の対応と教育相談業務を担っている。

　心理検査は，インテーク面接時や保護者からの要望等により，セラピーのなかで適宜行っている。検査は，主にインテーク面接や継続担当になった教育相談員が行うことが多く，使用する検査は，発達検査や知能検査，描画法（HTPP，バウムテストなど）が多い。心理検査によって得られた結果は，保護者へフィードバックしている。受検者へのフィードバックは，受検者の年齢や理解度に応じて実施している。保護者へのフィードバックは，受検者の教育相談の面接時間とは別の時間帯に，保護者，保護者担当の教育相談員，検査者の三者で行っている。また受検者へのフィードバックは，教育相談の面接中に，検査者より行われることが多い。そして，保護者の希望や支援上の必要性に応じて，保護者に了承を得

た上で，受検者の所属学校・園の担任や支援コーディネーターへもフィードバックを実施しており，受検者の理解を深め，それぞれの立場で支援できることは何かを考える一助となるよう努めている。

　以下の事例は，筆者が教育相談員として担当したケースのなかで，検査を実施し，保護者と学校関係者，受検者本人にフィードバックしたものである。

II｜事例の概要

　クライエントであるAちゃんは，インテーク時9歳の女児（小4）で，「チックが出る」という主訴で来所した。家族は，父（40代，会社員），母（40代，専業主婦），Aちゃんの3人で，父はAちゃんが小学2年生のときから，約2年間単身赴任しており，別居生活であった。

　胎生・周産期は問題なかったが，出生時は吸引を要した。人見知りはなく，始歩，初語は1歳頃で，乳幼児健診では目立った指摘は受けていない。年中時に多動や他児への乱暴な行動が目立ち，園巡回指導の先生と面談したが「気にするほどではない」と言われた。小学2年生の頃に，ぶつぶつ独り言を話すことがあったが，母親は気にしていなかった。夜尿があり，現在も夜はトレーニングパンツを着用している。小学4年生の5月末頃に，鼻をいじった指を口に入れることを母親が厳しく注意した後より，「息が苦しい，しんどい」と言って，息を大きく吸うようなチックが始まった。また，その頃，算数の時間などAちゃんが嫌いな授業になると「お腹が痛い」と言い，保健室で休んで過ごすことが増えた。市民病院小児科を受診し，主治医からは「幼さが感じられ，発達障害の疑いがある」と言われた。チックと診断され，中枢神経薬の服薬を開始したが，翌日から音声チックも生じるようになった。Aちゃんは，「（チックのことを）皆から何か言われないか？」と不安がり，登校を嫌がるようになった。そしてAちゃんは，朝「しんどい」「お腹が痛い」と母に訴え，困った母が学校に欠席連絡をして休むことが増えた。服薬の結果，音声チックが生じたことや，その音声チックによって登校渋りが出てきたことに焦った母親は，急いで民間の心療内科クリニックへ転院させ，クリニックが処方したリスパダール（抗精神薬）に服薬変更をした。同時に，母親より教育センターへの相談申込があった。

III 検査実施までの経緯

1 インテーカーからの引継ぎとその時点で考えていたこと

インテーク面接は，並行面接で行われた。Aちゃんの担当は，筆者とは別の教育相談員が行ったが，通所可能な時間帯や相談枠の関係で，筆者がAちゃんのその後のプレイセラピーを担当することとなった。月に2回の母子並行面接の形で，母親面接はインテーク面接を行った教育相談員ではなく，先輩教育相談員（以下，親面接者）が担当することになった。上述の事例の概要に関する情報は，会議におけるインテーク資料より得たものである。

インテークを実施した教育相談員と筆者は出勤日が異なるため，引き継ぎに際しては，「全体的にスローペースで幼い印象，想像性も高くない。全体的な緊張をほぐしながら自信を獲得していくことが望ましい」と簡単にメモ書きにて伝達を受けた。インテーク資料に，インテーク時に実施されたバウムテストと動的家族画が含まれていたため，筆者よりインテーカーに「描画についても教えてほしい」とメモ書きでお願いした。その後，描画について「情緒的に不安定な状態，注意を保って一貫性を持たせるのが難しい，自他の境界線が曖昧である。現実生活での課題に対し，困難さを感じている」といった内容の報告を書面にて受けた。

筆者は，最初の市民病院小児科医が発達障害の疑いを指摘していることや，インテーク面接を担当した教育相談員が全体的に幼い印象を抱いていたこと，インテーク面接時に聴取した母親からのエピソードより，Aちゃんの知的な遅れや発達の特徴，学校でのAちゃんの友人関係，学習面についても頭におきながら，チック症状について考えていくことの必要性を感じた。チック症状がもとで登校が難しくなっているが，そもそも不安定な登校には，学習面や友人トラブルも関連しているように思われた。つまり「軽い知的な遅れや発達的な特徴があり，学習面での困り感があるかもしれない」「幼いやりとりのために，友人トラブルが生じているのかもしれない」「それら学校で生じているストレスがチックや登校渋りとして表出されているのかもしれない」と考えていた。同時に，周囲は学習面や友人トラブルについてどのように認識できているのか，母親は市立病院主治医に言われた「発達障害の疑い」についてどう思っているのか，という疑問も浮かんだ。仮に知的・発達的な側面に特徴があった場合，周囲の認識が乏しいこともストレスの1つと考えることもできた。

継続面接が開始される前に，一緒にケースを進めることになった親面接者にそ

の旨を伝え，Aちゃんの知的・発達的な特徴や，場面の読み取り，困り事があったときどのような対処をしているのか，心理検査を用いて検討したい旨を提案した。一方，親面接者は母親について，市立病院医師から発達障害の疑いを指摘されたことを意識していないわけではないが，Aちゃんのチック症状と登校渋りの状態への不安が先に立つ様子であり，「検査についてあまり考えていないのではないか」という印象を抱いていた。筆者も母親については，父親が単身赴任のために，Aちゃんのチック症状や登校渋りを母親一人で抱える状況になっており，より不安感や焦りを呈している状態であると感じていた。

そこで，検査については，母親の気持ちが落ち着いてから，提案していくことになった。

② 第1回～第5回面接

Aちゃんは，細身で小柄な女の子で，真っ黒に日焼けしていた。1回目に，Aちゃんは「クラスにBという男の子がいて，Aが何もしていないのに，いつもAにちょっかいを出してきて嫌。あとは，チックになってる。でも病院に行ってお薬を飲んでいるから大丈夫」と話した。Aちゃんの主訴は，チック症状よりもB君との関係であることが語られた。

Aちゃんは，ぽぽちゃん（赤ちゃん）人形やリカちゃん（着せ替え）人形を使って買い物ごっこや，アイスクリーム屋さんごっこをすることが多かった。筆者が〈私もドレスに着替えましょう〉と伝えると，Aちゃんは，「これにしたら？」と言って，Aちゃんの人形が着ていた服や靴を「これあげるから着て」「お願い，貰って，お願い，お願い」としつこく訴え，筆者の人形に贈った。筆者が戸惑いながらも受け取ると，Aちゃんは筆者に自分の人形の服をプレゼントできたことに満足そうにして，新しい洋服を自分の人形に着せた。Aちゃんは，他の遊びでも「特別サービスだから貰って」「貰ってくれないと嫌」と，やや独り善がりで，押し付ける雰囲気が感じられた。

また面接中，腰を揺らして「おしっこ」と小走りでトイレへ向かうが，トイレに行くまでに少し漏らしてしまうことが何度もあった。その度に，Aちゃんは濡れた洋服を何度も手で触り，気にしながら遊ぶ様子が観察された。

③ 検査の提案

第5回の終了後，親面接者との話し合いのなかで，筆者は，「年齢に比べて遊びの選択肢が幼く，やりとりが広がらないこと」「一方的なやりとりが多く，相手の

気持ちを考えた応答が難しい可能性があること」「排泄は昼間も失敗している可能性があること」を伝えた。

親面接者からは，「B君とのトラブルは，Aちゃんの一方的に関わろうとするところに由来すること，チック症状はあるが家だけで，叫ぶようなチックは減っており，母親も落ち着いてきている」ということが語られた。以上により，検査の実施について提案をすることになった。B君とのトラブルは，B君だけの問題ではなく，Aちゃんの発達的特徴の可能性も考えられることから，検査については全体的な知能と場面を読み取る力を知りたいと考え，WISC-IVとP-Fスタディを選択した。昼間遺尿については，母親へ伝えた上で，日常生活での様子も確認することとした。

第6回面接時に，親面接者より母親にAちゃんの学校での様子やセラピーの内容を簡単に伝え，執拗に何度も友だちを注意する様子から，相手の立場や状況，気持ちを考える力や他者とのやりとり，場面の読み取りを考えられるような検査をしてみてはどうか，という提案がなされた。親面接者が検査について説明すると，母親は「次回の面接の時にすぐに実施して欲しい」と急いだ。検査に時間がかかることを伝え，学校の長期休みに実施する提案もなされたが，母親は「学校を早退して来所する」と語った。検査を次回実施するのであれば，筆者がAちゃん本人に検査について説明する時間が持てないため，親面接者より，検査のおおよその時間と，数をつかったり積み木をしたりの検査をする，という内容を母親に伝え，母親からAちゃんへ伝えてもらうことになった。筆者は面接後に親面接者よりその旨を聞き，困惑したが，当日Aちゃんに検査導入前の説明をしっかりと行い，再度確認を取ることで対処しようと考えた。

昼間遺尿については，母親はさほど問題意識を抱いていない様子であったが，通院中のクリニックで相談をした。医師からは，Aちゃんが小柄な体型であることから経過観察することを指示され，必要時には薬物療法で介入することが語られた。

IV │ 検査実施時の様子

1 WISC-IV検査の実施（インテークの16週間後）

検査当日，母親とAちゃんは，待合で楽しそうにお喋りをして待っていた。初めて入室する検査室にも，リラックスした表情で緊張した様子も見せずに入室した。

検査をするにあたり，筆者はAちゃんに〈今日はなんと言われてきましたか？〉

と尋ねた。「何かするって，積木とか検査？」と首を傾げる。〈積木や言葉のクイズをして，Aちゃんの得意なことや苦手なことがわかって，お友だちとのことや困っていることを考えられるようにしたいと思うけど，どう？〉と尋ねると，Aちゃんはコクンと頷いて「いいと思う」と答えた。〈2つしてもらおうと考えていて，今日1つ，また今度1つしようと思うけど，どう？〉と尋ねると，頷く。Aちゃんは，面接中に尿意を催しても「トイレへ行く」と訴えずに，排尿の失敗をしたことがあったため，〈今日は，1時間半ぐらい長くかかっちゃうと思うので，途中でトイレに行きたくなったり，しんどくなったりしたら，教えてね〉と念を押した上でWISC-IVを実施した。

　検査では，Aちゃんは各課題に対して教示通りに素直に従い，テンポよく課題に取り組んだ。しかし，解けない課題に出会うと沈黙が続き，筆者を見つめることが多くなった。筆者から〈どう？〉〈わからなかったら「わからない」と言ってもらっていいよ〉と伝えると，小声で「わからない」と言う。検査を開始してしばらくすると，溜息や「はっ」と息を吸い込むような様子（チック症状）が観察されたが，Aちゃんから休憩についての訴えはなかった。40分程経ち，筆者から〈半分ぐらい頑張ったから，少し休憩しますか？〉と尋ねると，Aちゃんはようやく「トイレに行きたい」と言ってトイレへ行った。休憩を10分程はさみ，検査を再開すると，序盤は粘って考えて応答していたが，「わかんない」と即答する行動や，「ヒント欲しい」と筆者に協力を求める行動が増えた。検査には90分弱を要した。

　検査終了後，Aちゃんは，「ゲームみたいなのが良かった」と感想を述べ，疲れやしんどさについての発言は聞かれなかった。筆者は〈すごく頑張ったから，しんどかったり，疲れたりしたんじゃないかな？〉と尋ねると，「ちょっと」と首を傾げた。〈ちょっと疲れた？〉「うーん？　わかんない」〈もしかしたらすごく疲れたり，しんどかったりしたんじゃないかな？　と思うので，ゆっくりお家で休んでね〉と伝えると，黙って頷いた。

　筆者は，Aちゃんが教示通りに求められた事柄に対して，自分のしんどさを意識せずに，どうにか応じようと頑張りすぎてしまう印象を受けた。そして，自分のネガティブなことを他者に伝えようとせず，良くみせようとする過剰適応的な行動のようにも感じられた。チック症状は，Aちゃんがネガティブなことを言葉として表現したり，他者にしっかりと訴えなかったりするために，声ならぬ声として表出されているような印象を抱いた。

② P-Fスタディ（児童用旧版）検査の実施（前回の検査から4週間後）

　WISC-IV検査実施後の次の回，母親より電話にて面接の休みが伝えられた。欠席の理由は，「Aちゃんの誕生日なので買い物などに連れていきたい」ということだったが，「前回の検査が大変だったみたいで，また検査があるなら教育センターに行かないと話している」ということだった。

　面接を休んだ次の回，筆者は，Aちゃんに〈この前の検査は，どうだったかな？　大変だった？〉と尋ねた。Aちゃんは，頷いて「疲れた」とニヤニヤする。〈いつぐらいから疲れちゃった？〉と尋ねると，「うんと，3つ目ぐらい」と答えた。〈数字言ったりするやつ（数唱）から？〉と尋ねると，首を傾げながら「たぶん」と笑う。〈しんどかったけれど，最後まで「疲れた，休憩したい」って言わなかったのはどうしてかな？　「我慢しなくちゃ」って思った？〉と尋ねると，首を傾げて「わかんなーい」とニヤリと笑う。〈もしも我慢してたのなら，我慢しなくてもいいと思うよ，きっと誰も怒らないよ〉と伝えると，頷く。筆者より，〈今日は，Aちゃんが困ったときや嫌な気持ちになったときに，どうするかな？　というのを考えるために検査を用意しているけど……やってみますか？　止めておきますか？〉と尋ねると，「いいよ」と軽く応じる。筆者は驚き〈前の検査は，凄く時間がかかって大変だったね。今回は30分もかからないと思うけれど，もしかしたら大変かもしれない。それでもやってみますか？〉と再度確認すると，やはり頷くのでP-Fスタディ（児童用旧版）の検査を開始した。

　検査中は黙々と記入するが，漢字がわからず記入が止まると筆者の顔色を窺う。筆者は〈Aちゃんの思うとおりにどうぞ〉と伝えると，「漢字がわからなかったから」と言って，平仮名で書きなおしていた。検査は15分程で書き終えたが，最初の場面は丁寧に詳しく記入していたのが，途中から文字量が減り，ごく簡単な応答に変化していった。

　WISC-IVの休憩後，応答が変化したり，P-Fスタディでも途中から文字量の変化があったことから，Aちゃんは，他者からの期待に応えようとして頑張る一方で，自分の力量以上に頑張りすぎてしまい，中盤から頑張れなくなってしまうということが考えられた。また，ストレスが加わるとパフォーマンスが下がると考えられた。それに対して上手に息抜きをすることや，「わからない」と訴え助けを求めることなどの対処方法が少ないことも考えられた。

V 検査結果のまとめと理解

1 WISC-IV

　下位検査の評価点および，合成得点を以下に示す。全検査IQ（FSIQ）は83（90％信頼区間；79～89）で，「平均の下／標準的に弱い」能力であった。知覚認知（PRI）は91で，Aちゃんのなかでも得意な領域であるが，下位検査間でばらつきがある。ワーキングメモリー（WMI）は79で，知覚認知（PRI）より有意に低く（15％水準），学習生活や日常生活に影響を及ぼす可能性がある。下位検査レベルでは，【数唱】8，【語音整列】5で，有意な差（15％水準）があったが，Aちゃんは【数唱】後に疲れを実感している。【算数】においてもリピートが多く，情報量が増え，複雑になると覚えていることが難しくなると考えられる。また【符号】5と【記号探し】11の差は－6で，有意に差（15％水準）があり，標準出現率は1.7であった。符号を見つけ出すのにやや苦労している様子も観察され，上下の視覚的追跡や模写力が苦手である可能性があり，板書やノート作りなどに時間がかかってしまうことが推測された（表3-1，図3-1）。

2 P-Fスタディ（児童用旧版）

　年齢に比べ，漢字の使用は少なく，"を"を"お"と誤った表記をするなど，言語表現の苦手さを感じられる表記であった。
　集計表を表3-2に示した。GCR＝75％で同年齢集団の反応よりも有意に高く，特に超自我阻害場面では83％と一致率が高い。反応のレパートリーは少ない。プロフィール上は，アグレッション型は（O-D）＝6％と障害優位型は低く，逆に

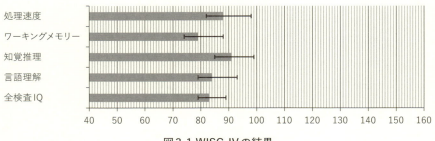

図3-1 WISC-IVの結果

表3-1 WISC-IVの結果

指標／下位検査	標準得点	90%信頼区間	パーセンタイル順位	分　類
言語理解指標（VCI）	84	79-93	14	平均の下／標準的に弱い力
類似	8			
単語	8			
理解	6			
知識*	5			
語の推理*	10			
知覚推理指標（PRI）	91	85-99	27	平均域／標準範囲内
積木模様	10			
絵の概念	9			
行列推理	7			
絵の完成*	5			
ワーキングメモリー指標（WMI）	79	74-88	8	平均の下／標準的に弱い力
数唱	8			
語音整列	5			
算数*	7			
処理速度指標（PSI）	88	82-98	21	平均域／標準範囲内
符号	5			
記号探し	11			
絵の抹消*	10			
全検査IQ（FSIQ）	83	79-89	13	平均の下／標準的に弱い力

*：補助検査を表す

（N-P）＝50％と要求固執型は高く，特に//i＝3は標準よりやや多い出現である。ただ，iの反応は，『場面8：こんどからきをつけるよ』『場面13：こんどからやめるよ』という内容や，Iの内容も『ごめんなさい』という謝罪が多く，自責が強いというよりはパターンで謝るような印象を受けた。主要反応としては，//e（5）〉/E/（4.5）〉//m（4）があげられる。『場面1：かっといてね』『場面2：もうすこし……あとで……ね』『場面4：がんばって！』『場面9：これぼくもほしい』『場面21：私にもかしてよ』と要求充足を相手に求める内容が多い。次に『場面3：それじゃあこんどからしゃべらないでね』『場面16：そうだよ』と，責任が相手にあることを非難する反応が多かった。超自我因子では$\underline{I}$＝0％と低く，自己の釈明が少ないと考えられる。反応転移分析では，($\overset{0.60}{\leftarrow}$e, $\overset{-0.50}{\rightarrow}$m)で，後半になって//eが減少，//mが増加している。フラストレーション反応の特徴として，感情的な反応に留まることなく，あくまでも解決を図ろうとする要求充足の意識が強い。

表3-2 P-Fスタディの集計表

(1) 場面別スコア

場面	O-D	E-D	N-P	GCR
1			e	
2			e	
3		E		
4			e	
5			i	
6*		M E		0
7*		I I		1
8*			I i i	1
9			e	
10		M I		0
11			m m	
12*		E E		1
13*			i	
14*		E		
15	I'			
16		E M		0
17			m m	1
18	M'			
19*		I I		1
20		M M		1
21			e	
22*		I I		1
23			m	
24			m m	1

*下線は超自我阻害場面 計 9

(2) GCR

全体	9 / 12	75.0% ↑
自我	4 / 6	66.7%
超自我	5 / 6	83.3% ↑
前半	4 / 6	66.7%
後半	5 / 6	83.3%

(3) プロフィール

	O-D	E-D	N-P	合計	%
E-A	0 / 0	2 / 2.5	4 / 1	6 / 3.5	9.5	40
I-A	0 / 1	1 / 2	2 / 1 ↑	3 / 4	7	29
M-A	0 / 0.5	2 / 1	1 / 3	3 / 4.5	7.5	31
合計	0 / 1.5	5 / 5.5	7 / 5	12 / 12	24	100
%	6 ↓	44	50 ↑	100		

(4) 超自我因子

$E = \boxed{2} = \boxed{8}$ %

$I = \boxed{0} = \boxed{0}$ % ↓

$E+I = \boxed{2} = \boxed{8}$ %

$E-E = \boxed{2.5} = \boxed{10}$ %

$I-I = \boxed{3} = \boxed{13}$ %

$(M-A)+I = \boxed{7.5} = \boxed{31}$ %

(5) 反応転移

1 (E', I', M'): なし

2 (E', I', M'): なし

3 (e, i, m): ←e 0.60, →m -0.50

4 (E-A, I-A, M-A): なし

5 (O-D, E-D, N-P): なし

(6) 主要反応

e(5) > E(4.5) > m(4)

その解決法として自己の要求をさまざまな方法でなんとか実現させようと自己主張する傾向が強いように感じられた。

VI│親面接者への報告および相談(検査実施の約2週間後)

親面接者へ，検査結果のプロフィールおよびローデータを見せ，Aちゃんが学習場面で苦労している可能性があること，過剰適応の傾向があること，言語理解の不十分さと言語表現が苦手であることを伝えた。

筆者：数値としては非常に低いわけではないですが，ワーキングメモリーの低さと理解や知識の低さを考えると，学校の授業についていくのはしんどいと思います。一度に多くの情報を処理するのは苦手で，先生の言ったことを一度に把握して理解し，ノートに書き留めるなどは難しそうです。

　それに，根拠や十分な理解を伴った回答ではない可能性があります。不十分な理解によるトラブルもあるかもしれないし，過剰適応傾向のために，"わかっている雰囲気"で本当は困っているのに助けてもらえなくて被害的に受け止めてしまうということもあるかもしれません。

親面接者：やっぱり理解も不十分なんだ。Aちゃんの理解でお母さんに不満を言うから，お母さんも「Aが友だちトラブルで困っているのに，先生は気づいてくれない」と同じように文句を言う。それでお母さんと担任の関係が少し悪くなっていることもあるみたい。

筆者：面接中に人形を壊す，筆者にボールをぶつけることがあっても「わざとじゃないし」「このボール痛くないから大丈夫」と，謝ることがほとんどないのですが，検査上は，しっかりと自分の失敗は認めて謝ることができます。一般的なルールとしては頭に入っているようですが，相手のことまで考えて謝罪するなど，本当の意味で理解できているかどうかあやしいと思います。自分の否を認めることが難しいとか，私なら許してくれそうとか，そういったことがあるのかもしれません。

　筆者は，親面接者との話し合いを通じて，Aちゃんが状況や言葉を理解できているようでできていないこと，相手の気持ちを考えた上で応じることが難しいことを確認し，面接内のAちゃんの一方的な態度に対してもSST的な関わりが必要なのではないか，と考えた。

　そして，Aちゃんの発達的特徴により，学習面の難しさや対人トラブルが生じている可能性を確認できた。学校生活上の課題に加え，Aちゃんの過剰適応行動により，周囲に察してもらいにくい状況がストレスとなり，身体化している可能性をより強く感じた。昼間遺尿については，年齢と体型を考えると，身体的原因を排除することはできないが，ストレスを自身で意識して，適切に対処する力が弱いことからきているようにも感じられた。

　以上を踏まえて，教育センターへの検査報告書をまとめた（紙数の関係で省略する）。

Ⅶ 母親へのフィードバック，学校関係者との情報交換

1 母親へのフィードバック（検査実施の6週間後）

面接の日時とは異なる時間帯で，母親だけ教育センターに来所いただき，母親，親面接者と筆者の3人で，約1時間検査結果のフィードバックを実施した。

筆者から，保護者用の検査結果を見せながら説明し，保護者用に作成した検査結果報告書（表3-3）を手渡した。表の見方や記載されている数値についての意味をわかりやすく説明するとともに，母親が語ったAちゃんのエピソードや説明を聞いた母親の反応に合わせて，それぞれの数値を関連させ具体的にイメージしてもらえるよう努めた。

> 筆者：すごく頑張ってもらいました。頑張り屋さんだと言える一方で，場に合った行動をし過ぎて，自分の「しんどい」気持ちを素直に伝えるといったことをしない過剰適応の傾向が窺われました。Aちゃんは，しんどいこと，大変なことがあっても，言葉で表現することが少ないので，チックとなって表現されるように思われます。
> 　検査結果からは，一度に多くのことを聞いて覚えることや板書などの苦手さがあるようで，学習面の心配もあるのですが，いかがですか？
>
> 母親：うーん，どうだろう。できてないのかなぁ……（あまり自覚していない雰囲気）。授業中に「しんどい」と保健室には行っているみたいですけど，そうなんかなぁ？
>
> 筆者：ちょっとわからない感じですね。学校の先生に確認する必要もあるかもしれませんね。
> 　次に，状況や場面を理解できているようで，できていない。状況理解が苦手かもしれません。不十分な理解で誤解が生じトラブルになった場合，相手を一方的に責めてしまう。周囲に困り感を話さないので，周囲はAちゃんの気持ちに気づけない。Aちゃんは「誰も私を助けてくれない」と被害的に受け止めたりすることもあるかもしれません。
>
> 母親：（頷きながら）あぁ，そうなんですね。うん，そうかもしれない。私にはAは何か嫌なことがあると「Bが悪い」と言うのですが，正直なところ本当にB君だけなのか？　という気持ちもあります。

この後，母親から「学校の先生に検査結果について見せてもよいか」との質問があった。親面接者から，「こちらから結果を伝え，学校の様子を聞かせてもらうこ

表3-3　検査結果報告書（保護者用）

検査結果報告書

受検者氏名	○○　○○	検査年月日	○年○月○日・○月○日
生年月日	○年○月○日	検査名	WISC-IV，P-Fスタディ
生活年齢	9歳11カ月	検査者	○○　○○
学校等	○○小学校		

【検査時の様子】
　検査課題に対しては，一生懸命応答していました。後日，本人が「3つ目の問題からしんどかった」と話しましたが，検査当日は検査者が〈しんどかったら伝えてね〉と促しても訴えがありませんでした。我慢強いといえる一方で頑張り過ぎてしまう，自己主張が苦手ともいえます。
　疲れると，考える間もなく「わからない」と諦める様子も観察されました。頑張り過ぎてしまう結果，課題対処が不十分になったり，他者に頼ろうとする行動が増えたりすることが考えられます。

【検査結果】
　一度に多くの情報を聞いて対処するのは苦手であることが考えられます。一度に多くの情報を伝えるのではなく，メモで示したり，1つずつ本人の理解を確認しながら伝えていったり，簡単に説明する方が，本人にはわかりやすいと考えます。また，板書の難しさなど，学習面のしんどさもあるかもしれません。
　状況理解や推測が不十分である可能性も考えられます。理解できているようで理解できていない事柄もあるようです。また，言いたいことを説明するのは不得手で，言語表現の苦手さも窺えます。本人が訴えたい事柄について，「○○だったのかな？」と具体的に問いかけて，本人が短い表現でも応答できるように，本人の理解を確認する関わりも大切です。
　自分の思うようにならない場面では，問題の解決を求める気持ちが強いです。特に，問題解決を他人に期待する反応が多く，依存的な行動になることが多いです。本人にも一緒に問題解決に取り組めるよう，大人がやりすぎない，先回りしすぎないことも大切であろうと思われます。
　問題とそれへの取り組み方がしっかりと理解できれば，取り組める力と頑張ろうとする意欲もあると考えられるため，その本人の良い面を活かし，本人が理解できるよう伝えること，課題に対してどういう対処方法があるのかという手本を教えてあげることなども大切かと考えます。

ともできる」と伝えると，母親から学校関係者へのフィードバックを依頼された。
　それまで，母親はAちゃんの言葉通りに「Aは悪くない，Aを助けてくれない」と担任に対して不信感を抱いていたが，Aちゃんの状況理解の不十分さによるところも大きいことを意識され，これまでの担任の対応にも一応の納得をされた。また，学習場面のしんどさについても目を向け，学校に相談し，対応を一緒に検討することとなった。

2 学校関係者との情報交換（検査実施の9週間後）

　母親の希望を受けて，学校関係者と情報交換することになった。情報交換は，担任，支援コーディネーター，支援担任の3人が教育センターに来所して行われた。3人とも，これまでにWISC-IV検査に触れる機会を持っておられた。教育センターからは，親面接者と筆者が参加した。検査結果を中心に，面接の様子も併せて伝え，学校でのAちゃんの様子や学校の先生方のAちゃんへの印象等をうかがい，今後どうするかについても話し合うことを念頭においていた。
　まず，親面接者から教育センターに来ることになった経緯とチックの症状について説明した。担任からは，教室内でもチック症状は軽減してきていることが語られた。
　次に筆者から，チック症状の他に，特定の男子とのトラブルについてもAちゃんの主訴として語られたことを伝えた。続いて，母親に渡した検査結果報告書と同じものと検査結果を見せ，Aちゃんが相手の気持ちを推測したり，場面を柔軟に推測するなど相互的な理解が苦手なこと，学習の弱さが考えられること，過剰適応の傾向があること，言語表現が苦手であること，の4点について伝えた。

　　担任：授業中に「お腹が痛い」「しんどい」と何かと理由を作って保健室に行って授業を抜けることが多い。なのに，その直後に給食をいっぱい食べたり，体育に参加したり，自己中心的な感じです。それで周りの子がいい気をしていない。そんなことをしたら，周りがどう思うかとすぐわかると思うのに，わかっているようでわかっていないという感じです。相手の気持ちがわかってないということですか？
　　筆者：そうだと思います。それに，一度に多くのことを聞いて覚えることや，板書などの書字の弱さがあるように思います。それを「わからない，教えて欲しい」と言えたら良いんですが，その場その場で逃げるので，自己中心的に見えるかもしれません。

担任：そうなんです，好きな授業だけ出るっていう感じに見えちゃう。そうかぁ，学習，しんどいのかぁ……。そしたら，通級指導教室に行った方がよいと思うけれど，お母さんはどう思っているのかな。お話をする機会を設けようと思います。

　以上の話し合いで，学校側は，「Aちゃんの学習課題に対し，通級指導教室も視野に入れつつ，学習スタイルの工夫をする」と語った。また，学校でAちゃんにどういう関わりがあればよいか，母親と相談しながら検討することが語られた。

Ⅷ｜Aちゃんへのフィードバックと事例のその後の経過

1 Aちゃんへのフィードバック（検査実施の半年後）

　Aちゃんへのフィードバックについては，P-Fスタディ検査後の面接で，筆者からAちゃんにフィードバックの提案をしたが，「要らない」とあっさりと却下された。そもそも検査導入場面および検査場面で，過剰適応の傾向のあるAちゃんが，検査動機をさほど持たぬまま筆者の言葉に応じた可能性が高かった。筆者は，Aちゃんの意向に沿ってフィードバックはせず，〈「どうだったか知りたいな，考えたいな」と思ったら，いつでも言ってね〉と伝えるにとどめた。

　その後の面接において，筆者は，Aちゃんが安心して自由に自分の思いを表現できるよう，気持ちを傾聴しながらの関わりを心掛けた。その上で，チック症状や他の身体症状以外にも困り感を表現する方法や，ストレスに適切に対処する方法が，身につくようかかわった。状況理解を促すような言葉掛けも用いた。

　その後4回の面接を経て，Aちゃんの口から，あまり学校に行けていないことや，B君以外の友だちともうまく交流できていないこと，昼夜を問わず遺尿があり，今後の宿泊行事が不安であることなどを語れるようになった。学習面での不安についても尋ねると，これまで「（学習は）好き」「わかっている」と語っていたが，「1年生のときは好きだった。3年生のときから（勉強は）よくわからない，嫌い」との不安を笑って話すようになった。筆者は，Aちゃんが語った不安や困り感について，具体的な対処や予防策についても一緒に考える機会を設けた。

　Aちゃんが素直に自身のネガティブな事柄を表出することが増えた頃，「Bは意地悪を言う癖がある。Aにも心の癖がある」と語るようになった。筆者が〈どんな心の癖？〉と尋ねると，「鼻をいじっちゃう癖……かな？」と，よくわからないという雰囲気で答えた。筆者は，Aちゃんが自身の心の癖に目を向けたことと，検査結果が心の癖を考えるヒントになるかもしれないことから，再びフィードバッ

表3-4 検査結果をまとめた紙

☆★☆Aちゃんの検査の結果お伝えします☆★☆

こんなことが検査の結果からわかりましたが，いかがでしょうか？

○最後まで，あきらめないで検査を受けられました。
　ねばりづよく，がんばることができました。すごいことです。
　でも，がんばりすぎてつかれることもあるので，つかれたら休憩をとりましょうね。

○1回にいっぱいのことを言われると，よくわからなくなってしまうみたいです。
　ノートに書くのも苦手なのかな，と思います。
　「もう1回言って」「教えて」とお願いをしたりしてもいいのかな？　と思います。
　学校の勉強で，苦手だなぁって思うことはないかな？　しんどくならないかな？

○困ったことやしんどいことを，言葉で相手に伝えるのが苦手みたいです。
　困ったことやしんどいことを伝えると，みんなが助けてくれると思います。
　少しずつ伝えられるように練習できたらいいですね。

○自分が失敗したり，悪いことをしたりした時は，ちゃんと謝ることができます。
　他の人が「嫌だな」と思ったことについても，謝ることができるといいですね。
　これからも失敗した時や相手が「嫌だな」と思うことをした時は，ちゃんと謝ることができるといいね。

クについて提案した。次の回，Aちゃんから「検査の話するんでしょ？」と言われ，半年遅れ（検査実施より面接7回が経過）で検査結果のフィードバックを実施した。

　検査結果をまとめた紙（表3-4）を二人で見て，箇条書きにした文章をマーカーで印をつけながら筆者が読んで伝えた。Aちゃんの検査結果に対する「そうだ」「ちょっと違う」といった反応を聞き，Aちゃんにとってわかりやすく，受け入れられるような情報であることを意識した。筆者は，フィードバックを通じて，Aちゃんの自己理解を促し，今後の面接で活かせる治療的な関わりになるよう努めた。

　筆者が〈粘り強く最後まで頑張って検査を受けることができた〉と伝えると，喜びながらも「うーん，ちょっと違うときもあるかも……」と小さく話した。どういう場面で違うのかについては，「えーっと，えーっと」と表現が難しいようで，〈他のも読みながら，お話できたらいいね〉と伝え，次の項目を伝えた。筆者

が学習面について伝えると，Aちゃんは「そうそう！」と何度も頷き，「嫌な授業のときに，"しんどい"って嘘ついて保健室に行っちゃうことがある」と笑った。教科書から用語を抜き出して穴埋めすることや，ノートに記入が多い授業は「苦手やから嫌」「どこかわからなくなる」と語った。そして，今後については「もう保健室に行かない」と笑って答えた。〈誰だって苦手なことがあるよね。苦手でしんどくなっちゃう，それで保健室に行く？〉「うん，たぶん」〈保健室に行かなくしたら，しんどいのはどうなっちゃう？〉と伝えると，Aちゃんは「あ，そっか」とマズイという表情になった。筆者は〈「わからないから教えて」とか，苦手なことを伝えて先生やお友だちに聞いたりするのはどう？〉と提案すると，Aちゃんは「できそうと思う」と答えた。筆者は，〈そうやって，困っていることがあれば，「わからない」「教えて」って伝えることができるといいなぁって思います〉と話すと，Aちゃんは何度も頷いた。

　このやりとりを通じ，Aちゃんの心の癖について，学習場面でノートの記入や調べ学習が苦手であること，苦手な授業のときに「しんどい」と保健室に行ってしまうことなどを話し合うことができた。また，困ったときに助けを求められるようになる練習をするきっかけとなったように感じた。

② 事例のその後

　その後，Aちゃん自身も努力し，わからない課題については先生や友人に尋ねるようになった様子が語られ，保健室に行かないように心掛けていることも語られた。母親もフィードバックを受けて，Aちゃんのチック症状や不登校傾向，友人トラブルの要因として，Aちゃんの言語表現の弱さや学習の困難さ，不十分な場面理解が関連していることに気づき，落ち着いて対応できることが増えた。学校関係者も，授業での学習スタイルを班での調べ学習にし，Aちゃんが話しかけやすい友人を近くの席にするなどの工夫をされた。また，Aちゃんが保健室に行くことについて「自己中心的な感じ」ではなく，Aちゃんの気持ちに耳を傾け支持的に関わることや，クラス全体に「Aちゃんがズルをして授業を受けていないわけではない」という旨を伝え，クラスメイトの理解を得るなど，学校側の支援的関わりが増えた。

　こうしたフィードバックを機に，母親と学校側の関係もAちゃんのことを理解できずに，互いに不信感を抱いていた関係から，Aちゃんを理解していくなかで信頼関係を築き，協力してAちゃんに関わっていく関係へと変化していった。また以前Aちゃんは，登校渋りや日に何度も保健室に行くことがあったが，三者の

努力により登校が安定し，保健室の利用も週1回程度に減りつつある。Aちゃん自身も，授業や学校が「楽しい」と実感できるようになってきている。チック症状については，服薬効果もあって，軽減され，さほど気にならない状態になっている。夜間遺尿は続いているが，昼間遺尿についてはAちゃん自身が意識して，事前あるいはこまめにトイレへ行くことで対処できている。

IX 事例を振り返って

1 心理検査はどのように活かされたか

　本事例の場合，心理検査を実施したことは誰にどのように活かされたのだろうか。まず筆者にとっては，検査を通じ，面接中に抱いた仮説を確認し，Aちゃんの知的な偏りを客観的に知ることができ，状況や言葉の理解が難しいこと，学習場面でのしんどさがあることを理解できた。また，Aちゃんのプレイセラピーでのひとりよがりでやや押しつける態度の背景に，相手の気持ちを考えた上で応じることの難しさが示唆され，SST的な関わりの必要性を検討することにつながった。そして，検査場面でAちゃんが与えられた課題に対してどうにか応じようと頑張る姿からは，Aちゃんの粘り強さなどがうかがえ，ポジティブな面にも目を向けるよい機会となった。

　母親へのフィードバックや学校関係者への情報交換を通じて，Aちゃんの状況理解の不十分さや自己中心的に見えるAちゃんの行動の背景を知ることができ，Aちゃんを取り巻く人物が，協力する関係を構築することに役立った。このことは，本事例を進める上で重要な要素であったと考える。

　Aちゃんにとっては，心理検査を通して，ネガティブなことを他者に伝えずよく見せていたことにより，理解されにくかった自身のしんどさを周囲に理解してもらうことができた。そして，フィードバックをしたことによって，ネガティブなことを表現し，自身の課題に目を向け，努力していくきっかけとなったことも大きな成果であったように考える。

2 Aちゃん（受検者である子ども）へのフィードバック

　Aちゃんへの最初のフィードバックの提案は，あっさりと断られてしまった。どのように考えたらよいだろうか。田形[2]は，「心理検査を導入する場合は，そのことを本人にどのように伝えるのか，また，クライエント自身は検査を受けることをどのように受け止めているのかについて，十分に配慮されなくてはならな

い」と述べている。また，岩野・横山[1]は，「心理検査などの心理学的アセスメントそれ自体がすでに潜在的な治療的介入であるとすれば，そもそも検査に導入される前に検査そのものについて情報開示し，それを受けることについて被検者の意見を問うというインフォームド・コンセントが重要になってくる」と述べている。本事例では，心理検査を導入する場面において，母親の焦りに乗って，本人に検査実施の同意を得ず，検査の必要性が十分に伝えられぬままに検査を実施することになってしまった。このことがフィードバックの拒否の一因になったのではないだろうか。そしてAちゃんの場合，状況理解の不十分さや過剰適応の傾向があったにせよ，Aちゃんに検査目的の説明と同意を得ることへの意識が欠けていた。また，検査導入に関して，母親が落ち着いてから提案するという点については，担当者間の意思確認をしていたにもかかわらず，「Aちゃん自身の主訴と内省状況とを合わせて考える」という意思確認が抜けていたことも反省点である。

拒否のもう一つの理由として，筆者が"受検者は小4なのだから，本人へのフィードバックをすぐにでもやらねばならない"と決め込みすぎていたことも考えられる。フィードバックについて筆者は，受検者が小学校低学年以下の場合には，本人へのフィードバックよりも家族へのフィードバックや所属する学校・園への報告が大事であると考えている。Aちゃんについては，「小4であるからそれには該当せず，フィードバックすべき」と思いすぎていた部分があったかもしれない。Aちゃんの理解力や，Aちゃんが困っている事柄に沿ったフィードバックを，Aちゃんの必要とする時期に合わせて対応することが必要であった。その意味では，半年遅れでフィードバックする機会が与えられたことは，それが経過のなかで無理のない時期ということだったのかもしれない。

検査実施，検査結果のフィードバックは，受検者の個別性や独自性，困りごとへの必要性などコンディションを十分考慮し，受検者やその周囲の人物，検査者や面接者，それぞれにメリットがあるように考え，実施されていくべきと改めて実感した。

◆ 文献
[1] 岩野香織・横山恭子：心理検査の結果をフィードバックすることの意義：インフォームド・コンセントの観点から．上智大学心理学年報．37；25-35, 2013.
[2] 田形修一：心理査定の基礎．札幌学院大学心理臨床センター紀要．10；71-75, 2010.

> 3章コメント

発達臨床における心理検査の実施とその後の対応

吉岡 恒生

I はじめに

　山口さんの報告に倣ってまずは自己紹介から始めよう。筆者は大学院博士前期課程を修了後博士後期課程に進み，計4年半の大学院生活ののち，現在勤務している大学の障害児治療教育センターにセンター専任教員として赴任し24年目となる。大学院在学中は，大学附属の心理教育相談室のみならず，市の教育センター，就学前の療育教室，他大学の学生相談室などの非常勤で臨床経験を積んだが，大学に赴任して以降はもっぱら発達臨床に従事している。2009年に大学内のセンターの改組があり，センターには専任教員を置かないという方針のもと障害児教育講座に移籍となったが，引き続き障害児治療教育センターの後継である教育臨床総合センター発達支援相談室の担当となり，現在に至っている。

　筆者が勤務する大学は人口十数万の機械工業都市の北端に位置し，私鉄特急の停車駅からバスで20分の道のりの終点に豊かな自然に囲まれたキャンパスがある。自動車産業で成り立っている地域であるせいか，ほとんどのクライエントが相談室に自家用車で通う。教育臨床総合センターはこころの支援研究部門とそだちの支援研究部門に分かれ，それぞれが心理教育相談室と発達支援相談室を運営している。心理教育相談室は資格認定協会から指定を受けた臨床心理士を養成するための施設であり，教員のスーパービジョンのもと主に大学院生がケースを担当している。一方，筆者が担当する発達支援相談室では，主として特別支援教育を専攻する学部生・院生および特別支援学校教諭免許状を取得するための1年課程の学生が子どもを担当するので，ほぼすべての保護者面接は筆者を含め二人のセンター担当教員（臨床心理士）が担当せざるをえない。学生以外のスタッフとしては他に，1日6時間ずつ週1日と週2日で勤務する修了したての若い臨床心理士2名，障害児教育講座の仕事も担う週5日6時間勤務の非常勤事務職員1名，週1回1ケースを担当する他講座の教員1名がいるが，保護者面接と学生へのグループスーパーヴィジョンをはじめとした主担当教員2名の負担は重い。発達支援相談

室では，子どもに対しては主に週1回50分の個人プレイセラピーあるいは隔週50分のグループプレイセラピーを，保護者に対しては個人カウンセリングあるいはグループカウンセリングを提供しているが，このスタッフ構成では当然のことながら保護者への個人カウンセリングの間隔は長くなる。来室ケースで最も多いのが自閉スペクトラム症あるいは自閉スペクトラム症が疑われるケースでおおよそ8割を占め，ADHD等も含めたいわゆる発達障害の範疇に入るケースが9割を超えている。

　以下，山口さんの報告の節のタイトルに沿って，筆者の発達臨床における経験を踏まえつつ，コメントしていきたい。

II｜「事例の概要」について

　Aちゃんはタイトルにあるように「チック症状を主訴として来談した」。発達臨床では，主訴ではないもののチック症状が話題に上るケースは多くある。重度の自閉スペクトラム症の長い経過のなかで見られる大きく激しい動きを伴ったチックから，保護者はしきりに訴えるものの保護者担当の筆者はおろか子ども担当セラピストも注意しないと見過ごしてしまう「チック」もある。チックが話題に上るとき筆者は，運動チックなのか音声チックなのか，両者が併存するものなのか，その激しさ・複雑さはどの程度か，音声チックの場合，汚言（コプロラリア）を伴うものなのかどうか，などに注目する。DSM-5では，運動チックと音声チックが併存するものをトゥレット症と診断する。「チック」と言われるもののなかでも動きの複雑な激しい「チック」はジストニアなどの神経学的症状との鑑別が必要なので病院への受診を勧めることがある。一方，ごく幼い時期の運動性の単純チック（まばたき，肩すくめなど）の場合，一過性で終わったり，「無くて七癖」と思える程度に収まることもあるので，保護者には過度に心配しないよう，チック症状の背後にある子どもと保護者自身の不安に目を向けるよう促すことが多い。

　数カ月前，まばたきと汚言を主訴とする小学校低学年女児のケースをインテークした。電話申し込みの際の聴き取りではトゥレット症を疑い，発達的な視点ももちつつ心理的なケアをするという観点から，毎週のプレイセラピーと2カ月に1回程度（これが当相談室として精一杯の頻度である）の保護者カウンセリングを勧めようと考えていた。電話申し込みからインテークまで1カ月の間隔が空いた。インテークで母親は，ためらいがちに次のことを語った。インテークを待っている間，女児の汚言の内容が弟との間の同胞葛藤と関係することに気づき，彼

女に対して激しい叱責の代わりに意識して抱きしめるようにしたら汚言が収まっていったというのである。筆者は，母親の気づきに肯定的な見解を添え，症状が収まっているので，様子を見てまた心配な点が目立ってきたら連絡するというあえて治療に乗せない選択肢を母親に示し，母親はそれを選択した。今のところ，母親からの連絡はない。

　Aちゃんのチックも激しいものではないようである。音声チックが併存しトゥレット症の疑いがあるにはあるが，クリニックにつながっているので，教育センターとしては精神医学的な処置に過度に気を配る必要はないであろう。一方，前述の筆者のケースでは，心理力動的な面への母親の気づきがチックの緩和につながったが，Aちゃんの場合は，周囲が彼女の心理力動に気づくことのみで解決するケースではなさそうである。筆者のケースとAちゃんの違いは，発達面のつまずきが背後に感じられる点である。長年発達臨床を続け，グレーゾーンから軽度の知的障害の範疇に属する子どもたちと関わっていると，発達の遅れあるいは歪みゆえの困り感をチックや吃音，遺尿や夜尿，偏頭痛などの症状として表出する子どもがいることが実感できる。発達面の困難さは，まずは行動をうまく遂行できないことから来る心の苦しさとして現れるが，心がそれを抱えきれなくなったとき，チックなどの症状や問題行動として表出されるのである。Aちゃんのチックもそのような心のうずきとして捉え，その原因である発達面のつまずきに触手を伸ばす必要があるのであろう。

Ⅲ｜「検査実施までの経緯」について

　「インテーカーからの引継ぎとその時点で考えていたこと」を読んで，「幼いやりとりのために，友人トラブルが生じているのかもしれない」など，山口さんが妥当な見立てをされていると感じた。その山口さんが，「Aちゃんの知的・発達的な特徴や，場面の読み取り」などを「心理検査を用いて検討したい」と提案するのもうなずけることである。一方で親面接者が，母親の「不安が先に立つ様子」を読み取り，「検査についてあまり考えていないのではないか」という印象を抱き，検査に慎重になるのも，親面接者の気持ちとしてよくわかる。治療者側が子どもにとって最善と思われる方策を勧めたとしても，子どもを連れてくるのは母親であり，母親の心から遠い処置は不信感を抱かせかねない。

　最初の5回のプレイセラピー面接では，相手の身になって考えることが難しいという自閉スペクトラム症をはじめとした発達障害のある子全般に見られる特徴

的なエピソードが記述されている。一対一の関係でセラピストに感じられたそうした特徴は，学校などの集団場面ではより増幅された形で表面化している可能性がある。

「検査の提案」における親面接者と母親のやりとり，Ａちゃんに事前に直接説明することなく検査を実施することになった山口さんの困惑に関わる記述を読んで，自戒をこめて，母子並行面接において陥りがちな権力構造を感じた。子は親に従属し，子担当者は親担当者の意向の強い影響下にある。権力構造と言うと大げさであるが，筆者自身親面接者として，かつ指導教員として，プレイルームの選択，曜日・時間の設定，終結などの治療構造を子ども担当の学生セラピストと話し合うが，長年の経験を踏まえた筆者主導の話し合いになりがちで，それが結果的に子どもと学生セラピストを困惑させる可能性があることを自覚せねばならない。指導教員と学生の関係とまではいかないものの，子ども臨床で治療ペアを決めるとき，子ども担当は後輩セラピスト，親担当は先輩セラピストとなることが多い。そうしたケースでは，少なくとも子どもの治療に関しては子どもと子ども担当セラピストが主役であるはずなのに，子どもの治療の枠組みにも親と親面接者の話し合いの結果が大きく影響してしまうことがある。先に「子どもを連れてくるのは母親」と述べたが，親面接者にはその気持ちが強すぎて，親の圧力に抗しきれず治療的でない対応を取ってしまうことがあるのだ。

さて，この場面で山口さんには何ができたであろうか。すでに母親と先輩親面接者との間で約束されたことを，説得力のある理由のない限り断るのは難しいであろう。この場合，説得力のある理由とは，「次回の面接のときにすぐに（検査が）実施」できないのは，「検査に時間がかかること」もあるだろうが，より本質的にはＡちゃんの心の準備ができないこと，またそのためにＡちゃんと山口さんとの間の治療関係に悪影響を及ぼすおそれがあることであろう。しかし，親面接者としては「時間がない」という表面的・物理的な理由のほうが伝えやすく，それに対し「学校を早退して来所する」と言われたら抗する術をもたなかったのだろう。あらかじめ治療者間で話し合っておいても，思わぬ事態が生じ，不本意ながらもその場しのぎの対応を取ってしまうのが臨床の現実である。筆者は山口さんも親面接者も責める気にはなれない。しかし，予測できる範囲の事態には対応する構えをもっておけるとよい，とも思う。このケースの場合，母親は音声チックが出たことにより性急に転院していることから見て，何らかのストレスが加わると切迫した心境になりやすく，やむにやまれず変化（結果）を求めて動いてしまう傾向があるとも考えられる。こうしたクライエント（母親）だからこそ，治

療チームは鷹揚に構え，検査を母親に申し出る際には，Aちゃん自身の心の準備状況を第一に考えるよう事前に話し合っておくこともできたかもしれない。

Ⅳ│「検査実施時の様子」について

「WISC-Ⅳ検査の実施」については，補助検査もすべて実施した上の90分の長丁場をAちゃんはよく頑張ったなという印象である。発達障害のある子のWISCの所見を読んでいると，注意力の弱さや疲れやすさが影響するのか，後半になってパフォーマンスが極度に落ちるケースがあるが，Aちゃんの場合はそれほどでもないようである。後半に行ったであろう補助検査の標準得点の数値を見ても，比較的高いものもあれば低いものもある。報告の記述からは「頑張りすぎてしまう印象」を受けなかったが，次回「また検査があるなら教育センターに行かない」と母親に訴えているところを読むと，その場では目いっぱい頑張りあとでどっと疲れるタイプなのだろう。容量以上に頑張っている自分に気づかないのかもしれない。いずれにせよ，山口さんが指摘するように，「ネガティブなことを言葉として表現したり，他者にしっかり訴えたり」するための支援が必要であろう。

「P-Fスタディ検査の実施」で少し気になったのが，検査開始前のAちゃんへの言葉かけである。山口さんは〈今日は，Aちゃんが困ったときや嫌だなと思ったときに，どうするかな？　というのを考えるために検査を用意しているけど……〉と声をかけているが，この言葉かけはP-Fスタディの投映法としての性質を考えるといささか不適切に思える。P-Fスタディでは「このこどもはどんなふうにこたえるでしょうか」（強調筆者）と尋ね，無意識的な側面が投影されやすいように工夫されているが，事前に〈Aちゃんが……どうするかな？〉という声かけをすると，より意識的あるいは超自我的な側面が表出されやすくなるのではないだろうか。確かに，不安な受検者に対し，どういう種類のテストであるのかがわかるよう，事前にインフォームドコンセントを試みるのは，臨床家として誠実な態度である。しかし，一定の傾向の反応に誘導するおそれのある説明を避け，たとえば「自分でマンガの言葉を考えるテストなんだけど……」など，よりあいまいな説明をする方法もあったように思える。

V │「検査結果のまとめと理解」について

　「WISC-IVの結果」を見ると，全検査IQを含めた五つの合成得点において有意差があるのは，ワーキングメモリー（WMI）が知覚推理（PRI）より低いことであるが，合成得点に関与しない補助検査の標準得点は逆にPRI（【絵の完成】：5）よりもWMI（【算数】：7）のほうが高くなっているので，四つの指標間に顕著な差はなく，全般的に境界域（70～85）かそれに近いIQを示していると考えてよいだろう。下位検査間で最も目立つのは，処理速度指標（PSI）内の【符号】5と【記号探し】11の差である。【記号探し】が「ある」「ない」を判断すればよいのに対し，【符号】は記号を目と手を協応させて書かねばならない。筆者は，「読める」が「書けない」あるいは「書くことを極度に嫌悪する」発達障害児にしばしば出会う。山口さんの推測通り，Aちゃんは「書くこと」に大きな課題を背負っているように思える。また，【数唱】8と【語音整列】5の差はどう考えればよいのであろうか。報告には掲載されていない情報であるが，【数唱】のなかの「順唱」と「逆唱」のプロセス得点を比較し「逆唱」の評価点が下回っているとしたら，【語音整列】の低得点も踏まえ，ワーキングメモリーにおいて，より複雑な知的操作に難があるということが言えそうである。

　「P-Fスタディの結果」においてはやはり，GCR（集団一致度）の高さ，とりわけ超自我阻害場面における高さが，事前の〈Aちゃんが……どうするかな？〉という誘導情報に左右されている可能性が否定できない。それはそれとして，要求固執型の反応が多く，「あくまで解決を図ろうとする要求充足の意識が強い」ことについては同感である。裏を返せば，対人的な根回しのプロセスが不十分なまま結果を求めてしまっていると言えるかもしれない。これに関連して，プレイセラピー面接において，山口さんに執拗にプレゼントを押し付けるAちゃんの姿が思い浮かぶ。

VI │「親面接者への報告および相談」について

　この節も含め「過剰適応」という言葉が多用されているが，この言葉がAちゃんの特徴を説明するのに適切な言葉なのかどうかには疑問がある。「過剰適応」とは，「外的適応が過剰なために内的適応が困難に陥っている状態」[1]である。山口さんは「WISC-IV検査の実施」において「自分のネガティブなことを他者に見

せようとせずに良くみせようとする」ところなどから「過剰適応」と判断しているようであるが，すでに好意を抱いている検査者（治療者）に対し自分を最大限よく見せようとするのは自然な姿であり，「過剰適応」と言うほどのものではないように思える。本来の「過剰適応」児なら，次週のP-Fスタディの検査に欠席することはないだろう。「過剰適応」とは他者に対して無意識的に過剰かつ巧みなサービスをしているうちに自分自身がしんどくなってしまう「よい子」の病理であるが，Aちゃんの場合は「よい子」を演じるための外的適応のスキルをいまだ持ち合わせておらず，苦境にたたずんでいるうちに疲れ果てている印象がある。WISC-IVの結果から「言語理解の不十分さと言語表現の苦手さ」がある程度うかがえるが，これは，「アレキシサイミア」（失感情言語症），つまり感情を言葉にのせて伝えることの難しさと関係しているように思える。チックの症状形成について考えるとき，「過剰適応」よりも「アレキシサイミア」を仮説として考えるほうが，Aちゃんの理解と支援につながりやすいのではないだろうか。P-Fスタディで要求固執が目立つのも，ストレス状況に際してうまく感情表現できないからこそであろう。発達障害が疑われる子どものなかにまれに「過剰適応傾向」を感じる場合もあるが，発達障害臨床では全般的に，心身症的な症状形成を理解する際に，まずは「過剰適応」よりも「アレキシサイミア」を軸に検討していくほうが妥当であろう。

Ⅶ｜「母親へのフィードバック，学校関係者との情報交換」について

「母親へのフィードバック」も，しょっぱなから「過剰適応」のストーリーのもと展開されている。P-FスタディでのGCRの高さが判断材料の一つなのかもしれないが，ここで検査結果に忠実にフィードバックするとしたら，主題は「学習面の不安」と「要求固執」であろう。一方，「頑張り屋さん」→「過剰適応」のストーリーのほうがまずは母親に受け入れやすいかとも思う。親および治療者は検査者および客観的な第三者よりもずっとその子どもの肯定的な側面を見ようとするし，実際に見ているものである。筆者は前節で，一般的な見解として「過剰適応」（強調筆者）を否定したが，より深くAちゃんに接している山口さんのほうが内的現実を正しく見ているかもしれない。また，親の身になってフィードバックするという観点からは，この入り方のほうが無難であろう。

「学校関係者との情報交換」では，山口さんの「過剰適応」という報告と，担任の報告（「自己中心的な感じ」）との間で齟齬が生じている。学校での様子は「過

剰適応」では説明がつかないのだと思われる。一方で，担任の「相手の気持ちとかわかってないってことですか」という問いかけに対し，山口さんは「そうだと思います」と答えている。ここはもう少し慎重に答えたいところである。教師のみならず誰でも，自分にとって不可解な事象に対し，納得できる単純な説明を求めがちである。「相手の気持ちがわからない」という説明は担任の心にすっと入り込むであろう。しかしそうすると，Ａちゃんは相手の気持ちがまったくわからないわけではなく，同年齢の子どもと比較すれば相手の身になって考える力が弱いが，彼女なりに少しずつそうした側面においても成長しつつあり，私たち関係者がそれを援助する立場にあるのだという点が見過ごされやすいのである。まわりくどい表現になるかもしれないが，共感性において年齢相応ではない面があるが，それを伸ばしていく途上にあるのだという教育的・治療的側面を強調することが肝要であろう。

Ⅷ│「Ａちゃんへのフィードバックと事例のその後の経過」について

　「Ａちゃんへのフィードバック」はとてもいい感じで進んでいる。筆者は子ども自身に検査結果をフィードバックしたことはないが，発達支援相談室長として来室する子どもに手紙を書くことはある。たとえば，プレイルーム内で玩具を壊す暴力をふるうなどして未熟な学生セラピストの手に負えなくなったケースにおいて，相談室長として「お願い」の手紙を書く。そうした場合，プレイルーム内のルールを示すのだが，「ぼくは〜くんがほんとうはやさしいひとだと思っています。そして，だれもいやな気持ちにならないといいなと思っています」などと言葉を添える。子どもがそれを読んだとき，またこちらがそれを読み聞かせたとき，否定的な気持ちだけでなく肯定的な気持ちも醸成されるよう，願いをこめて書く。フィードバックの記述からは，山口さんとのやりとりによって肯定的な気持ちがＡちゃんの心に芽生えているように感じた。一方，山口さんが〈粘り強く最後まで頑張って検査を受けることができた〉と伝え，Ａちゃんが「うーん，ちょっと違うときもあるかも……」と話したくだりでは，頑張りたいけど頑張れない自分に気づきつつあることを示唆しているように思った。山口さんの支援を受けながら，等身大の自分を見つめ，少しずつ事態を改善させていく方途を探ろうとしているのだろう。

　「事例のその後」を読むと，「情報交換」をきっかけに学校での支援態勢が整っていき，それに伴いＡちゃんの適応状況が徐々に改善していることがわかる。し

かしこれで一件落着ではない。発達的な問題が解消されたわけではなく，学年が変わり学校の体制も変わると途端に不安定になり，後戻りしたかに見えるケースもある。将来を見据えた息の長い支援が発達臨床には求められる。

IX│「事例を振り返って」について

　山口さんは，「心理検査はどのように活かされたか」について，「筆者（山口さん）にとって」「母親へのフィードバックや学校関係者への情報交換を通じて」「Aちゃんにとって」の3点からまとめている。これを読んで反省したのは，筆者自身，子どもを理解するために心理検査（知能検査）を活用し，その理解を親と共有するためにも活用しているが，子ども自身がその結果をどう活用するかという視点が抜け落ちていたということである。確かに，当相談室では受検者の発達レベルが主として小学校低学年以下であり，かつ子ども自身に検査をフィードバックできるスタッフが質量ともに不足しているという現実がある。しかし，指導する立場にある者が理想的な視点をもたなければ，検査の活用可能性を次世代の支援者に伝えることができない。また，治療者が子どもへのフィードバックという視点をもたない限り，保護者がそれを求めることはまれであろう。限られたスタッフのなかで，今後いかに子ども自身へのフィードバックを考えていくのか，筆者に課せられた宿題である。

　筆者は，検査の際のインフォームドコンセントの失敗について多少批判的にコメントしたが，普段の筆者が検査への導入をめぐりこのケースの山口さんと親面接者ほどに子ども自身の気持ちに配慮しているかというと，そうでもない。コメントを書きながら，相談室で検査を受けてきた子どもたちを思い浮かべ，忸怩たる思いを抱いているというのが実情である。このコメントを引き受けなければ，さしたる罪悪感を抱くこともなく，今後も，自分の直接のクライエントである保護者目線で子どもに心理検査を受けさせ続けただろう。今回のコメント作業は，筆者にとっても，自己の臨床を振り返る貴重な時間であった。

◆ 文献
[1] 桑山久仁子：外界への過剰適応に関する一考察：欲求不満場面における感情表現の仕方を手がかりにして．京都大学大学院教育学研究科紀要，49；481-493, 2003．

第4章

就労での躓きをきっかけに療育手帳の取得に至った20代前半の女性の事例
知的障害者更生相談所における判定としての心理検査

検査●新版K式発達検査2001，バウムテスト

福田 香織

I｜はじめに

1 知的障害者更生相談所とは

　筆者は知的障害者更生相談所に心理判定員として勤務して3年目になる。以前は，スクールカウンセラーや教育相談員といった教育臨床での仕事をメインにしており，その間は心理検査を行う機会はあまり多くはなく，カウンセリングやコンサルテーションが主であった。現在は行政機関の心理判定員として，悪戦苦闘しながら検査を実施する毎日である。

　知的障害者更生相談所は，知的障害者福祉法第12条に設置根拠を有する行政機関であり，各都道府県に設置が義務付けられている。業務については，①市町村の更生援護の実施に関し，市町村相互間の連絡及び調整，市町村に対する情報の提供その他必要な援助を行うこと並びにこれらに付随する業務を行うこと，②知的障害者に関する相談及び指導のうち，専門的な知識及び技術を必要とするものを行うこと，③18歳以上の知的障害者の医学的，心理的及び職能的判定を行うこととされている。また，地方自治法施行令第147条の30の3第2項で，政令指定都市は知的障害者更生相談所を設けることができるとされている。

　具体的な業務としてあげられるのが「療育手帳」の交付，及び更新手続きである。療育手帳とは，知的障害児・者に対して一貫した指導・相談を実施し，各種援護措置を受けやすくすることを目的として交付されるものである。対象者が18歳未満の場合は児童相談所，18歳以上の場合は知的障害者更生相談所が療育手帳についての判定を行う。療育手帳は「精神障害者保健福祉手帳」や「身体障害者手帳」とは異なり，法律で明確な定義や発行するための基準が設けられておらず，各都道府県および政令指定都市がそれぞれ規定を設けて発行しており，その名称

も統一されていない。そのため，療育手帳の交付手続き一つをとっても各都道府県および政令指定都市によって仕組みや流れが大きく異なる。

　筆者の勤めている知的障害者更生相談所（以下，更生相談所）には心理判定員4名，ケースワーカー2名が常勤しており，嘱託医として精神科医師が2名勤務している。心理判定員の主な業務は，療育手帳に関する「判定」業務と，知的障害者の日常生活における悩みや不適応行動等に関する「相談」業務がある。

　療育手帳の交付及び更新に関する「判定」は，福祉事務所より更生相談所に判定依頼のあったケースに対して実施する。療育手帳については，①標準化された知能検査または発達検査によって測定された知能指数（IQ）または発達指数（DQ）と，②日常生活における社会生活能力の評価，③介護度という三つの視点で障害の程度を判定する。筆者の勤める更生相談所では，新版K式発達検査2001の実施を基本としているが，対象者に応じてWAIS-IIIを実施することもあり，補助的にバウムテストや人物画も行う。日常生活における社会生活能力については，身辺自立，移動，意思交換，生活文化，家事・作業の5項目について，対象者をよく知る人物（家族，支援者，施設職員等）から聞き取りを行い評価する。介護度は，強いこだわり・多動・パニック・睡眠障害・摂食の困難さ・排泄の困難さ・自傷，他傷行為，てんかん発作など特別な配慮を必要とする事柄によりどの程度の介護が必要かを検討する。

　療育手帳を交付申請するということは，申請者（本人，家族，支援者など）が社会生活を送る上で何らかの支援を求めているということである。今後の支援につなげるためには，とりわけ新規交付ケースの場合，この3点の評価以外にも社会適応，対人関係，家庭基盤，援助資源の有無など，総合的な評価および心理的な見立てが求められる。

　療育手帳が交付される場合，成人は成長期にある児童に比べて障害程度が大きく変動することが少ないため，おおむね5年毎に更新の手続きをすることになっており，交付する年から5年後の誕生月を次回の判定時期として定める。更新の場合は，障害程度や生活状況等に応じて，検査を実施するかどうか更新時期に改めて検討される。ちなみに，筆者が勤務する更生相談所が福祉事務所からの判定依頼を受けて検査を実施するケースは，年間400～450件である。

　「相談」業務とは，例えば，支援学校高等部などの3年に在籍する生徒の進路に関する相談，情緒不安定や不適応行動に関する相談，家庭や職場，施設等での悩みについての相談がそれにあたる。相談業務では，対象者の状態像をよりよく知るために，相談内容に応じて，P-Fスタディ，ロールシャッハ・テスト，MAS

(Motivation Assessment Scale) などを実施する。また，対人面や集団適応の困難さ，反社会的行動がある知的障害者を対象にアセスメントを行い，場合によっては継続的に心理面接を実施することもある。

2 判定の流れ

判定に至るまでの流れとしては，まず申請を受けた福祉事務所において，療育手帳担当のケースワーカーが面談を実施し，「主訴」「生活歴と現状」「家族の生活状況と本人との関係」「面接で受けた印象や感想」「支援に対する意見や見解」を相談記録として作成し，更生相談所へ相談・判定の依頼をする。

更生相談所が受理すると，所内で「受理会議」を行い，そこで知的障害係のケースワーカー，心理判定員全員とケースの概要を確認し，それぞれが気になった点を挙げていき，今後の大まかな流れについて検討する。例えば，療育手帳を取得する目的は何か，嘱託医面談を行うかどうか（福祉事務所からの情報が本人のみからの聞き取りで客観的な資料が存在しない場合や，乳幼児健診での指摘や支援学級在籍といった発達期に知的機能の障害があったのか確認できない場合などに行う），足りない情報は何か，またその情報は誰から聴取するか等である。また，療育手帳に非該当になる可能性が考えられる場合など，他機関へのつなぎを想定することもある。

その後，担当ケースワーカーが日程や場所等を調整し，本人および家族へ連絡する。判定当日はケースワーカーと心理判定員の2名で対応し，聞き取りと検査を同時進行で行う。基本的には対象者に会えるのは1回であり，それも2時間〜2時間半程度と限られており，その時間内に検査の実施と聞き取りを行わなければならない（検査1時間〜1時間半，本人聞き取り15〜20分程度，ケースワーカーと情報共有10分程度，家族からの聞き取り30分程度）。また，必要に応じて後日，精神科嘱託医が面談，助言を行う。

更生相談所の判定結果は，「心理学的判定書」をもって福祉事務所に回答する。受検者および家族（支援者等）に対しては，新規交付の場合は療育手帳に該当するかどうか（場合によっては障害程度も含む），更新の場合は本人および家族（支援者等）の希望に応じて口頭にて判定結果を伝える。検査結果そのものをフィードバックすることは基本的には行わないが，新規交付の場合は本人の得意不得意なところ，今後生かせる本人の強みは何か，どのような支援があればいいかなどを伝える場合もわずかながらある。

以下に挙げる事例は，筆者が療育手帳の判定業務のなかで経験した事例をもと

に創作した架空事例である。

II　事例の概要と検査実施までの流れ

〈受検者〉Aさん／20歳／女性

　心理判定員である筆者は，福祉事務所から送付されてきた判定依頼書（表4-1）を更生相談所のケースワーカー（40代半ば，男性）より示され，その概要について説明を受けた。新規交付ケースであること，支援学級在籍といった"発達期から遅れがあったか"を確認できる明確なエピソードがないため，判定後に嘱託医面談を実施する可能性があることを確認し，ケースワーカーに日程調整を行ってもらった。

　判定予定日の2日前に筆者は改めて判定依頼書に目を通し，検査の準備を行った。判定依頼書に貼付されている写真からは，きれいに化粧をした"いまどきの"女性といった印象を受けた。

　実施する検査としては，定期通院しているBクリニックでWAISを実施している可能性を考慮し，新版K式発達検査2001を選択した（検査用紙は第4葉，第5葉を用意）。また，補助検査としてバウムテストも実施することにした。

　この時点で筆者が考えていたことは以下の通りである。①福祉事務所では，母親ではなく，父親と面談しているのはなぜだろうか。母親とAの関係，両親の夫婦関係はどうなのだろうか，②誰の主導で療育手帳の申請に至ったのだろうか？ 療育手帳についてAや両親に受け止め方の違いはないだろうか，③Bクリニックに通院しているが，カウンセリングを受けているのか？　Aにとってどんな意味づけがされているのか，④職場で嘔吐するなどの症状があるということは，身体化しやすい？　もしかしたら自傷行為をしているかもしれない，⑤中学校や高校のときから対人関係において躓きを経験しているが，Aはどう捉えているのだろうか，⑥現在に至るまで転職を繰り返しているが，きっかけは学生時代のように対人関係が影響しているのか？　それとも仕事面での能力的な課題があったのだろうか？　また，Aはどう捉えているのだろうか，⑦実際にAとやりとりをして対人関係の取り方についてどんなことを感じるだろうか？　発達の偏りは感じるだろうか？

表 4-1　判定依頼書

判定依頼書

【判定依頼事項】療育手帳申請（交付）
面接日：平成○年○月○日　福祉事務所に本人と父が来所し，聞き取りを実施。
〈本人〉Aさん　20歳　女性
〈主たる援助者〉父
〈主訴〉定期通院している精神科の主治医から療育手帳を勧められ申請に至った。
本人：将来の夢や希望はない。「楽しくできるところで少しでも長く勤めたい」
　父：何が原因かわからず戸惑っているところもある。手帳を持った方が良いのであれば，取得して生活に役立ててほしい。成功体験が増えてほしい。
〈家族〉父（40代後半，会社員），母（40代前半，会社員），弟（10代，高校生）

1. **本人の様子**　年齢相応の服装。質問には少し距離をもち言葉少な目に答える。
2. **身辺処理と移動**　地図の読み方が苦手で方向がわからなくなる。慣れたところは一人で行くが，人ごみが苦手であまり街中へは出ない。
3. **会話や人とのつきあい**　自室がある。近所の人へはあいさつする程度。
4. **具体的な生活および状況**　在宅。9時起床，23時就寝。昼間はテレビを見たり家事（掃除，洗濯）をしたりして過ごす。先月まで2週間ほどアルバイトをしていた。
5. **健康面**　2週に一度，Bクリニックへ通院中。30分ほど主治医に話を聞いてもらうと気持ちが軽くなると話す。処方されている薬はない。
6. **不適応行動**　なし

【経過】
①**知的障害に気づいた時期ときっかけ**　3歳児健診で言葉の遅れを指摘された。
②**相談した機関と相談内容**　特に相談しなかった。
③**就学までの状況**　幼稚園の時は手先の不器用さを感じたが，その他に気になることはなかった。
④**小学校での様子**　支援学級在籍なし。カタカナ，漢字，九九の覚えが悪かった。担任にその都度相談していたが，特に問題はないといわれていた。運動部に所属し，休まずに登校していた。
⑤**中学校での様子**　学習の遅れがあったため，母が担任に相談したところ，児童相談所を勧められた。IQテストを受けた際に物覚えが悪いこと，覚えたことを活用することが苦手と指摘されたが，数値的にはボーダー域で療育手帳の取得には至らなかった。クラスでは友人とトラブルになり，非行グループとつるんでいた時期もあった。
⑥**高校，専門学校，支援学校での様子**　私立高校に進学するが，2年の終わり頃から友人関係が上手くいかず，休みがちになり，担任からBクリニックを勧められ通院開始。試験では欠点が多く，レポートの提出や補習を受けて進級していたが3年生で中退。
⑦**学校卒業後の経過**　美容系の専門学校に行くが，講義内容や実技の授業についていけず，約3週間でやめる。その後，工場内作業を中心にアルバイトを転々とする。比較的簡単に採用に至るが，初日から体調不調となり，2～3日で辞めてしまうこ

表4-1　判定依頼書（つづき）

> とを繰り返している。
> 〈福祉事務所ケースワーカーの意見〉見た目や会話からは発達の遅れを感じさせない。職場で吐くというのは相当しんどいのだろう。父の言うように成功体験を重ねていくことが必要。ただ，父子ともに療育手帳に対する戸惑いがあるようで，支援を受け入れるかはわからない。

Ⅲ　検査当日の流れとAさんからの聞き取り（判定依頼書受理から3週間後）

　予定時刻より少し早くに父親と二人で来所する。Aさんは年齢相応の格好をした小柄な女性であった。担当ケースワーカー，筆者，父親，Aさんで面接室に入り，それぞれ自己紹介をした後，ケースワーカーが父親に生育歴等について聞き取りを行うこと，Aさんは筆者と別室にて検査を受けてもらうこと，検査終了後に筆者からも父親にAさんの日常生活等について話を聞くことを手短に説明した。Aさんはわずかに頷きつつしっかりとケースワーカーを見ながら説明を聞いていた。Aさんは写真に比べるとおっとりとした雰囲気であったが，事前に持参するように伝えていた母子手帳や成績表，Bクリニックでの検査結果等をクリアファイルに入れて準備してきており，しっかりとした一面がうかがえ，筆者は少なからず意外に感じていた。また，筆者の自己紹介には固い表情を見せていたが，ケースワーカーの問いかけに対しては柔らかな表情を見せていたのが印象に残った。また，父親からは真面目そうな印象を受けた。

1　検査時の様子

　Aさんと二人で検査室に移動し，新版K式発達検査2001，バウムテストの順に実施した。所要時間は約50分であった。K式の検査中は緊張した面持ちで，検査者とは視線を合わせることはほとんどなく，表情の変化も乏しかった。教示は頷きながら聞いていたが，課題ができたときもわからないときも意思表示はなく，筆者の声掛けを待つといった受身的な態度であった。また，テンポよく反応するというよりは，少し間をあけて聞かれたことのみを答えていた。

　バウムテストは，特に躊躇することなく2～3分で描きあげる（図4-1）。"描き

終えた"という合図はなく，手を止めてそれとなく検査者をうかがう様子を見せたため，「できた？」と聞くと，こくんと頷く。検査者はなんとなく，イラスト調の可愛らしいものを描くイメージを持っていたが，実際Aさんが描いたものを見ると，予想とは違いどこか奇妙な印象を受けた。

PDIでは，「リンゴ（の木）」で，樹齢は「何歳……100？」，場所は「森」，季節は「秋」，天気は「晴れ」，今後については「いずれ枯れる」と説明があった。筆者は「いずれ枯れる」というコメントが意外にも感じられたが，どこか"紋切型"の反応にも感じられた。

図4-1　バウム

② 検査終了後，Aさんからの聞き取り（40分程度）

検査終了後，検査の感想を聞くと「緊張しました」とわずかな笑みを見せる。検査時は緊張した様子だったが，終了後は表情も柔らかくなり，自ら話す場面も見られるようになる。普段の生活の様子について質問すると，1カ月前から職業安定所で見つけたパン工場でアルバイトしていることがわかる。週3日，10時から16時まで，主に袋詰めの作業を行っているが，直属の上司（年齢は「お母さんくらいの人」，女性）から"やめてもらうかも"と「遠まわしに言われている」という。

　　筆者：どんなこと言われるの？
　　Aさん：遠まわしに"はやく覚えて"とか。
　　筆者：今までの仕事で同じようなこと言われたことある？
　　Aさん：なかったです。自分なりにはできてると思ってるけど，言われるんです。
　　筆者：そっかぁ。けっこう怒られたりするんかな？
　　Aさん：朝から怒鳴られて，頭真っ白になっちゃって……作業も遅いって言われるし，何をしたらいいかわかんなくて，ぼーってなっちゃうんです。
　　筆者：頭ごなしに怒られる感じや？

Ａさん：はい。だからノートに書いて覚えようとしてるんです……
　筆　者：へぇ！　それはえらいなぁ。少しでも覚えられるように書いてるんや？それは自分で考えたこと？
　Ａさん：あ，はい（はにかむ）。

　これまでの職歴については，派遣会社に登録し，工場内作業の仕事を３カ所したが，いずれも手荒れや体力的なしんどさを理由に半日から３カ月で退職したという。
　友人関係については，高校１年のときに仲良くしていたグループのメンバーと２年になってクラスが離れ，徐々に「はずされていった」ため，別のグループに入った時期もあったが，そこでも「パシリにされた」ため，休みがちになった。その頃にＢクリニックを受診し，現在も２週間に１回通院していると話す。

　筆　者：Ｂクリニックに行ったきっかけは？
　Ａさん：担任の先生に勧められて。
　筆　者：そのときはどういうことを相談してた？
　Ａさん：友達関係のこととか。
　筆　者：友達のことで悩んだとき，どうしてた？　ものとか人に当たったり，自分のこと傷つけたりしたことはある？
　Ａさん：あ……リスカしてました。
　筆　者：それはいつから？
　Ａさん：中１のときから始めて，高３くらいでやめたと思う。
　筆　者：結構，何回もしてたんかな？　傷とか残ってる？　もしよかったら見せてもらってもいい？
　Ａさん：（袖をまくり，左手首を見せてくれる。５〜６本の切創痕が確認できた）
　筆　者：うん，ありがとう。リスカのことはご両親は知ってるの？
　Ａさん：お母さんは……"どうせまたやるんやろ"って感じで，お父さんは何も言わないですね（淡々とした口調で，表情も変わらない）。
　筆　者：うーん……そうなんかぁ。じゃあさ，仕事の悩みについてはご両親は何か言ってる？
　Ａさん：お母さんに言ったら"こっちもつらい"って言われて，お父さんは"続けろ"って言う感じです（わずかに苦笑いを見せる）。
　筆　者：じゃあＡさんはつらい気持ちとかしんどい思いはどうしてるの？

Aさん：Bクリニックの先生にその日の『嫌だったこと』『嬉しかったこと』を二つずつノートに書いたらいいって言われて。その書いたやつを持って行って，先生に話して聞いてもらうんです。

筆者：なるほど。まずはノートに書きだして，先生に聞いてもらうことで整理していく感じなんやなぁ。それをやり始めてリスカもやめれてるんや？

Aさん：はい。なんか，人に話すことで楽になることにも気づいたんです。

筆者：うん，それはすごいいいことやなぁ。これからもその日記っていうのかな？　続けていくといいと思う。（Aさん笑顔で頷く）

　療育手帳取得については，「最初は人と違うんかなって思ってショックやったけど，友達に持ってる子もいるし，今は特に抵抗ない」と話す。しかし，母親は本人が今後，結婚するときに療育手帳の存在が不利になるのではないか等の心配をしており，療育手帳を持つことには否定的とのことだった。また，"困っていること"を聞くと，仕事について「自分ではできてると思うけど，上司に怒られるから"行きたくない"って気持ちもある」「1回言われただけやとわからんし，覚えられない」と話す。

　これらのやりとりをするなかで，筆者はなんとなく"年配の女性からは可愛がられないだろうなぁ"という漠然としたものを感じていた。その一方で，Bクリニックの主治医（男性）のアドバイスを受けて，毎日欠かさず自分の思いを書き留めていることや仕事内容をメモして持ち歩いているということから，この"真面目さ"は今後も生かされるだろうとも考えていた。

③ 検査終了後，ケースワーカーとの情報共有（約10分）

　筆者は事務所に戻り，新版K式発達検査2001の結果を算出し，数値的には療育手帳の該当域（DQ75以下）であることを確認。父親からの聞き取りを終えて事務所に戻ってきたケースワーカーとそれぞれ聞き取った内容について情報のすり合わせを行った。

　ケースワーカーの情報によると，父親は本人の就労歴について，「1日目，5日目の壁」があると話し，Aさんは仕事にはやる気をもって取り組むものの，臭いや音，埃などの環境面で体調不良を訴える，強く指示されるとパニックになり，めまいや吐き気などの身体症状として現れることが多かったという。また，父親としては療育手帳を取得して，サポートを受けながらの就労を考えており，Aさん自身もオープンにしての就労を考えている。しかし，母親は療育手帳の取得には賛成していないとのことであった。

筆者：療育手帳のことなんですけど，高校の友達に療育手帳を持ってる子が
　　　　　　いるらしくて，Aさん自身は持つことには抵抗はないって。ただ，お
　　　　　　母さんは将来的なことを心配して反対してるみたいです。実際のとこ
　　　　　　ろお父さんはどうなんでしょう？
　　ケースワーカー：うん，お父さんもそういう言い方してたなぁ。"お母さんは反
　　　　　　発してる"って。ただ，あのお父さんとAさんが将来についてこう，
　　　　　　仲良くというかAさんにアドバイスしているようなイメージがつかな
　　　　　　いんやけどなぁ……
　　　筆者：お父さんは仕事柄，障害福祉の情報は結構持ってるみたいです。
　　ケースワーカー：え，そうなの!?　お父さんに職業聞いたけど教えてくれなかっ
　　　　　　たから。
　　　筆者：んー……こうやって一緒に手続きに来たりしてるけど，本当のところ
　　　　　　は複雑な思いがあるのかもしれないですね。

　今後の判定の流れについては，嘱託医面談を行う必要があるので日程調整を行うこと，療育手帳取得後の支援については「能力開発校への進学」，「障害者枠での雇用」が考えられることを確認する。

4　検査終了後，父親からの聞き取り（約30分）

　筆者は父親の待つ面接室に行き，"日常生活における社会生活能力の評価"のため質問紙に沿って聞き取りを行った。
　父親から見てAさんは，身だしなみなど整容面で気になる点はない。公共の交通機関は問題なく利用できるが，地図が読めず，初めての場所へ一人で行くことは難しい。ドラマの内容が理解できず，家族に聞くことがある。一度に複数の指示をされると，混乱して頭のなかが真っ白になる。小遣いはなく，バイト代の範囲内で交遊費や欲しいものを買うなどやりくりしている。手先が不器用で細かい作業は苦手。包丁が使用でき，簡単な炒め物程度であれば調理できる。
　筆者は聞き取りを行う間，父親からどこか権威的で威圧的な印象を受け，多少なりとも緊張し，やりにくさを感じていた。Aさんから父親が障害福祉の情報を多く持つ職業であると聞いたことも大きいと思われるが，父親からはAさんの現状に対する戸惑いや混乱，"困っている"といった感情的な反応がなく，どこか距離をおいているように感じられたからかもしれない。

5 退所時の様子

父親からの聞き取り終了後，再びケースワーカー，Aさんも面接室に戻り，ケースワーカーから嘱託医面談について説明があり，日程調整を行う。Aさんは鞄から手帳を取り出し嘱託医面談の日程をメモしていた。Aさんは心なしかほっとしたような表情を見せていたが，父親は淡々とした様子で，"流れるように"その日の面談は終了した。

IV 検査結果のまとめ

1 新版K式発達検査2001の結果

新版K式発達検査2001の結果を表4-2に示した。全領域の発達年齢（DA）9歳5カ月，発達指数（DQ）54で，軽度域の遅れが認められた。認知・適応領域（DA：8歳5カ月，DQ：48）に比べて，言語・社会領域（DA：10歳0カ月，DQ：57）の方がやや高く，手指の操作や目で見て理解する能力に比べて，言葉や概念を扱う能力の方が得意といえる。また，認知・適応領域では，下限が5歳6カ月から6歳レベルの「積木叩き6／12」，上限が12歳超から14歳レベルの「紙切Ⅰ」および「記憶玉つなぎ2／2」となっており，下位検査間にばらつきがみられる。一方，言語・社会領域では，「名詞列挙」を除き9歳レベルまでの項目にすべて通過している。

2 バウムテスト

根や地面はなく，一筆書きのように幹から樹冠がやや波打った描線で描かれている一方で，実はしっかりとした描線で描かれており，形もさることながら全体的にややいびつで覇気のない印象を受ける。樹冠の上方は押しつぶされたように

表4-2 新版K式発達検査2001の結果

	発達年齢 DA	発達指数 DQ			
姿勢・運動（P-M）	—	—	認知適応領域	上限（＋）	紙切Ⅰ，記憶玉つなぎ2/2
認知・適応（C-A）	8：5	48		下限（－）	積木叩き6/12
言語・社会（L-S）	10：0	57	言語社会領域	上限（＋）	3語類似2/4
全領域	9：5	54		下限（－）	名詞列挙

表 4-3　17 歳時に受検した WAIS-R の結果（所見より一部抜粋）

WAIS-R　言語性IQ＝77　動作性IQ＝59　全検査IQ＝66
（IQ値間に5％水準の有意差あり：言語＞＞動作）
　ある程度適応的な振る舞いはできるようですが，自分の考えや思いをうまく伝えたり，周囲の状況を的確につかんで，すばやく応じたりすることはあまり得意ではないようです。その点からも周囲のペースとそろえて活動することは負担を感じやすいかもしれません。また，状況を適切に捉えるために，書き出してゆっくり考える時間や信頼できる相談相手もあると良いかもしれません。

平らになっており，その分が左側に押し出されているようにも見え，外界からのプレッシャーに敏感で，自信に乏しく，現状に対して不安だけでなく疲れを感じているようである。

③ Bクリニックでの検査結果（17歳時に実施）

　Aさんが持参した，Bクリニックでの検査結果を参考までに記す（表4-3）。筆者は判定書を書き始める段になってから目を通した。今回実施したK式の結果と比較すると，動作性IQに比べ言語性IQが高い点や所見に書かれているAさん像に大きなずれは感じられなかった。

V　嘱託医面談とAさんからの2回目の聞き取り（検査実施から3週間後）

① 嘱託医への検査結果の伝達

　通例通り，担当ケースワーカーが嘱託医面談日までに療育手帳の申請経緯や生育歴，取得後のニーズ等をまとめたものを嘱託医の予約ファイルに記入しておいた。嘱託医面談当日，嘱託医がその予約ファイルに目を通し，改めてケースワーカーから事例の概要，筆者からは検査時の様子や検査結果を口頭で伝えた。

② 嘱託医面談（5〜6分）

　嘱託医面談の日，Aさんは父親ではなく母親と一緒に来所する。父親と日程調整を行っていたため筆者は少し驚く。母親は真面目な"普通の主婦"といった印象で，表情はやや硬い。一方，Aさんは2回目ということもあってか柔らかい笑顔で筆者の挨拶に答える。

　嘱託医面談は，受検者と家族（支援者）それぞれ別々に行われる。まずはケー

スワーカー，筆者の同席のもと，Ａさんの嘱託医面談を実施した。嘱託医からは現在の生活の様子，困っていること，就労意欲の有無等についての質問があり，Ａさんはやや硬い表情で答えていた。

③ Ａさんからの聞き取り（約20分）

筆者は嘱託医とＡさんのやりとりを見ていると，Ａさんがもう少し話そうとしているように感じたことと，検査を実施した日から半月以上経過していたこともあり仕事を続けられているのかを確認したい気持ちもあり，Ａさんから追加の聞き取りを行うことにした。その間，ケースワーカーと嘱託医は母親の待つ面接室に移動し，母親の嘱託医面談を行った。

> 筆者：お疲れさま。ちょっと緊張した？（Ａさん苦笑いで頷く）さっきお医者さんと話してたことで，もうちょっと教えてほしいことがあるんやけどいいかな？
> Ａさん：あ，はい。
> 筆者：困ってることでさ，SNSで友達とよく揉めるって言ってたけど，具体的にはどういう感じなんかな？
> Ａさん：んーなんていうか，返事の仕方がわからないというか……こっちは悪気はないんやけど，"なんでそんな言い方しかできへんの？"って言われることが多いです。
> 筆者：Ａさんが悪気なく言ったことで，相手が怒っちゃうってこと？
> Ａさん：そう。うまく言えてないのかな？　自分では伝えてるつもりでも，ちゃんと伝わってないことが多いみたいで。あと，どういう意味？ってよく聞いたりするから，それでも怒られますね（頼りない笑顔）。
> 筆者：じゃあ，相手が言ってることがよくわかんなかったり，逆にＡさんの思ってることがうまく伝わらなくて誤解されたりすることがあるってことなんかな。相手が怒ったときはどうしてるん？
> Ａさん：すぐ謝るようにしてます。とりあえずわからんけど，謝っとこうって（笑顔）。

また，これまでの仕事での様子について，半日や1日目で「気分が悪くなって立ってられなくなる。トイレで吐いて早退する」こともあり，現在勤めているパン工場でも2日目くらいまでは同様の症状があったこと，現在の仕事は週3日で，1日5時間ということもあり「気持ち的にはまだ楽」「今の仕事結構好き。頑張り

たいけど上司にいろいろ言われるのがつらい」ため違う仕事を探していること，その一方で「気分悪くなるのが怖い。最初の何日かを越えられたら大丈夫やけど……」と不安な気持ちも吐露する。

> 筆者：こないだここで検査受けた後，療育手帳のことについてお父さんお母さんと何か話した？
> Aさん：お父さんに訓練校（職業能力開発校）受けたら？って言われました。別に今したいことないし，どんな仕事が自分に合うかわかんないし。それにもう高校辞めてから1年以上経つから……
> 筆者：Aさんは早く別の仕事に就きたいって，ちょっと焦ってるんかな？
> Aさん：はい。早くお父さんの扶養から外れるくらい稼げるようになりたいです。
> 筆者：え!?　扶養から外れたいって20歳でそこまで考えてるんや？　すごいなぁ！（Aさん少し笑う）ちなみに今までいくつか仕事してきたわけやけど，Aさん的に楽しんでできた仕事とか，逆にちょっとこの仕事は合わないわぁって思うものってあった？
> Aさん：人とかかわる仕事はできないんかなーと思う。工場とかスーパーの裏とかの方がいいのかなって。同じ作業やし，大体のことは覚えられるし。

　Aさんは今の仕事を続けようか悩む一方で，「ずっと続けたいと思う仕事がない。でも，長く働いたら，長く働いた分だけ"なんでまだできへんの？"って言われるのが怖い。長くなればなるほど完璧を求められるやろうから，それもつらい」と揺れているようであった。20分ほどしたところで，ケースワーカーが母親の嘱託医面談が終わったことを伝えに来たため，聞き取りはこの時点で終了となった。（筆者は時間枠の設定を行わずに聞き取りを始めていたため，中途半端な終わり方になったと感じる。）

4 医学的所見
　嘱託医面談の終了後，嘱託医より文書にて「経過と現症から精神遅滞と考えられる。療育手帳を取得して，障害者雇用での就労，障害基礎年金の受給等を検討する」との医学的所見が伝えられた。

VI 総合評価

　療育手帳については，実施した発達検査の結果（軽度域）と社会生活能力（軽度）をクロス評価し，介護度（なし）を踏まえると，『軽度』での交付となった。以上の結果をもとに筆者が心理学的判定書（表4-4）を作成し，福祉事務所に送付した。

VII 事例についての考察

[1] 療育手帳取得に対する両親の思い

　療育手帳の申請書に記載される保護者欄や申請者欄に記載される名前が父親であることは多いが，母親が不在の場合を除き，実際に福祉事務所へ来所して面談するのは母親が大多数を占める。しかし，Aさんの場合，福祉事務所での面談，当所での判定ともに父親と来所している。判定当日，父親の話では「母親は療育手帳取得に反発している」とのことであったが，父親自身の受け止め方についても筆者はどこか判然としない思いを抱いていた。判定書を書くにあたって改めて母子手帳のコピーに目を通すと，「保護者の記録」のページに母親だけではなく，父親からのメッセージも記入されているのを見つけた。日々成長する我が子に対するメッセージからは，喜びや戸惑い，期待など両親にとって第一子であるAさんへのさまざまな思いがひしひしと感じられ，子育てに奮闘する両親の姿が目に浮かぶと同時に，現在の両親の様子とのギャップを感じずにはいられなかった。おそらく幼少期から現在に至るまで，その時々の本人の様子や交友関係だけでなく，成績表という客観的な評価を通し，Aさんに対する両親の思いも変化してきたと思われる。筆者は直接母親と話すことはできなかったが，ケースワーカーによると嘱託医面談では母親は淡々とした様子で特に感情的な反応も見られなかったという。しかし，3歳児健診で言葉の遅れを指摘され，小・中学校では学習の遅れが目立つようになり，母親はその都度担任に相談してきた経緯があり，Aさんに対する不安は常にあったと思われる。その不安はAさんの友人トラブルや非行グループとの交遊，精神不安定と自傷行為，高校中退と，その時々に現実の問題となって現れてきたともいえる。そして，就労での躓きをきっかけに療育手帳の申請に至ったわけだが，母親にとって療育手帳の取得は，今まで抱いてきた不安が「知的障害をもつ」という実態を帯びたものになることを意味するのではな

表4-4　心理学的判定書

判定書

【氏名】 A　　**【生年月日】** ○年○月○日　　**【性別】** 女　　**【面接者】** 本人，両親
【実施検査名】 新版K式発達検査2001　　**【知能発達指数】** DQ 51〜 DA 9歳5カ月程度

【知的障害の状況，作業内容について】
　検査への取り組み姿勢はやや受身的。道具の操作は丁寧で，手先の巧緻性は問題なし。知的水準は9歳5カ月程度で，軽度域の遅れが認められる。言語面がやや優位。認知面は8歳5カ月レベルで，下位検査間にばらつきが見られる。視覚的な短期記憶は良好で，視覚的な情報を空間的に操作したり，聞いたことを視覚的にイメージして操作することができる。モデルのある課題は取り組みやすく，目的を持った試行錯誤ができるが，動作模倣といったモデルのない課題では落ち込みが見られ，継時的に記憶して再現することは不得意。言語面は10歳レベル。聴覚的な短期記憶は9歳レベルの力を有する。暗算での四則計算は正確性に欠ける。経験した内容であれば時系列に沿って説明することはできるが，抽象的な言葉の理解はむずかしく，誤った理解となることがある。

【社会生活能力調査】 軽度　　**【介護度】** なし

【情緒面・対人関係面】
　中学生以降，友人関係での躓きをきっかけに腹痛や嘔吐といった身体症状が出現し，リストカットや物にあたる等，精神的な不安定さがあった。現在は気持ちを文章化して整理し，主治医や友人に話すことで感情のコントロールを図っており，高校の時から現在に至るまで毎日続けている。また，仕事内容を自らノートに書き留めて覚える努力をするなど，自分の弱点を認識し，克服しようとする姿勢は元来の真面目さを感じさせる。

【心理学的所見】
　上記の知的発達状況を踏まえると，作業への取り組み自体は丁寧かつ真面目であるが，"手順を見て覚える"ことは不得意であり，一つずつ簡潔な言葉で具体的に指示するか，手順を視覚化して示す方が力を発揮しやすいと考えられる。
　対人面については，初めての場所や相手に対し，緊張はするものの目立った感情表現がないため掴みどころのないように見える。1対1の場面では，ある程度の自己開示が可能で，自分の思いや考えを本人なりの言葉で伝えることができ，表面的なやり取り上では知的な遅れを感じさせない。しかし，実際は抽象的な言葉のやりとりの理解はむずかしく，場の状況や相手の意図を的確に捉えられず，ずれた行動になりやすい。結果，本人からすると自分の想像とは違った反応が返ってくるため，頭の中では混乱することも多いと思われる。付き合いの長い友人であれば質問したり謝罪するなどの対応ができるが，職場という集団場面になると途端にむずかしくなり，本人の混乱や戸惑いは相手にはなかなか伝わらない。ともすれば，自分のずれた行動を意に介していないようにも見え，相手の誤解を招きやすい。その一方で，ある程度自分をモニタリングしたり，他者の評価を冷静に捉えられる部分もあり，こうした見えないギャップはAさんの対人関係や職場での行動に大きな影響を与えていると推察する。今後に

表4-4 心理学的判定書（つづき）

> ついては，職業能力開発校への入校や本人の稼働能力の評価を踏まえた配慮が得られれば，継続した就労も可能であると思われる。
> 【判定年月日】△年△月△日　　【次期判定年月日】△＋5年○月
> 【判定結果】軽度

いかと筆者には感じられた。

2 Aさんへのフィードバック

　更生相談所における判定は基本的には1回の出会いのなかで行われる。今回のAさんのように2回の聞き取りを実施するのはごく稀である。筆者は検査後の聞き取りで，仕事内容をメモして覚えようとする真面目さを支持的態度で聞き，気持ちを文章化して整理するBクリニックでの取り組みについては今後も続けていこうという後押しをした。しかし，2回目の聞き取りは中途半端に終わってしまったという感覚があることは否めない。そこで，"あと2分だけ。最後にこれだけは伝えようと思って"と前置きをした上でAさんに伝えるとしたらどんなことが言えるかを考えてみた。

　　筆者：今回，Aさんは療育手帳を取ろうと思って，検査を受けて，いろいろ質問にも答えてくれたやん？　そこからわかったAさんのことについて最後に伝えるね。Aさんは慣れない場面とか作業に対してはすごく緊張しやすくて，それが吐いちゃったり，めまいがしたり，身体の症状となって出やすい。今みたいに1対1の場面だと，落ち着いてある程度自分のことが説明できる。でも，言葉だけのやりとりやと"よくわかんないなぁ"って感じたり，職場みたいに人がいっぱいいるような場面やと，Aさんも言ってたように"何したらいいかわからなくて，頭が真っ白になる"って混乱することが多かったと思う。だから，"相談する人"っていう役割がはっきりした人がいれば，質問もしやすくなると思うし，質問ができれば作業にも取り組みやすくなると思う。Aさんの一番の強みは，仕事内容をメモして覚えようとする真面目さ。それに作業をコツコツ丁寧にできるところもAさんの"武器"になる。このAさんにとっての"武器"を活かすには"何をしたらいいか，わかりやすく指示してもらう"ことがとても大事。だか

ら，"相談する人"がいて，わかりやすく指示してもらえる職場を療育手帳のサービスを使って探すのも一つやし，お父さんが言っていた"能力開発校"に通って，改めて仕事をするために必要な知識とか技術を身につけて，働くための準備をするのも一つやと思う。

Aさんは父親の「扶養から外れるくらい稼げるようになりたい」と希望し，就労に対する焦りを抱いていたが，一人暮らしや結婚といった家族からの自立など将来についての思いはあまり聞くことができなかった。療育手帳を取得することで"結婚に不利になるのでは"と母親は心配していたが，不思議なことにAさんとのやりとりのなかで，異性関係にまつわるエピソードは一切出てこなかった。Aさん自身は療育手帳を取得することについて「友達に持っている子もいるし，今は特に抵抗ない」とのことであったが，今後，就労や異性関係などを通じ，"療育手帳を持っていること"について何かしらの思いが出てくることは十分考えられる。母親の不安な思いを踏まえると，療育手帳を持っているからといって結婚できないわけではなく，福祉サービスを利用しながら一人暮らしをしたり，結婚，出産，子育てに励んでいる方もたくさんいるという事実を伝えることもできたと思われる。

Ⅷ 更生相談所での検査の伝え方・活かし方について

知的障害者更生相談所の心理判定員という仕事にあまり馴染みがない人は少なくないと思われるが，筆者自身もそのひとりであった。日々，「判定」として検査を実施するなかで，事前情報や検査のデータ，観察，聞き取り等で得られた情報を立体的に組み立てて受検者像を浮かび上がらせることの難しさを感じる毎日である。また，判定結果については「判定書」を福祉事務所へ送付して「回答する」のが基本である。つまり，受け取り手である福祉事務所のケースワーカーが「判定書」をどのように読み，理解したか（理解できなかったか），支援に活かせたかを直接確認することはない。そのため，筆者にとっては受検者像を書面でどう表現し，いかに伝えるかということが大きな課題であり，模索する日々である。

更生相談所で出会う人（受検者）たちは，18歳以上のいわば"おとな"であるが，受検者本人だけではなく，その保護者にとっても知的障害を"証明する"療育手帳を取得することに複雑な思いを抱くのは当然のことと思われる。しかし，所謂"子ども"のときに取得する場合と成人を迎えてから取得する場合には少な

からず違いがあるように感じられる。Aさんのように学齢期は普通学級に在籍し，学習の遅れがありつつも特に支援を受けずに高校に進学し，その後の就労をきっかけにさまざまな問題に直面するケースは多い。受検者自身が幼少期から周囲との違いや能力面でのしんどさを感じつつも一般就労をしながら社会生活を送った結果，失敗体験を積み重ね，心身ともに疲弊し，自信もなくした状態で支援を求めて申請に至る場合もある。筆者が更生相談所の判定で出会ったケースのなかにも，これまで受検者がなぜ仕事や対人関係がうまくいかなかったのか，判定結果を聞いて納得し，支援を受けられるとわかり「ほっとした」と言って下さった家族がいた。そういった場合は，療育手帳をどう利用するか（障害者枠での雇用，日常生活自立支援事業の利用など）という今後の支援の流れも比較的描きやすい。

しかし，申請に至った人（受検者や家族）すべてが，判定結果を受け入れる準備ができているとは限らない。支援の必要性を感じて申請に至ったとしても，やはり"療育手帳が交付される＝知的障害が認められる"との判定結果に受検者だけではなく，支援者である家族も少なからず戸惑いを感じているように思うことが少なくない。中には支援者からの勧めで療育手帳の取得に至ったものの，"自分は知的障害ではない"という思いを持ちながら福祉サービスを使わずに日常生活を送っている人もいる。また，受検者やその家族にしても福祉サービスを受けるために療育手帳を取得したいと思って申請しているだけで，それ以上のことを更生相談所に期待していないという人も多いのも事実である。そういった場合，判定結果について詳しく知りたいと言われるケースはないに等しい。しかし，少なくとも本人や家族（支援者）が"知りたい"というときは，限られた時間のなかでのフィードバックではあるが，本人の得意不得意だけではなく，本人の強みを知り，本人（自己）理解を深め，親や家族が一番の支援者／協力者であることを再認識するきっかけになるようにしたい。そして，今後の生活に必要な支援や社会資源へとつながることで，本人の生きにくさを少しでも減らすことができればと思う。

◆ 文献
[1] 平成26年度版障害者自立支援六法〈改題〉障害者総合支援法六法．中央法規，2014．

> 4章コメント

福田さんの事例対応における「心理検査の伝え方・活かし方」についてのコメント

川畑　隆

I｜療育手帳の判定

　療育手帳の判定は，対象者に知的障害があるかどうか，あるとすればどの程度か，そして日常生活への適応の様子などを調べて，その人への知的障害の影響を把握することが目的である。とすれば，その結果が手帳の発行事務を司る本庁担当課に届けばそれでよい。そのような類の判定業務に心理検査が用いられることは他にもあろうが，それらの場合も事務的にはそれだけのことである。

　実際，そう言い表される程度にしか業務を行なえないほど，処理件数に追われている公所があるかもしれない。そういうところでは，「これでいいのだろうか」「『福祉』『相談』という看板に見合うことがやれているのだろうか」と思い悩むことになる。何故かといえば，「額面」の背後にさまざまな思いや事情を抱えているのが人であり，その人の福祉（幸せ）を目的に相談にのる入口としてそれぞれの「額面」が用意されていることを職員は直感的に関知しているし，また職務としてそのことを基本に据えなければならないからである。ここでいう「額面」とは，「療育手帳交付申請」を含むさまざまな相談主訴であり，来談者から示される一次的な情報（最初に述べられる言葉や観察される態度・言動）なども指している。特に，知的障害者に関する相談は日常的には地元の福祉施設や福祉事務所，またそれらとの連携のもとに更生相談所がその多くを引き受けていると思われる。その他の専門機関に相談しても，相談された症状や問題行動は知的障害によるものと判断されたり，知的障害であることを考慮しながら対応すべきこととして，更生相談所を紹介されることが多かろう。更生相談所で働く人たちは，知的障害者に対して「額面」に限定されない仕事を自分たちがせずに誰がするのだ，という気概をもっている。「知的障害相談所」ではなく「知的障害者更生相談所」である由縁である。

　福田さんの属する更生相談所は，療育手帳に関して判定を十全に行ない，支援可能性を探り，できる範囲の支援を行なえる業務システムを備えていることがう

かがえる。係内の事前協議，医師も含めたチームプレイなどがそれにあたり，とても丁寧である。「障害」部分だけでなく，また療育手帳のことだけでなく，来談者や対象者，そのかたたちを含む家族のことを考えようという構えをもっている。その構えが当然のこと，Ａさんにも向けられている。

そしてまた，福田さん自身の，できる範囲でＡさんの全体にアプローチしたいという姿勢は，上記の業務システムの一員だからというだけではなく，個人としての臨床的センスに支えられている。それは，スクールカウンセラーや教育相談員の経歴があり，より治療的な業務を行なうポジションにいた影響だけとは言い切れないように思う。そしてその力量は，上記の業務システムのメリットをさらに押し上げている。

療育手帳判定は，述べられているとおり，児童の場合は原則２年，大人の場合は５年で更新時期を迎える。つまり，定期的に再判定を行なうために出会うこととなる。すでに若干述べたことではあるが，知的障害があれば，その影響によって日常生活に支障の出ることが多い。知的障害とは直接は関係のないことであっても，当事者からはそのせいだと見られてしまうこともある。だとすると，知的障害のせいだからしようがないということで，その困りごとそのものについてあらたに相談機関に相談されることにはなりにくい。しかし，２年や５年ごとの更新時にその困りごとがオープンになれば，相談の対象として取り上げられ，それが適切な対応の出発点となる可能性がある。「声なき声をひろう」機会としての再判定である。もちろん，これは再判定時だけに必要な構えではなく，新規の場合でも同様であることはすでに述べたとおりである。

Ⅱ｜収集した情報の整理

福田さんが，Ａさんに関する判定依頼書を受け取ってから検査日までの間に「考えていたこと」は，①父子，母子，両親関係，②手帳申請の主導者と家族内の申請意思の温度差，③Ｂクリニックの位置づけ，④症状の身体表現性と自傷行為の有無，⑤中高生での対人関係の躓きの影響，⑥転職の理由，⑦面接での臨床像……などについての情報の収集であった。「判定」業務を軽く見，「判定」しか眼中にない仕事をする人もいるなかで，繰り返すが，福田さんのＡさんを理解したいという思いにもとづいた想像力には好感がもてる。

得られた情報を整理してみる。

1 家族の特徴と手帳交付申請の意思

　父がAさんと一緒に福祉事務所を訪れて手帳交付申請を行ない，聞き取りを受けている。そして，判定日にも父子で来所している。父は，「どこか権威的で威圧的」，「Aさんの現状に対する"困っている"といった感情的な反応がない」といった印象を福田さんに与え，ケースワーカーも「父とAさんがAさんの将来について仲良く話し合っているイメージがつかめない」と述べている。しかし，判定依頼書には「何が（知的障害の）原因かわからず戸惑っているところもある」という父についての記述がある。父が「障害福祉についての情報に詳しい仕事に就いている」ことを，Aさんが福田さんに伝えたらしいが，父はそういう話がより語られやすいケースワーカーとの間では尋ねられても答えていない。

　Bクリニックから勧められた手帳の申請に関して，父は「手帳をもったほうがよいのであれば，取得して生活に役立ててほしい」と語り，母については「反発している」，「結婚時に不利になるのではと反対している」という情報が父子双方から得られている。

　その母が，嘱託医面談の日にAさんに同伴してきた。「ケースワーカーによると，嘱託医面談では母親は淡々とした様子で特に感情的な反応も見られなかった」とある。

　Aさんについて父が述べていることからは，父はAさんの特徴を過不足なく要領よく話しているように思える。Aさんの具体的な体験についても関知しているようで，それが，判定依頼書にある「成功体験が増えてほしい」という父による主訴や，Aさんに職業訓練校受験を勧めたことにも表れているかもしれない。

2 Aさんにとってのこれまでの経過

　「高校時代に友だちの関係のことで悩んでいたとき，担任の先生から勧められてBクリニックに通い始めた」とあり，そのクリニックの先生からの助言（ノートに書き出す課題）を忠実に実行し続けることによって，リストカットも回避できているとAさんは述べている（Aさんからの「あ……リスカしてました」という発言に対する福田さんの対応は，それ以上でも以下でもなくその話題を扱っているという点で好ましいと思う）。いま従事している仕事の自分にとっての難しさや，それをめぐる上司とのトラブルの自覚，対処の工夫（上記のノートの利用がここにも役立っているのかもしれない），また，友だちとのSNSでのトラブルの自覚と，「とにかく謝る」という自分への行動処方（ノートの利用もそれである）が述べられている。また，父からの助言やこれまでの自分の経験から，未来に向

けた予測と不安，希望も，了解可能な範囲で述べられている。

3 面接・検査場面でのＡさんについて

　来所に向けての準備物の整い（Ａさんが一人で行なったか，父か母の指導によるかは不明），年齢相応の格好，面接や検査場面への適応，時間経過にそった場や人への適切な慣れなどが報告されている。

　福田さんによる検査の読みへの筆者による補足（コメント）をここに簡単に記しておく。新版Ｋ式発達検査2001の使用は，一般的に言えば，Ａさんの生活年齢や発達年齢からすると少しフィット感が弱いかもしれないが，もちろん，Ａさんの実際を反映していると思われる。WAIS-Rとの比較でみると，生活経験による知恵によって認識力を補ってきているものの存在が想定されるかもしれない。バウムテストの木の輪郭（鍵穴式）と葉や実との対比（筆圧や描線ほか）も，そのことをイメージさせる。

Ⅲ　福田さんの読みと関わりへの筆者の補足的視点

　福田さんは，上記の事実にもとづいて，何が，どこが支援すべき焦点として浮かび上がるのかを思いめぐらせた。そして，それをいまどのように活かせるのか，何らか次につなげようと考えた（それらは事例に書かれているものもあるし，イメージがまとまらずにまだ文章化されていないものもあるだろう）。もちろん，これは創作事例である。また，更生相談所の業務においては，その主訴やその他に応じて動きの制限がある。しかし，療育手帳の判定であろうと何であろうと，その目的の大きなところは「支援」である。支援のための種がどこに蒔かれているのかを探しだし，そこから支援の的を見出していくような作業が必要である。一般的にも，支援の的にどの程度アプローチしていけるかどうかは組織の性格，つまり使命，業務範囲，システムなどによるが，たとえ利用者と継続して面談できないような限られた業務であっても，そこに支援の目が含まれていることが求められる。

　日々取り組む事例のなかにどういう種を見つけるか，福田さんはこの創作事例を通して自らそれに取り組んだし，筆者にそれを補足するようにと課題を与えてくれている。

　以下，筆者なりに支援の種を探し，支援の的を見つけてみたい。ただ，そこでは筆者の恣意的な視点やストーリー作りが露わになり，福田さんや読者に不快な

思いを抱かせる部分があるかもしれない。しかし，可能性として，また視点の例として述べることが記述の目的なので，仮説した内容を決め込んでいるわけではないことをお断りしておく。

1 Aさんの行動特性

すでに述べたAさんの来所に向けた準備物の整えは，求められたことへの正確な応答である。また検査時の様子（態度や言動）を見ると，検査者との人間関係というよりは，検査という特殊な事態への型どおりの（？）対応が行なわれているニュアンスがある。これらは，与えられた状況に対して「はまる」と表現したくなるくらいの従順さである。学校や職場での"しんどい"人間関係への陥り方もある種パターン化しているように見える。また，「直属の上司から"やめてもらうかも"と遠回しに言われている」「遠回しに"はやく覚えて"とか」とは，Aさん自身の言葉だろうか。誰かが言った言葉の反復の可能性はないだろうか。「はい，早くお父さんの扶養から外れるくらい稼げるようになりたいです」，「人とかかわる仕事はできないんかなぁと思う。工場とかスーパーの裏とかのほうがいいのかなって」という発言も同様である。まさか「（療育手帳を）友だちに持ってる子もいるし」というのも，自分の直接的経験によるものではないかもしれないとは考えすぎかもしれないが，友だちの手帳所持の事実をどんな機会に知ったのだろうか。相手の言葉をそのまま自分のものにしてその言葉の内容のとおりに受け入れ，そのままに影響を受けてしまう。母はAさんに行動の指示はしないが，父はするようで，仕事の悩みに対しての「続けろ」や，進路に関しての「訓練校受けたら？」に対しても，Aさんはその方向に動くのが自明に思って動いているように見える。そして，Bクリニックの主治医からのノート利用の提案に対しても「はまって」いる。もちろん，これらの特徴は知的障害の影響であり，Aさん特有のものではない可能性も多分にあるかもしれないが，この従順さはポジティブなほうにもネガティブなほうにも，与えられた先行刺激の種類によって転がってゆくようだ。バウムテストの実と木の本体が有機的につながっていないことからも，先行刺激に「はまらず」に対抗できるような力量を，その時点のAさんのなかには想定しにくい。

2 父母とAさんとの関係

福田さんは，母子手帳の「保護者の記録」のページに目をとめている。よい目の付け所である。「（幼少時のAさんの）子育てに奮闘する両親の姿」が確認でき

る。しかし，Aさんは小学校にあがって以降，学習の遅れが目立ち始めた。母は担任教師に相談したが，その後の展開については記されていない。中学生のときに担任から紹介され訪れた児童相談所では療育手帳に該当しなかったようだが，そこでAさんの知能面の問題を指摘されている可能性がある。そしてAさんは普通高校に進学し，社会不適応が形を変えて継続された。

　父母の目に映るAさんの姿は，どのように変化してきたのだろうか。もしかして，さまざまな問題事象を生むモトにあるものが，「Aの特徴」から「知的障害児の特徴」に比重が移ってきたように思う分，親としての自分たちによるコントロールが及ばない無力感を増してきた部分がありはしなかっただろうか。Aさんの職選びに誰が関与しているかは不明だが，Bクリニック受診を勧めたのも，療育手帳を勧めたのも父母ではない（生活や経済面，療育手帳の申請や判定への同行など，必要なサポートは父母によってなされている）。そこに本児と父母との距離感が表れているとすれば，父母それぞれの以下のような要因を含んでそれらは作られてきた可能性がある。

　父は「論理」優先で，その論理のとおりに動く人のようにうかがわれる。あたかも，自分の職場で仕事をしているのと同じように，Aさんのことについても思考し，助言し，動いている印象を与える。一方，母は，Aさんのリストカットに「"またやるんやろ"って感じで」，また仕事の悩みに対して「お母さんに言ったら"こっちもつらい"って言われて」とAさんに受けとめられているように，Aさんとのやりとりにおいて自分の「感情」が優先されている気がする。療育手帳の所持は結婚時に不利になるという母の懸念は，Aさんの「形」としての自立を望んでいる母の気持ちや，もしかして，Aさんだけではなく弟の結婚についても含めた思いかもしれない。いずれにしろ，「淡々とした様子で特に感情的反応も見られなかった」とケースワーカーから描写された母は，その表情の奥に「疲れ」を隠していたのだろうか。

③ 福田さんのAさんへのフィードバック案

　福田さんがAさんからの最初の聞き取りでフィードバックしたことは，仕事をノートに書いて覚えるようにしていること，主治医から勧められた日記を書いていること，早く父の扶養から外れるくらい稼げるようになりたいという気持ちなどの支持であった。そして，それらに加えて，検査や聞き取りから得られたAさんの特徴，「真面目さ」と「丁寧さ」という強み，その強みを活かすために頼れる人や職場が必要なこと，またそのために療育手帳やその他の資源を利用すればよ

いこと，療育手帳所持とAさんの人生のかかわりなどについても伝えたいと企図した。これらのフィードバックは一つの重要な路線であり，Aさんに更生相談所に来所した意味を手渡し，今後について具体的なオリエンテーションを行ない支えるという意味で，適切なものであるように思う。

④ 筆者の補足的視点

　Aさんの特徴として，福田さんのあげた「真面目さ」と「丁寧さ」に，筆者は「従順さ」を加えた。加えたと言ってもこれらは相互に絡んでいて，Aさんが周囲に適応していこうとするときに自分の弱点を補うための努力の表れなのだろう。そのように補えることは，確かに福田さんの言うように「強み」になると思われる。しかし「弱み」となってしまうときはどんなときなのだろうか。あるいは，それを「弱み」にしないためには何が必要なのだろうか。

　父母の現在の特徴について先に述べたように思い巡らせてみたが，Aさんからすれば父は「私に答をくれる」人で，母は「私を突き放す」人かもしれない。もしそうだとすると，父母の対応は異なるのだが，Aさんの「気持ち」よりも「知的障害によってAさんのなかに不足しているもの」のほうが重視されているかもしれない点では共通しているように思う。父はそのAさんに不足しているものを与えようとしており，母は不足していることが手に負えない。しかし，それではAさんは父の言うことに従い，あとは一人で考えるしかない（Bクリニックの主治医や，福田さんがAさんに勧めたい"相談する人"は家庭外の重要な資源であることは確かである）。少しでも「Aさん自身の気持ちや考えに対して，父母がそれを尊重した上で親としての気持ちや考えを投げ返し，相互に交流し考え合う」ことができれば，ただ単なる「従順さ」ではなく，自分のなかの「軸」を少しずつでも感じることができるような自分意識が，Aさんのなかに育つことにはならないだろうか。そしてその経験が，父母のなかでAさんに対する認識の比重が「知的障害者」から，より「A」に戻るようなプロセスにつながればよいのにと思う。実は，父母はそのプロセスをふめていない現状にとまどい，出口を求めているのではないだろうか。この療育手帳の判定の機会は，父母や親子関係にとっても意味のある転換点になる可能性を含んでいたかもしれない。

　福田さんがAさんへのフィードバック案を考えたように，筆者は父母との面接あるいは父母とAさんとの合同面接の設定を考えた。父母への労（ねぎら）いとともに，福田さんによるAさんへのフィードバック案の内容が，Aさんだけにではなく父母に向けても話されたらいい。Aさんの「いいところ」や「うまくいっているとこ

ろ」を家族で共有できるようなやりとりもなされればこの上ないし，それらのなかで，「よいご家族ですね」と福田さんが思わず勇気づけたくなるような場面が垣間見られたらいいなと思う。

IV｜更生相談所での検査の伝え方・活かし方について

　療育手帳を申請し更生相談所を訪れる人の療育手帳への思いは，福田さんが書いているようにいろいろである。その思いに応じて対応することになるのは当然だが，そこで明らかにされてもされなくても，一般的にどういう課題があり得るのかについて想定し，それでは目の前の個別のケースについてはどうなのかについて，得られた情報によってできる範囲で検討しておくことは必要である。それがあってこそ，必要なときには本人や家族に介入できるし，介入せずとも一般的助言として伝えられることがあるかもしれない。また福祉事務所その他に注意深く伝達したり，次回の更新時に前回気になっていた点を確認することによって，点ではない線や面での対応を志向できよう。

　更生相談所に日々訪れる「Aさん」たちの弱みを，また強みを弱みに転化しないようどう支えていくかは家族も含めた社会のテーマだが，そのテーマのあらためての踏み出しをよりよいものにできないかと，福田さんが「更生相談所での検査の伝え方・活かし方」として自分に問うていることについて，敬意を表したい。

　さいごに，細かい点について付記しておく。「心理学的判定書」を読んで活かそうとする他職種のかたに向けては，用語は少しでも取っつきやすいほうがよい。「操作」「巧緻性」「短期記憶」「継時的」などはどう言い換えられるだろうか。また，III-2の最後部分に，「筆者は何となく"(Aさんは) 年配の女性からは可愛がられないだろうなぁ"という漠然としたものを感じていた」とあるが，その感じがどこからきたものかを知りたかった。

　くり返しになるが，創作事例とはいえ，Aさん，父母，周囲のかたがたにとって的外れな見立て，名誉を傷つけるような記述があったとしたら，お許しいただきたい。

　福田さんの更なるご発展，ご活躍を期待する。

第5章

再就職を目標にしている20代の女性入院患者に対する心理検査の活用
デイケアスタッフと協働した事例

検査 ▶ WAIS-III, SCT, バウムテスト, ロールシャッハ・テスト

宮部 由紀

I│はじめに

　筆者は大学院を修了後，医療領域（精神科デイケア）や福祉領域（幼児，児童，高齢者）で約6年勤務し，現在は単科の精神科病院に常勤として勤めて8年目になる。

　筆者の所属する病院は，郊外の自然の多い立地にあり，約240床の規模である。急性期病棟や慢性期病棟，開放病棟，認知症病棟などに分かれている。スタッフ数は約200名であり，そのうち臨床心理士は常勤3名，非常勤1名の計4名である。心理職の主な業務は，外来・入院患者への心理検査と心理面接であり，他の業務としては，病棟での集団療法やデイケアへの参加などがある。デイケアは，非常勤1名が専任となっている。

　心理検査は，医師からの依頼を受けて実施している。依頼は「心理検査依頼票」という書面でなされる。どの検査を行うかは医師がある程度指定するが，必要があれば医師と相談の上，実施する検査を選択している。医師から相談される場合もあれば，こちらから提案・相談する場合もある。よく実施する検査は，知能検査（WAIS-III），人格検査（TEGII，SCT，バウムテスト，ロールシャッハ・テスト），認知機能検査（改訂長谷川式簡易知能評価スケール，MMSE-J，時計描画テスト），うつ尺度（SDS，ハミルトンうつ病評価尺度）などである。検査は主に外来面談室で行うが，受検者が入院患者で，比較的短時間で実施できる検査である場合は，病棟面会室を利用することもある。

　心理検査の結果報告は，まず医師に書面で行う。検査結果について医師と口頭でやりとりすることも時々あるが，基本的には医局のBOXに報告書を提出するという形で報告しており，報告書へのサインによって，医師が報告書を読んだこと

を確認している。受検者が検査結果のフィードバックを希望される場合は、医師に相談の上、検査者から直接フィードバックすることがほとんどである。医師からフィードバックのやり方について助言をもらうこともある。受検者へのフィードバックの際には、受検者用に別に報告書を作成し、文面を一緒に読みながら、口頭でも補足して説明する。受検者への結果説明の際に、受検者から医師など他スタッフも知っておくといいのではないかと考えられる情報が得られた場合には、「フィードバック記録」として書面にまとめ、医師に提出することがある。医師への報告書、受検者への報告書、フィードバック記録は、いずれもカルテに綴る。また、受検者に関わりの多い他スタッフとも、検査結果を基に意見交換をすることがある。

また、受検者へのフィードバック後に、受検者が自分の課題に取り組むために心理面接を希望されることも時折あるが、数としては少ない。医師から心理検査の依頼と同時に心理面接の指示があり、心理面接開始前に、もしくは心理面接開始と同時期に心理検査も並行して実施するケースが多い。

以下に挙げる事例は、検査結果を受検者にフィードバックし、その後通所されることとなったデイケアのスタッフにも伝えて、検査結果を活かそうとしたものである。なお、本事例はこれまでの臨床経験をもとに筆者が創作した事例である。

II 事例の概要

患者は、Aさん、20代女性。主治医より、入院から約2カ月後に心理検査の依頼があった。依頼理由は、「退院後は当院外来受診・デイケア通所予定であり、知能レベルや人格について調べ、どんな人なのか情報を得ておきたい」というものであり、検査の選択については、具体的に「WAIS-III, SCT, バウムテスト, ロールシャッハ・テスト」という指示があった。この時点で、「様子を見ながら、2, 3週間後くらいには退院」という予定になっていた。

まず、入院カルテで精神保健福祉士が実施した予診の情報を見て、以下のような生活歴や現病歴を確認した。

〈生活歴・現病歴〉

両親との3人家族。両親の不和があったようだが、学校では友人もおり、中学時代までは大きな問題なく過ごしていたようである。高校に入学後、周囲と合わず、合わせようと頑張っていたがなかなかなじめず、学校の人間関係がストレスでリストカットをするようになり、心配した親の勧めで心療内科のクリニックを

受診。「うつ病」との診断で薬物治療を受け始めた。その後，希死念慮から大量服薬をすることもあったが，次第に気分は落ち着いていった。高校卒業と同時に販売系の仕事に就く。しばらくして仕事の忙しさもあってか，気分の落ち込みや意欲低下などが起こってきた。同じクリニックに通院しながら働いていたが，あるときから不安や希死念慮が起こり，食欲も落ち，仕事をするのが困難となったため，就職から約2年後に，医師の勧めもあって退職し休養を取ることとなった。しかし，不安や希死念慮がなかなか改善しなかったため，医師より入院を勧められ，自分でも入院を希望し，当院に入院となった。

　当院主治医は，Aさんが働いていた頃，非常に活発に活動されていたことがあったというエピソードを踏まえ，診断名を「双極性障害」とした。また，カルテで入院時からの診察の記録を確認すると，入院後は時折不安感を訴えながらも，入院という環境で気分が落ち着いていき，外出できるようになっているようだった。

　これらの情報から，「まだまだ詳細はわからないが，今まで学校などの人間関係でつらい思いをし，そのつらさをリストカットや大量服薬といった行動で表現してきた方なのだな」という大まかな理解をした。また，指示のあったテストバッテリーは，その方の全体像を把握するのに適したものであると考えた。

　病棟看護師にAさんの最近の様子を尋ね，心理検査受検が可能であるかを相談した。入院後は，将来の不安などを看護師に話し，話を聴いてもらって落ち着くことが何度かあったとのこと。次第に気分は落ち着いてきているとのことで，受検は可能だろうと考えた。

III｜検査の事前説明（心理検査依頼から2日後）

　Aさんに主治医から心理検査実施の依頼があったことを伝えるために，病室にうかがった。Aさんは主治医から心理検査実施について事前に聞いておられた。心理検査の説明として，「今の調子や性格，得意なこと・苦手なことなどを調べて，治療の参考にしたり，今後生活していく上で『こうすればより生活しやすくなるのではないか』といったヒントを得ることを目指すもの」だと伝えると，「今後のために役立つなら受けたい」とのことだった。2日に分けて実施することを考え，実施日時を相談した。Aさんは小柄で，20代らしいカジュアルでおしゃれな服装をしていた。笑顔で明るく話されるものの，頑張って笑顔を作っている印象で，こちらに非常に気を遣い，丁寧な対応をされ，過剰適応の傾向を感じた。

Ⅳ 検査実施時の様子

1 検査1日目（事前説明の3日後）

　約束していた日時に病棟にうかがい，検査を行う外来面談室までお連れした。いくらか表情が硬く緊張されているようだったので，〈緊張しますか？『どんなことをするんだろう？』とか〉と声を掛けると，「緊張します」と苦笑された。今までに心理検査を受けたことはないとのことだった。その日の気分や体調について尋ね，少しお話をしてから検査を開始した。途中でしんどくなったときなどは，休憩や中断もできることもお伝えした。

　1日目は，「バウムテスト，ロールシャッハ・テスト，SCT」を実施した。検査開始前に，〈今日は，今の調子や性格をいくらか知ることができる検査をしたいと思います。今後Aさんが生活しやすくなるためのヒントが見つかればと思っています〉と伝えた。まずバウムテストから実施した。絵を描くのは嫌いではない様子で，しばらくどんな木を描こうか考えてから，丁寧に描かれた。その後，ロールシャッハ・テストを行った。カードを見て，時々怖さなどの不快感を覚えて表情が曇ることがあり，実施後は「疲れた」とのことだった。その後，SCTの説明をし，この場で書いていただくか，病室に持ち帰りゆっくり書いていただくかを相談すると，面談室で書いていくことを選ばれた。ロールシャッハ・テストで「疲れた」とのことだったので，〈休憩しなくても大丈夫ですか？〉と確認すると，「大丈夫です」と言われ，20分ほどかけて最後まで一気に記入された。途中，検査用紙を腕で囲い気味の姿勢で書いておられ，検査者から記入内容が見えにくかったため，「自分の思いや考えていることを，人にあまり知られたくないのかな。人に知られる抵抗感も感じながら受検していただいているのかな」と感じながら見守っていた。

　全体を通して1時間半ほどかかった。次第に場に慣れ，緊張感は軽減したようだったが，検査後は「疲れた」と苦笑され，表情にも少し疲れが感じられた。

2 検査2日目（前回から2日後）

　2日目にWAIS-Ⅲを実施した。〈今日実施するのは，Aさんがどんなことが得意でどんなことが苦手かを知るための検査です。得意不得意を知ることで，『今後，こうすればより生活しやすくなるんじゃないかな』とか，『どういう仕事がしやすいか』などについてのヒントを得ることができるのではないかと思います〉

と説明した。前回よりは緊張もやわらいでリラックスした雰囲気であり，集中して取り組まれた。検査には約2時間を要した。受検した感想としては，「この前よりはましだけど，疲れました（苦笑）。何がわかるのか，結果を知りたいです」と話された。

　また最後に，遅ればせながら，Aさんが心理検査に望むことをお訊きした。〈先生は治療の参考にと考えておられるけれど，Aさん自身が『心理検査でこんなことがわかるといいな。こういうことを知りたいな』ということはありますか？　それか，言える範囲でいいので，普段困っていることなど〉と尋ねると，「これから仕事をするためにも，生活していく上でも，自分の得意不得意を知りたい」と話された。また，今回の入院に至るまでの経緯を話され，「仕事にはやりがいも感じて頑張っていたし，ストレスもそんなになかったと思うし，自分がどうして今の状態になったのかわからない」といった言葉が出てきた。〈今お聞きした話も考えながら，Aさんの参考になることを目指して，結果をまとめてご報告しますね〉とお伝えした。

V　検査結果のまとめと主治医への報告

1　各検査の結果

　各検査の結果の概要は，以下の通りである。筆者は，このようなテストバッテリーの際は，「受検者の意識に近い面を見る検査から，次第に心の深い面を見る検査へ」という感覚で，心理検査報告書にこのような順番で分析結果を書いている。
〈WAIS-III〉（表5-1）
　全検査IQ，言語性IQ，動作性IQはすべて平均レベルであり，言語性IQ－動作性IQ間に統計的有意差はみられない。群指数は言語理解，知覚統合，作動記憶

表5-1　WAIS-IIIの結果

```
全検査IQ　101　　　言語性IQ　100　　　動作性IQ　102
群指数と下位検査の評価点
　　言語理解　99：単語　11，類似　9，知識　9
　　作動記憶　96：算数　9，数唱　10，語音整列　9
　　知覚統合　95：絵画完成　9，積木模様　9，行列推理　10
　　処理速度　110：符号　12，記号探し　12
　　その他の下位検査：理解　12，絵画配列　12，組合せ　9
```

が平均レベルであり，処理速度が平均の上レベルである。処理速度がその他の三つの群指数より統計的に有意に高い。また，下位検査間には統計的有意差は見られない。これらのことから，言語能力も，視覚情報を把握し扱う力も，作業記憶力も平均的にもっており，事務作業を正しく早くこなすことは特に得意であると考えられる。また，生活する上で必要な社会的常識も十分にもっており，周囲の状況を把握することも得意であると考えられる。どの値もほぼ平均以上の成績であり，日常生活や仕事において特に支障のない知的レベルであると考えられる。

〈SCT〉

「明るくて優しい人でいたい」といった回答文があり，自分の気持ちを後回しにして周囲に合わせ，周囲に認められ求められる人でいようとしてきたことがうかがわれる。周囲に合わせようとするものの，人間関係でうまくいかなさを感じることがあるよう。また，幼少時から両親の不和などがあり，常に暮らしが安定していなかったという感覚をもっている。また，「誰かにそばにいてもらいたい」と思って人に甘えたくなるが，「人に甘えてはいけない」という思いもあり，人に素直に甘えたり頼ったりしにくいようである。また，「嫌なこともあるけど，言いたくない」「みんなを愛したい」などの回答文から，自分のネガティブな感情を意識したくなく，ポジティブな考え方をしたいという思いも感じられた。

〈バウムテスト〉

用紙の上方に普通の筆圧で幹，樹冠，枝の順に丁寧に描き，最後に幹の内部に縦に数本薄くラインを描かれる。1分ほどで小さめの木（用紙の2分の1弱）ができ上がった。幹と樹冠の大きさのバランスは良い。雲形の樹冠であり，幹にはくびれたり膨れたりしているところがあり，枝に向かう上方が太くなっている。枝のなかには尖っているものが多く，とげとげしさが感じられる。幹の下部に少し広がりはあるが地面は描かれておらず，浮かんでいるようにも見える。樹冠内は枝以外は空白であり，葉も実も描かれていない。PDIでは，「常緑樹」「下で休めるような大きな木」などの発言がみられた。

常緑樹をイメージしたり，用紙の上方に描いていることから，活発に行動する人でありたいという思いをもっており，目標を高く考える傾向があり，ときに現実的でない空想的な目標を考える可能性が感じられる。また，木のサイズが小さめであることや，尖った枝，「下で休めるような大きな木」といった発言からは，内面には抑うつ感や不安，攻撃性，警戒心，孤独感，依存欲求などをもっていそうである。しかし，幹がくびれたり膨れたりしていることから，そのような思いをあまり表現せず感情が鬱積しやすい傾向とともに，ときに衝動的に感情を外に

表現してしまうこともありそうである。また，木全体が浮かんで見える点やPDIの発言からは，どこか拠り所のない不安定感を感じており，自分を委ねられる大きな存在や，自分の拠り所となる居心地の良い居場所を求めているように感じられる。

〈ロールシャッハ・テスト〉（表5-2，表5-3）

　「鬼の顔」など怖さを感じるものを見たり，骨や内臓を見たりすることが多く，そのようなときには不快そうな表情になることがあった。また，怖さを感じ「怖い」と言ったカードで，しばらくして「怖くはない」と言い直す反応が特徴的であった。内面は非常に葛藤的であることが感じられる。

　情緒刺激が少ない白黒カードでも現実検討力が非常に低いことから，内面の感情・衝動が強くてコントロールが難しく，投影が活発であることが考えられる。無彩色反応の多さやAt％の高さから，内面の抑うつ感や傷つき感，敵意の強さが感じられる。また，H％の高さから，人にどう思われているかを怖れており，対人緊張感も非常に強いと考えられる。P反応の多さからも，周囲に合わせようという思いが強いことが感じられる。また，どちらかというと内向型なのだが，外に対しては「明るく活動的な人」と外拡型の人であろうとしているようなので，内面と外面の違いでも葛藤的な状態ではないかと考えられる。こういった思いをあまり外に表現せず，自分でもあまり意識しないようにしているよう。依存欲求ももっていそうだが，意識しないようにしていそうである。内面の感情への対処

表5-2　ロールシャッハテスト　カードⅠ

Time	Position	Response	Inquiry	Score
5″	∧	①こうもり。	①ここが頭で，ここが羽で。〈他にこうもりらしさはありますか？〉黒いので。	W FC' ±A P
17″		〈他には何か見えますか？〉②鬼の顔。	②ここが目で，ここが口で。〈他に感じた鬼の顔らしさはありますか？〉目がつり上がってる。怖い鬼の顔。……怖くはないかな。こういう鬼のお面ありますよね。鬼の顔のお面。	W, S F ± Mask
25″		〈他には何か見えますか？〉他はないです。		

表5-3　ロールシャッハテストのスコア（片口法）

R	14	W:D		9:4	M:FM	5.5:3
Rej（Rej/Fail）	0（0/0）	W%		64.3%	F%/ΣF%	14.3/71.4
TT	7'58"	Dd%		7.1%	F+%/ΣF+%	0/41.7
RT（Av.）	34.1"	S%		0%	R+%	35.7%
R₁T（Av.）	7.9"	W:M		9:5.5	H%	42.9%
R₁T（Av.N.C）	7.3"	E.B	M:ΣC	5.5:3.2	A%	28.6%
R₁T（Av.C.C）	8.5"		FM+m:Fc+c+C'	4:2.5	At%	14.3%
Most Delayed Card & Time	VI, 17"		VIII+IX+X/R	21.4%	P（%）	6（42.9%）
Most Disliked Card	VIII	FC:CF+C		1:2.5	Content Range	4
W-%	33.3%	FC+CF+C:Fc+c+C'		3.5:2.5	Determinant Range	5

法として，否認しようとしたり，現実から心理的に大きく距離を取ろうとしたりするが，対処しきれないことが多い。内面の感情や欲求，葛藤をコントロールしきれないため，ものの見方や感じ方，考え方が主観的になりやすく，現実検討に失敗しがちである。自分独自の論理に合うように現実を歪めて捉えようとすることもある。しかし，自分で自分の反応を検討し直すこともあり，P反応もあることから，病態水準としては，神経症水準寄りの，高水準の境界的人格ではないかと考えた。また，At反応で「引き裂かれた」「ぐちゃぐちゃ」といった表現もしており，傷ついた自己イメージをもっていると考えられる。そのために考え方が悲観的になりやすいようである。SCTで今は希死念慮はないと回答していたが，自分でも気づかないうちにさまざまな気持ちが内面に溜まっていき，希死念慮に繋がる可能性も考えられる。

2　主治医への報告（検査実施の約2週間後）

　主治医には，上記の各検査結果のまとめに総合所見（表5-4）を加えて報告書を作成し，「本人の希望もあり，本人にも報告する予定です」というメモを添えて医局のBOXに提出した。通例通り，口頭での報告は行っていない。

表5-4　総合所見

① 知的能力は，全体的にほぼ平均以上あり，日常生活や仕事において特に支障のないレベルであると考えられる。
② 自分を抑えて過度に周囲に合わせて行動し，明るく振る舞おうとしているが，内面には抑うつ感，傷つき感，不安，孤独感，攻撃性などを強くもっている。否認などの防衛機制を用いるが対応しきれず，常に内面に不安定さを感じている。人にどう思われているかを怖れ，対人緊張感が非常に強く，人間関係を負担に感じやすい。また，現実的でない空想的な高い目標を考えがちであり，達成できない場合にうまくいかなさを感じてつらい思いをすることも多そうである。
③ 自分の思いをあまり外に表現しようとせず内面に溜まりやすい。溜まっている思いが非常に大きいためコントロールしきれず，外界のものに怖さや攻撃性を感じやすく，抑うつ感が起こりやすい。その影響を受けて，ものの見方や考え方が客観的でなくなり，現実検討に失敗しがちである。しかし，自発的に自分のものの見方を再検討することもあり，病態水準は「神経症水準寄りの，高水準の境界人格」であると感じられる。
④ 今は希死念慮はないと言っておられるが，自分の思いを外に表現せず内面に溜まりやすいこと，自分でネガティブな感情を否認する傾向があることなどから，今後も自分でも気づかないうちにつらい思いが溜まり，希死念慮に繋がる可能性も考えられる。

VI　受検者へのフィードバック（検査実施の約2週間後）

　Aさんへのフィードバックは，主治医の指示で筆者が担当することになっていた。本人用の報告書を作成する際には，検査結果とともに，検査実施前にAさんに検査の目的として伝えた通り，「今後生活していく上で，こうすればより生活しやすくなるのではないか」という筆者からの提案も添えることを考えた。

　フィードバックは外来面談室で行った。久しぶりに会うAさんは，退院が近いこともあってか，以前より明るい雰囲気だった。まず，本人用の報告書をAさんに渡し，〈今，一緒に読み進めていけたらと思います。質問があれば遠慮なく言って下さいね〉と伝え，筆者が口頭で補足しながら一段落ずつ読み上げ，一段落ごとに感想を訊きながら説明していった。説明したポイントと受検者の反応は，以下の通りである。四角で囲った部分が，本人用の報告書の一部である。なお，Aさんは，この時点で退院に向けてすでに何度かデイケアに参加していた。

〈知的能力について〉

　Aさんは言葉で説明することが苦手だと話していたが，言葉を使うことは得意であり，日常生活や仕事において特に支障になるような苦手なことはないのではないかと伝えた。また，生活する上で必要な社会的常識ももっており，周囲の状

況を把握することも得意であり，特に事務作業を正しく早くこなすことが得意であると伝えた。Aさんは「自分では苦手だと思っていたことが得意だったりして，意外でした」と話され，筆者からは〈言葉で説明することが苦手だとおっしゃっていたけれど，そんなことはないので，自信をもっていただけたらと思います〉と伝えた。なお，筆者は普段，IQの数値を受検者に伝えておらず，Aさんにも伝えなかった。それは，IQの数値だけで知的能力の特徴を説明しきれるものではなく，後に数値だけが一人歩きして誤解を生んでしまうことを避けるためである。

〈内面の不安定さについて〉

> 心のなかにはゆううつさ，傷つき感，不安，寂しさ，怒り，自信のなさ，人に頼りたい気持ちなど，さまざまな思いがあるようです。そのような思いを外に出さないように抑える傾向があり，心のなかにさまざまな思いが溜まっているようです。さまざまな気持ちが溜まりすぎると，死にたい気持ちが起こってしまうことがあるのかもしれません。思いを外に出さないだけでなく，ネガティブな気持ちを自分でも意識したくなくて，自分でも気づかないうちにつらい思いが溜まってしまう可能性も考えられます。
>
> →つらい思いが溜まりすぎないように，自分の気持ちを少しずつ表現して外に出したり，それ以上ストレスがたまらないように，ストレスになっていることを減らす工夫をしたりすることが大切です。

　Aさん：自分のことはあまり人に話さないできた。人に弱いところを見せたくないというのもあると思います。

　筆者：人に弱いところを見せたくないという思いもあって，人に話しにくかったんですね……。自分の気持ちを少しずつ表現して外に出したり，それ以上ストレスがたまらないようにストレスになっていることを減らす工夫をしたりすることが大切だと思います。人によってどんな方法が合うかは違うと思いますが，Aさんは何か思い浮かびますか？　話しやすい人に話したり，音楽を聴いたりとか。話しやすい人に少しずつでも話していくことも，とても大切だと思います。

　Aさん：本を読むのが好きなので本を読んだり，日記を書いたり。ストレスがたまらないように，これから人にも話すようにしていきたいと思います。この間デイケアで，スタッフさんにどう頼っていったらいいかわからないなと思った。

　筆者：そうなんですね。そのことを，デイケアのスタッフさんとも相談していってもらえたらなと思います。

Aさん：はい。
〈人間関係のもち方について〉

> 　自分の気持ちを抑えて人に合わせて行動し、明るく振る舞い、周囲に求められる人になろうと頑張ってこられたことが感じられます。人にどう思われているかを心配し、人に対する緊張感がとても強く、人間関係を負担に感じやすいようです。実際よりも人を怖く感じやすく、警戒心が強くて、安心して人に接することがしにくそうです。
> ➡自分を抑えすぎると負担になって疲れやすくなると思うので、すぐには難しいかもしれませんが、将来的にできる範囲で少しずつ、「自分の思いを話してみる」「人に頼れるところは頼ってみる」というところも増やしていけるといいなと思います。

　　Aさん：そういうところ、あります。明るい人でいたいけど、すごく疲れることもある（つらそうな表情で話される）。
　　筆者：人に配慮して人に合わせて行動しようとするのは、社会性という点では長所だと思うけれど、自分を抑えすぎると負担になって疲れやすくなると思うので、すぐには難しいかもしれないけれど、将来的にできる範囲で少しずつ、「自分の思いを話してみる」とか「人に頼れるところは頼ってみる」というところも増やしていけるといいなと思います。
　　Aさん：そうですね。頼っていくことができたら……（やはりつらそうな表情を浮かべていた。後で振り返ると、Aさんのつらさについて、もう少しお話を聞けばよかったと思う）。
　　筆者：人に合わせるというのは悪いことではないし、配慮してもらった方も嬉しかったり、純粋にAさんの優しさだったりもしたと思うし、そうすることにAさんなりの意味があったんだと思います。でも、Aさん自身のことは誰が配慮してくれるのかとも思ってしまうので、自分のことも大事にしていってもらえたらなと思います。自分を大事にする方法として、「自分の思いを話す」「人に頼る」ということもあると思います。（今まで受検者なりに精一杯行ってきた周囲への適応の方法を肯定しながらも、新たな対応法・考え方を提案できたらと考えていた。しかし、一つひとつの言葉について、安易に言いすぎたかなとも感じていた）。
　　Aさん：はい。……人に警戒心をもってしまって緊張するのは、どうしたらいいんですかね？
　　筆者：（「どうしたらいいのだろう。難しいな……」と思いつつ）時間はかかるかもしれないけれど、安心できる人を少しずつ増やしていって、その方

と接していくなかで，警戒心も少しずつ弱まっていくんじゃないかと思います。

Ａさん：はい（Ａさんは，あまりピンときていない様子だった）。

〈目標を空想的なほど高く設定してしまう傾向について〉

> 将来のことを，「どうしていくといいか？」とさまざまに考えておられますが，目標を空想的なほどに高く考えがちで，うまくいかなさを感じてつらい思いになることが多そうです。
>
> ➡「自分の理想は達成できる可能性のあるものなのか」「達成できる可能性のあるものなら，まず何からしていけばいいか」ということを，周りの方と一緒に考えていかれることをお勧めします。

Ａさん：空想的……，自分でもそう思います（苦笑）。周りからも言われる。

筆者：考えておられる目標が現実的なものなのか，どうすれば目標に近づいていけるのか，周りの方の意見を聞くことも大切だと思います。

Ａさん：はい。人に訊いてから動くことですね……。目標が高いからか，人に「頑張りすぎ」と言われることもある。自分ではそんなつもりはなくて，そのときはしんどさは感じてないんですけど，後で疲れが出る。

筆者：そのときはしんどさを感じてないんですね……。「自分はこれくらいまでなら，それほど負担なくできそうだな」とか，「これ以上すると疲れそうだな」ということも，自分で自分を観察して気づいていけるといいですね。

Ａさん：そうですね。

　以上の結果説明や筆者とのやりとりを通して，Ａさんは，自分には「話せる人を見つけて，自分の気持ちや考えていることを話していく」「頑張りすぎて体調を崩さないように，自分の限界を知っていく」ということが必要だと感じたとのことだった。

　また，今後関わっていくデイケアスタッフにもＡさんのことを理解してもらうために，今回の結果を伝えることを提案・相談すると，「デイケアスタッフさんにも知っておいてもらった方がいい」と了承された。

筆者：では，デイケアスタッフさんには，先ほどおっしゃっていた，「話せる人を見つけて，自分の気持ちや考えていることを話していく」「頑張り

すぎて体調を崩さないように，自分の限界を知っていく」というこれからの目標のことや，「人に自分のことを話しにくい」「デイケアでもスタッフさんにどう頼っていったらいいかわからない」といったことも含めて，結果を伝えておきますね。今回，「こうなったらいいな」ということを私からいくつか提案させてもらったけれど，口で言うのは簡単だけれど，実際するとなると難しいことも多いと思うので，デイケアスタッフさんや先生やご家族とか，周りの方の力も借りながら，少しずつ，Aさんのペースでやっていくことを考えてもらえたらと思います。
　Aさん：はい。これからのために，課題がたくさんあるなと思いました（苦笑）。

　最後に，〈もし嫌でなければ，この報告書をスタッフさんに見せるのはどうでしょう？　今後のことを一緒に考えてもらえたらいいなと思って〉と提案した。このように提案して許可を得ておけば，デイケアスタッフから報告書に書かれていることを話題に出しやすくなると考えたからである。Aさんは承諾され，開始から40分ほどでフィードバック面接を終えた。Aさんは，「またゆっくり読みます」と言って本人用の報告書を持って帰られた。
　上記のような結果報告時の受検者の発言（主に本人の問題意識と，今後の目標について）を書いたものを「フィードバック記録」としてまとめ，主治医の医局BOXに提出し，確認のサインをもらった。

Ⅶ│デイケアスタッフとの話し合い（Aさんへのフィードバックの約1週間後）

　Aさんと話し合った通り，デイケアの担当スタッフに結果を伝えた。このスタッフは20代女性の作業療法士であり，普段から積極的に他職種と患者の情報交換をする方である。筆者と事務所が同じであるため，普段から顔を合わせることが多い。デイケア終了後，事務所で話した。主に口頭で伝え，その後，受検者への報告書とフィードバック記録も渡した。
　なお，当院のデイケアは大規模デイケアとして週6日実施しており，1日に25名ほどが通所している。患者の疾患は，統合失調症や気分障害が主である。スタッフは看護師，作業療法士，精神保健福祉士，臨床心理士などの7名である。利用者は若い方も多く，復職に向けての取り組みも活発である。
　口頭説明の際には，今後，Aさんが仕事を探していくにあたって，また，デイケアという集団のなかで過ごし活動していくにあたって，スタッフに知っておい

てもらいたいと思う部分を選んで伝えた．具体的な提案をするように心掛け，また，一方的に伝えるだけでなく，検査結果や筆者の意見に対するデイケアスタッフの感想を聞きながら伝えることも意識していた．

　まず，知的能力が全体的に平均以上であることを伝え，デイケアのプログラムでも普通に作業されていることを確認した．続いて人間関係について取り上げた．

　　　　筆者：普段は明るく振る舞っているけれど，内面ではうつ気分や不安，孤独感などが強いようです．人への緊張感・怖さもとても強くて，人に関わるときにとても負担を感じやすいと思います．デイケアに来られたときは，どんな様子でしたか？

　　　　デイケアスタッフ：プログラムには楽しそうに参加してました．でも，プログラム以外は一人でいることが多かったですね．部屋の外に出ていることも多かったです．

　　　　筆者：人が多い所は苦手で，一人でいる方が気楽なのかもしれないですね．でも，人を求めているところもあって，自分の拠り所になる居場所も求めているようです．人のなかにいるときの怖さや緊張感はとても強いと思うけれど，デイケアで少しずつでも人のなかで安心していられる体験を積み重ねて，デイケアが一つの拠り所になっていくといいなと思います．

　　　　デイケアスタッフ：そうですね．でも，人への緊張感や怖さがそんなに強いんですね……．

　　　　筆者：そうですね……．それと，自分の思いをあまり人に表現しようとしなくて，自分でもネガティブな思いは意識しないようにしようとするところがあるので，自分でも気づかないうちに内面にいろんな思いが溜まりやすそうです．あまり溜まりすぎると，希死念慮に繋がる可能性もあると思います．検査結果をお伝えしたときに，今後の目標として「話せる人を見つけて，自分の気持ちや考えていることを話していく」といったことを挙げられたんですが，最初は難しいと思うので，最初はスタッフさんから声を掛けて，Ａさんの気持ちを聞いていただくところから始めて，だんだん自分からスタッフさんに声を掛けて話ができるようになるといいんじゃないかなと思います．今までは，自分の気持ちを言葉で伝えられなくて，リストカットなどの行動で表現されてきたところがあるけれど，それを言葉で伝えられるようになるといいなと思います．

　　　　デイケアスタッフ：自分の気持ちを言葉にしにくいんですね．リストカットとか

ではなくて，言葉で言えたら．
> 筆者：そうですね．それと，人にわかってもらいたい反面，自分のことを知られることに抵抗感もいくらかあるようですし，「人に甘えたい，頼りたい」という思いもありながら，そういう気持ちを抑えて「人に甘えてはいけない」と考える傾向もあるようです．
> デイケアスタッフ：「頼る」という点では，Aさんのお話を聞いていると，「この人は頼れる人」と思うとその方をとても頼りにして，その方がしんどく感じて距離を取られてしまうことが今までにあったみたいです．

筆者は初めて聞く話だった．けっこう自分の内面を話されているのだなと，意外に思った．

> 筆者：そうなんですね．頼れないのではなくて，うまく頼っていけないのかな．頼り方を，「このことはこの人に相談する」とか，分散できるといいですね．
> デイケアスタッフ：そうですね．分散ですね．
> 筆者：それと，現実的でない高い目標を考えてしまう傾向があって，自分ではそんなつもりはないけれど頑張りすぎてしまうところもあるようなので，「今考えている目標が現実的なものなのか」とか「一気に達成しようと考えず，まず何からしていけばいいのか段階を踏んで考える」「頑張りすぎていないか」というようなことを，一緒に考えていっていただけるといいなと思います．
> デイケアスタッフ：はい．

Ⅷ　その後の経過

何度か外泊され，退院できそうだというAさん自身の感触や主治医の判断により，フィードバック面接の約1週間後に退院された．その後は，週1，2日の頻度でデイケア通所を開始された．通所開始後，検査結果の報告をしたスタッフにAさんの様子を尋ねると，通所開始当初は緊張した表情をされていたが，少しずつ慣れてこられたようだった．また，検査結果の報告時に聞いたアドバイスを意識して実践されていると教えていただいた．それは，「何かするときには，人の意見も聞いて参考にするようにしている」とのことだった．しかし，来所予定の日に連絡なしに来所されないことが続いたので，スタッフからその理由について確認し，Aさんと話すなかで，Aさんのデイケアでの戸惑いやプライベートでの悩み

など，Aさんの思いが明らかになっていった。デイケアスタッフとの間で，「気持ちを一人で抱えず，スタッフに話す」という目標を立てたとのことだった。

その後は，デイケアスタッフとのやりとりを通して，デイケアのことやプライベートのことなど，自分の思いを自分からもスタッフに相談されるようになった。しかし，デイケア通所開始後にもリストカットをされることがあり，そのような行動化をせずに思いを言葉で表現し対処していけるようになるまでの経緯は簡単ではなく，スタッフは関わり方について試行錯誤しながらAさんの気持ちを受け止め，対応していた。Aさんは再就職を考えておられたが，やはり現実的でない高い目標を考えがちだったので，スタッフとの話し合いのなかで現実的な目標にしていく作業にも取り組んでいかれた。Aさんはスタッフと相談しながら自分で積極的に仕事を探し，週5日の販売系のアルバイトを始め，デイケアに来る頻度は月に2，3回に減ったが，来所時にはスタッフと話をし，デイケアが支えになっているようだった。

IX 考察

1 Aさんについて

20代の受検者は，学校というある程度守られた，限られた環境から広い社会に出て，「自分は今後社会のなかでどう生きていくのか」「その自分を支えるものは何か」といったことに直面し，行き詰まり感を感じていたり戸惑っておられることが多いと感じる。Aさんも同様である。自分なりに頑張って仕事をし，やりがいも感じており，ストレスもそれほどなかったつもりなのに，自分でもどうしてかはわからないが不安や希死念慮が起こり，仕事を続けられなくなった。両親は不仲で家庭は安定していない感覚があり，友人や周囲の人ともうまくやっているつもりが，実際よりも「明るく優しい人」でいようとしているため気を遣って疲れやすく，いまいち心を許せる存在とはなっておらず，自分の支えとなるものが希薄な感覚であったと考えられる。

検査結果から，Aさんは自分の気持ちを人にあまり表現せず，自分で自分のネガティブな気持ちを意識しようとしない傾向もあるため，自分でも気づかないうちに内面にいろいろな感情が鬱積していき，希死念慮に繋がりやすいことが考えられた。そのため，可能な範囲で自分の気持ちを少しずつでも他者に話していくことで，理解者を得たり，対応すべき問題があれば一緒に対応法を考えてもらうといったことが必要であり，「一人で抱えない」ということが一つの大きなテーマ

だと考えられた。しかし，Aさんへのフィードバック面接において，筆者から「口で言うのは簡単だけれど，実際するとなると難しいと思う」とお伝えした通り，一度伝えただけで行動面の変化にまで繋げることは難しいと感じていた。

② デイケアスタッフとの協働

今回は，検査結果をAさんだけではなく，今後Aさんに引き続き関わっていくスタッフにも伝え，Aさんに思いを言語化してもらうことの重要性を感じてもらい，検査結果も参考にしながら関わりを続けてもらうことができた。それによって，一度のフィードバックだけではAさんに実感として理解し身につけていただきにくいことを，生活場面でさまざまな経験を積みながら実感し理解していただき，新たな対処法を身につけていくことに繋がったのではないかと考えている。

仕事に就けたことはAさんにとって大きな一歩であり，自信にも繋がったと思われ，筆者も嬉しく感じた。しかし就職したことで，Aさんはデイケアよりも多くの刺激に接することになり，より大きく揺れ動くであろう自分の感情に対処していく必要が出てくる。それをAさん一人で行っていくことにはまだ不安を感じたが，頻度は減っても定期的にデイケアに通所しておられたので，筆者も「Aさんにはスタッフの支えがある」と安心感を感じていた。

今回，デイケアスタッフとの検査結果についてのやりとりを通して，検査結果は「検査者が伝えるもの」というよりも，「他スタッフと，お互いに受検者についての理解を深め，今後のフォローの仕方を話し合うためのツール」という認識が強くなった。今後も心理検査結果をそのように利用すべく，取り組んでいきたいと考えている。

③ 一度きりのフィードバック面接

今回は，一度のフィードバック面接後に，受検者がフィードバック面接で目標として考えたことを，デイケアスタッフにフォローしてもらいながら実際に身につけていかれたという事例だったが，普段は一度のフィードバック面接だけで，その後の継続的な関わりがない受検者も多い。そのようなときには，受検者に役立つように一度で伝える難しさと限界を感じてきた。津川・篠竹も，心理検査実施後に心理カウンセリングなどで継続的に会う機会がない場合の，一度だけのフィードバック面接の難しさを指摘している。その理由として，継続的に会う機会があれば，一度のフィードバックで受検者が全部を理解できなくても，その後で話し合うことができるが，「1回のフィードバック面接は，そのなかで，治療全

体の流れを妨げず，かつ患者の今後に確実に役立ち，1回で患者が理解できる範囲のものを抽出して，それをわかりやすく伝え，短い時間で話し合う，という高等臨床能力が必要」[1]と述べている。

　今回の事例の考察を通して，津川・篠竹も「話し合う」と述べているように，他スタッフに対してと同様，受検者に対しても，検査結果は「話し合うためのツール」にするべきであると改めて感じた。それは，話し合う機会が一度であればなおさらである。「検査結果を伝えられる」だけでなく，「検査者と一緒に考える」という主体的関わりをしていただくことで，検査結果が受検者にとってより理解しやすく適切な役立つ情報になると考えられ，また，その後継続的な関わりがない場合にも，受検者自身で自分を振り返り考えるという習慣に繋がりやすいのではないかと考えられる。

　また，今まで心理検査結果を受検者にフィードバックし，受検者の感想をお聞きしてきた経験を通して，心理検査結果について受検者と話すことは，「受検者が今までの自分の生き方を改めて振り返り，今後の生き方を考える機会になる」と感じてきた。今後も，今まで受検者なりに取ってこられた精一杯の対応法を肯定しながらも，検査結果を基に話し合うなかで，受検者の行き詰まり感や戸惑いに対する新たな対応法・考え方を提案し，一緒に検討していければと考えている。

◆ 文献
[1] 津川律子・篠竹利和：シナリオで学ぶ医療現場の臨床心理検査．誠信書房，2010, p.210.

5章コメント

共に理解を深め治療に活かす心理アセスメント

髙橋 靖恵

I 医療機関における多職種との連携

　臨床心理士の実践活動現場の中で，医療機関の割合は多い。かつては精神神経科や心療内科が主であったが，現代では，小児科，内科，産婦人科など多岐にわたり，とりわけ診断や治療方針の一助として，心理検査の活用も期待されている。
　私は，初心の頃から医療機関での実践活動を継続してきており，現在も常にその心理アセスメントと心理療法をつなぐこと，本人や治療スタッフへのフィードバックに関心を持ち続けている。それゆえ，本章の事例が他職種との連携も含め，そのフィードバック方法を検討するものであり，大変興味深く拝読した。
　著者である宮部先生は，すでに中堅の域にいらっしゃるようで，現場でのスタッフとの協働や，患者へ大変細やかな配慮を心がける様子が感じられ，ここにまず，現場の臨床家としての基本姿勢を大切にされていることが見出される。本文の考察でも書かれているように，検査のフィードバックは，検査者と患者（受検者）が，共に考え話し合うツールである。さらには，フィードバック面接によって理解を深め，見立て（心理アセスメント）の完成度を高くする場面でもある。さて，それを実行するにはどのようにすべきであろうか，今回提供された臨床素材をもとに検討したい。
　まず本章の医療機関では，検査指示について，医師と相談の上，実施検査の選択がなされているとのこと，心理検査の担当者からの提案もあるようで，依頼者との交流が行われていることがわかる。文書で一方的な依頼が来る場合も多い中，そうした連携が，患者理解の第一歩といえる。依頼目的や内容をしっかり把握し，患者の状況に応じたテストバッテリーの工夫が大切なのである。「はじめに」に書かれていたように「こちらから提案・相談することもある」というのは，とても重要な作業である。所属機関での心理職の立場にもよるが，「患者のためのアセスメント」という立ち位置を念頭に置けば，治療方針を立てる際のテストバッテリーやその順序について検討するのは必須といえる。さらに，後半詳述することにな

るフィードバックの方法について，依頼者とともに検討され，どのように他職種のスタッフと共有していくかについても検査後に議論しやすくすることが重要であろう。宮部先生のように所属機関で経験年数の多い専門家が，しっかり流れを作っていくと，後進の指導においても「一つの伝統として」位置づけられ，発展につながる。

　冒頭に書かれている依頼者への検査結果報告は，本文に掲載されている様式を取る機関が多いであろう。可能であれば，必要に応じて追加の検査や，次にアセスメントする時期なども含めて，主治医と検討がなされることも期待したい。一方で，患者へのフィードバック方法については，所属機関や主治医の方針にも左右されるであろうが，「見立て（心理アセスメント）の結果によって異なる」というのが，私の見解である。私はここ数年，福岡市内にある「九州大学こころとそだちの相談室」主催による，こうした一連の流れに関する「事例で学ぶテストバッテリー」研修会講師を担当し，その結果のフィードバックまで1日かけて検討している。その研修会は，通常の研修会とは異なり，参加者全員が積極的に参加できる様式を取っており，その企画自体が非常に臨床実践的であると思っている。私はかつて，そのような体験をイントロに記しながら，心理アセスメントの実践から学び方まで幅広くまとめた [3]。そこにも，また研修会においても，フィードバックは心理アセスメント，心理検査において最も重要な事柄であり，その検討こそが，卒後教育における重要課題と主張してきている。その視点を重視して，所属先でも大学院生のみならず，多くの卒業生修了生らと実践的な研究会を行っている。

II｜事例Aさんに対する理解

1 心理検査導入まで

　さて，宮部先生が本章に寄せられた事例は，「これまでの臨床経験をもとに創作した事例」とのことであり，おそらくは先生ご自身の頭にある複数の体験がうまく絡み合ってまとめられたものと理解している。しかしながら，細かな部分においては検討が難しく，それゆえ私自身が，臨床実践で大切にしている観点を織り交ぜながらコメントさせていただくことをお許しいただきたい。

　心理臨床実践の現場で，事例の概要がわからないまま，いわゆるブラインドアナリシスをすることはまず希有である。通常は，初診時の受診内容や紹介状などから概要を把握し，依頼目的に従ってテストバッテリーを組む。そして検査のた

めの導入面接を行い，検査者の観察や面接内容から，当初立てたテストバッテリーについて，修正の必要や実施順序の検討を行う。

　Aさんは，両親の不和はあったものの，中学までは大過なく過ごしていたようである。高校入学後「周囲と合わず，合わせようと頑張っていたが，なかなかなじめず，学校の人間関係がストレスでリストカットするようになり，心療内科を受診」している。この発症の契機となった「周囲と合わず」というのは，どういったことであったのだろう。それが問題で「リストカット」をするようになっている。両親や教師への相談ができず，行動化していることが考えられる。その後は「希死念慮，大量服薬」のエピソードもある。クリニックでの治療効果であるのか，卒後就職ができている。しかし，その継続が難しくなっての入院であった。

　そうした来歴から，まずAさんが，両親とどのような関係を持っていたのか，両親のパーソナリティ特徴はどのような感じであるか。これは，病棟への見舞いや主治医との面談の様子から，その概要が把握できるため，私は病棟でのカンファレンスで必ずチェックするようにしている。また，クリニックの主治医との関係は良好であったのだろうか，その治療関係にも注目したい。それらが，「復職目的」を持って治療を受けているAさん自身が，環境とどのようにかかわっていくのか，その力や在り様についてのアセスメントにかかわってくる。Aさんの診断について，クリニックでは「うつ病」であるが，今回の医療機関では，活発な活動のエピソードから，「双極性障害」となっている。私も，Aさんの症状が，圧倒的な抑うつ感によって動けなくなり，引きこもるのではなく，リストカットや大量服薬といった希死念慮から，行動化が問題となる事例と考える。そうなるとパーソナリティの把握は，重要な観点である。

　事前説明を行った後，バウムテスト，ロールシャッハ・テスト，SCT，そしてWAIS-IIIと，4種の検査が1週間以内に実施された。Aさんの疲労度は高かったと予測できる。このスケジュール設定は，退院までの期間が切迫していたためであった。それでも実施状況での様子，特に検査者とのコミュニケーションスタイルには丁寧に検討したい。バウムテストでの感想や印象，ロールシャッハ・テストにおける，反応以外の発言やinquiryでの様子も注目に値する。

2 各検査結果からの理解

　私は，心理検査における実施順も重要と考えている。今回は，1日目にバウムテスト，ロールシャッハ・テスト，SCT，2日目にWAIS-IIIの順に検査者とのかかわりも深まっていく。ここでは，WAIS-IIIから結果をまとめられている。意識

に近いレヴェルから心の深い部分へ理解を進めるためと記載されており，結果のまとめ方の工夫であろう。その目的に従って，知的レヴェルの理解→パーソナリティの意識レヴェルに近いもの→同側面のより深いものという順で記述していくが，検査者とのかかわりの流れも，患者の対人関係理解に関与してくるため見逃さずにいたい。

WAIS-IIIから，数値上の結果は平均的なものであり，下位検査間にも，有意な差がみられていないという。しかし，それだけで終えてしまうのではなく，検査実施上，気になるところはなかっただろうか。例えば，Aさんが，宮部先生から，どのように評価されているか，次第に気になっていったと予測できる。教示への質問はなかったのだろうか。解答時間が早く，得意であったものと，正答が得られるまでに時間を要したものはなかっただろうか。また中止となった状況についてなど，検査者からみて，Aさんの特徴と理解できそうなところを，紙面の許す限り結果に反映させると，よりよいのではないかと思われる。

次にSCTであるが，これはきわめて重要な情報となる。それは，馬場[1]がいうところの「投映水準」が，深いものと浅いものでは，受検者の自我レヴェルや思考水準の出方が異なることに依拠する。このテストバッテリーでは，最も投映水準の浅いレヴェル，つまり意識レヴェルの現実検討能力を把握する上で，SCTが有効なものになるのである。ここで引用されている箇所が限られているため，読み取れる特徴は検査者の指摘以上は難しい。しかしながら，幼少期から両親の不和で家庭内が不安定であったというが，父に対して，母に対してはどのような感情を抱いていたのであろうか。また友人関係，女性としての自己や社会からみられている自己について，どのように回答されたのか興味深い。誤字脱字や言い回しの特徴などはなかったのであろうか。結果に示されている「ネガティブな感情を意識したくない」印象は重要であり，それが行動化につながるのであろう。

バウムテストは，受検者とともに眺め，味わう時間を持ちたい。それは，検査直後でもフィードバックの導入としても可能である。PDIで語られたことをもとにしながら，検査者自身もイメージを膨らませる。上部に浮かんでいるような木であり，尖った枝も特徴的であるとのこと，やはり行動化と衝動性のコントロールが課題になるであろうし，その背景にある漠然とした不安感がどこから来るのか，理解を深め治療に活かしたい。

最後のロールシャッハ・テストについては，20歳代の年齢で平均的な知的能力のある患者にしては，総反応数が少なく，抑制的である。私自身は，ロールシャッハ・テストのスーパーヴィジョンや，研修会でのコメントをする際には，量的分

析だけではなく，全体の反応の流れがわかる資料を求めている。とりわけカードⅠで理解される事柄は，全体の仮説にもなるため反応以外の発言も含め重視している。継起分析は，量的分析と内容分析とともにロールシャッハ法の分析の大きな柱となる。各カード内の反応変化と，10枚のカードによる変化の流れを共に追いながら，患者の世界とのかかわり方，強い刺激に対して，どのように自我が防衛し，統制できていくのか，あるいは脆弱性が現れるのかをみていく。反応生成に伴うさまざまな発言や感情の動き，そして検査者とのコミュニケーションにも着目しながら継起分析をした後，再度バウムテストやSCTに立ち戻り，本人の病態水準やパーソナリティを見立てていく。心理アセスメントのスーパーヴィジョンにおいても，そうした流れを重視しているし，同時に検査者の見立てや理解の流れを尊重しながら，コメントをしていく。

　今回は公刊という制限のもとで，可能な範囲で想定事例の反応を示していただいた。表5-2によれば，5″で，いきなり「こうもり」とだけ言葉を発し，そこに躊躇や不安は感じられない。第2反応も「鬼の顔」と，淡々と反応している。しかし，inquiryにおいては，こうもりのF的な説明後，鬼の顔では，「怖い鬼の顔」と修飾され，感情が付与されている。目がつり上がって怖い顔であるが，「お面」にすることで，防衛している。これらの「怖さ」や「お面」は，私が活用している名古屋大学式技法[2]の感情カテゴリーでは，いずれも不安感情の反映と理解できる。

　さらに，ロールシャッハ・テストの概要から，怖いカードといった後で，それを否定する様子から，カード内での両価的な感情が見出される。無彩色反応が多かったとのことであるが，MやFCも含め，その内容や形態水準はどうであったのだろうか。人間反応も多く，人間運動反応も動物よりも多い結果となっており，対人関係への過敏さや関心の深さが示されている。そしてそれらの反応に対する形態水準は高くないことから，所見に書かれている「対人緊張感の強さ」がうかがえる。それに加えて，反応が恣意的（arbitrary）に意味づけられており，本文でまとめられているようにパーソナリティ障害の可能性が高いといえる。しかし，それをもう一歩深めて，カードごとの反応やその質，恣意的な説明や情緒の現れ方，明細化を含めたinquiryの様子，テスターとのコミュニケーションの様相，さらには思考の逸脱の程度などから，多面的に理解していきたい。その結果パーソナリティ障害においても，行動化の激しい境界性パーソナリティ障害であるか，自己愛の問題が中心になっているのか，対人緊張の背景に迫害的不安や被虐的傾向があるかについて，詳細に理解することが可能になる。後半のフィードバック

内容から「目標を空想的なほど高く設定してしまう」とあり，自己愛的な問題も垣間見られる。それらはおそらくこの後も，治療関係や職場での関係に影響を及ぼしていくであろうし，それも含めて治療で考えることができれば，Aさんが，今後「より生活しやすくなる」と考えられる。

こうして理解すると，対人関係の問題をパーソナリティの問題として抱えているAさんに対するフィードバックには，その場面にも，Aさんの問題が反映されると考えられ，どのように行うべきか慎重かつ丁寧な判断が求められる。

III｜理解を深め，見立てに活かすフィードバック

宮部先生から頂いたフィードバックの様子はとても明快かつ丁寧に記載されており，こうした姿勢が，心理臨床実践現場で勤める専門家にとって大変参考になる。心から敬意を表したい。

主治医の指示によって検査者がフィードバック担当になり，すぐに本人に渡す報告書が用意されるが，ここは慎重でありたい。フィードバック面接と考えたときに，すべての場合に報告書を用意すべきとは考えにくい。もしも当該機関での方針ということであれば，必要最低限の事柄をメモのようにして渡し，面接では，Aさんの反応をみながら，丁寧に話し合っていきたい。この面接は相互的なものでありたいし，Aさんの場合は，対人緊張が強く，相手からどう思われているかがとても気になるのも問題である。そのテーマである場合は，私は上記のような手段を取る。一方で，現代において大きな問題でもある発達障害を抱えた患者に対して，情緒的な問題よりも知的な問題やコミュニケーション障害が大きい場合は，報告書を渡して，そこでのコミュニケーションから，心理教育的な治療の一歩が始まる場合も考えられる。

ここでは，Aさんに報告書を丁寧に読み上げ，一段落ごとに質問や感想を受けている。この姿勢はとても重要である。知的能力についてのくだりで，「自分では苦手だと思っていたことが得意だったりして意外でした」と語る。そこで検査者が，「自信を持って頂けたら……」と返しているが，ここはもう少し，「どのようなところが苦手と思っていたのでしょうか」と，結果にとどまらず，本人理解を広げていってはどうだろうか。検査はあくまでも一側面の理解である。「苦手」か，「得意」かで，判断するだけではなく，「本人にとっての苦手意識はどこから来ているか」について，理解を進めることができるだろう。私が，フィードバック面接が「相互的」と考えるのは，この流れから，心理検査だけからではない「見立

て」が完成していくと考えるからである。

　次の〈内面の不安定さ〉については，Aさん自身の問題の中核部分であろう。検査者はより丁寧にかかわる姿勢を持っている。しかし，このやりとりの中で，一点だけ食い違いがみられた。それは，Aさんは，「スタッフさんにどう頼っていったらいいかわからないなと思った」と語っているのに対して，検査者は「そのことをデイケアのスタッフさんとも相談していってもらえたら」と返している。「どう頼ってよいか（伝えてよいか）わからない」というわけなので，どういった不安があって頼れないかについて，理解を深めないと，「そのこと」を相談するのは，難しいのではないだろうか。こうした不安について，丁寧に聴いていくことがより重要と思われる。

　加えて重要な〈人間関係の持ち方〉については，このフィードバック場面そのものが「対人関係場面」ということである。そのように考えながら面接を進めると，宮部先生のいうように，人に頼れないというAさんの語りに対して，「もう少しお話を聞けばよかったと思う」気持ちが現われる。むしろ，この場面でも検査者に頼ることが難しいAさんがいるのだろう。警戒心の話題にも，どういう場面で感じるかなどを語ってもらいながら，検査者も共に想像して，その辛さについて理解を深められるとよりフィードバックの質があがるように思われる。

IV｜他職種との連携における心理アセスメントの活用

　われわれ臨床心理士（心理職）は，医療機関において，ひとりで患者の治療行為をすることはできない。他職種とのよりよい協働が，治療において最も重視すべきところである。宮部先生のデイケアスタッフとの結果共有のあり様は，日頃よりそうした意識を非常に高く持っておられ，その経験の積み重ねと努力が理解できる。そのやりとりにおいて，若手のスタッフにわかりやすく説明をされている様子が伝わってくる。したがってそこでも，他職種とのコミュニケーションによって，患者を巡る互いの理解を深めていくフィードバックの場としたい。

　上記の結果から，デイケアスタッフに検査者がAさんに対する理解を伝えるのは，現場での他職種間の協働という大切な目標と共に，Aさんが苦手で伝えられないことの手伝いという側面もある。したがって，〈人間関係のもち方について〉にある「自分の思いを話してみる」という助言とどうつながるのか，一考したいところである。つまりAさんとのフィードバック面接を終えて，最後にAさん自身が理解したことを自らデイケアスタッフに伝えたい気持ちになったかどうか尋

ねてみたい。それでも，検査者にそれを委ねたいと言われた場合は，どこまでどう伝えるかを話し合うのも治療的であるように思われる。

また，デイケアスタッフは，個人対個人のかかわりではなく，集団に対する支援でもある。特定のスタッフがかかりきりになることは難しい。そういった場合には，集団での適応について焦点を絞ってフィードバックしていくことが大切になろう。ここでも，デイケアスタッフに対して，一方的な伝達にならず，双方の情報共有と検討を心がけておられる。その話し合いによって得られた情報もまた，見立ての完成に大いに役立つ。受検者とのフィードバック面接で語られたことについては，検査者だけに話したい内容も含まれる可能性があり，だれにどこまで情報を提供するかについてさらに慎重になるであろう。個別状況に応じた連携と協働が求められる。

こうして検討を進めてくると，考察で書かれている，検査者と患者（受検者）が，共に考え理解し合うツールとしてのフィードバックのあり様が明確になってくる。同時に他職種のスタッフとも，情報の共有と共に，互いの理解を深め，患者の治療に適切に活かす目的にもつながる。ややもすると心理面接に比べて心理検査は，検査者から患者（受検者）へという視点が持たれやすい。今回，宮部先生は，上記の視点を大切にされていたことから，どのように話し合い，理解をすべきかについて，私なりにコメントをさせていただいた。読者の皆さんも含め，今後の参考になれば幸いである。

最後に宮部先生の臨床実践や患者に対する真摯な姿勢と，さらに臨床力を挙げていく意志の強さを感じ，今後のご発展を祈念してやまない。

◆ 文献

[1] 馬場禮子：投映法における投映水準と現実行動との対応：ロールシャッハ・テスト（馬場禮子著）心理検査と心理療法．日本評論社，pp.122-140, 1997.
[2] 名古屋ロールシャッハ研究会編：ロールシャッハ法解説：名古屋大学式技法 ［2011年改定版］，2011.
[3] 髙橋靖恵編：「臨床のこころ」を学ぶ心理アセスメントの実際：クライエント理解と支援のために．金子書房，2014.

第6章

職場での不適応を悩み，自分は「アスペルガー症候群」ではないかと疑った30代女性の事例
心療内科診療所における臨床実践から

検査▶バウムテスト，風景構成法，自閉症スペクトラム質問紙（AQテスト），WAIS-III

森崎 志麻

I｜はじめに

　筆者は，大学院在籍中より，福祉や教育，医療現場で臨床活動を行ってきた。現在，臨床心理士の資格を取得してから6年目であり，心療内科，児童養護施設，一般の方を対象にした大学院付属の相談機関にそれぞれ非常勤職員として勤務している。

　今回，提示するのは勤務して5年目になる心療内科診療所で臨床心理査定および心理療法を行った事例である。当診療所は，都市郊外にある地域医療を標榜した診療所であり，児童・思春期から高齢の患者まで近隣地域の患者が多く通院している。医師2名，看護師2名，精神保健福祉士3名が常勤で勤務している他，カウンセリングにも重点をおいており，週のうち5日は臨床心理士が各1名勤務しており，筆者はそのうちの1日を担当している。看護師や精神保健福祉士も丁寧に患者の話を聴き，患者の心理的ケアならびに地域の他機関と連携しながら患者の日常生活の支援につなげている。

　臨床心理査定は，主治医の依頼を受けて行う。主治医から心理検査種目を指定される場合もあれば，特に指定がなく臨床心理士に一任される場合もある。初診から日が経っていない早い段階で，今後の治療方針を決めるにあたってのアセスメント目的の場合や，うつなどの診断で薬物療法を行うも経過が芳しくなく，改めてアセスメントを行う必要が出てきた場合，心理療法への導入としてアセスメントを行う場合などがある。その他，患者側から自分は発達障害ではないかといった形でアセスメントを求める場合も少なくない。

　検査を行うまでの流れは，精神保健福祉士が心理検査のコーディネーターとなり，主治医からの依頼をまとめて，各心理士に割り振る作業を担当している。各

心理士は，検査日までに主治医から直接話を聞く時間がない場合には，カルテを見ながら初診からこれまでの経緯を確認したり，コーディネーターの精神保健福祉士から検査目的を確認したりしておくようにしている。また，各患者にはインテーク時から精神保健福祉士が一人担当としてついているので，インテーク時以降の面接を担当した精神保健福祉士から患者の所感を聞く場合もある。

　よく実施する心理検査は，WAIS-III成人知能検査（WAIS-III），WISC-IV知能検査（WISC-IV）などの知能検査や，ロールシャッハ・テスト，バウムテスト，風景構成法，文章完成テスト，P-Fスタディなどの投映法，その他，質問紙法などである。検査を実施する場所は，心理療法を行っているカウンセリング室である。

　検査結果は，所見としてカルテに挟み，主治医には必ず口頭でも報告している。その際に担当の精神保健福祉士にも同席してもらう場合がある。患者へのフィードバックについては，基本的には診察の際に主治医から行うが，検査者から詳しく検査結果を聞きたいという希望が患者からあった場合や，主治医と話し合って，検査した心理士からフィードバックした方がよいだろうと判断した場合には，心理士から患者にフィードバックを行っている。フィードバックを心理士が行う場合には，検査結果を伝えるだけでなく，それを聞いて患者がどのように感じたかについて十分に時間をとって丁寧に扱い，患者の自己理解が今後の治療や日常生活に役立つものになるよう心掛けている。

　フィードバックの方法については，知能検査など検査結果の数値が一人歩きしたり，患者が，自身の見方を固定してしまったりする危険性を考えて，原則として書面は渡さずに口頭で行っている。患者からの質問に十分に答えられるよう時間を取り，後から不明な点が出てきた際にはいつでも改めて心理士との面接を設定して話をすることが可能であることを伝えている。もちろん，書面での検査結果を希望される場合や，口頭だけでは理解してもらうことが難しいと思われる場合には，個々の患者に合わせて書面を作成している。

　今回は，心理療法の導入時にアセスメントを行い，その後しばらく心理療法を行ってきたなかで，再びクライエントより心理検査の希望が出てきた事例を紹介したい。

Ⅱ 検査の依頼と事例の概要

1 検査の依頼

　クライエントはAさん，30代の女性。主治医（60代，男性）からの心理検査依頼が，コーディネーターの精神保健福祉士（50代，女性）より，口頭で筆者に伝えられた。カルテを一緒に見ながらAさんの現症歴と検査目的について確認した。「Aさんは，薬物療法については，行動療法を行っていたときに出されていた抗うつ剤をやめるときの不安感や薬の離脱症状が強かったことから希望しておらず，心理的な課題も考えられるので，描画法などの心理検査を行ってみて，カウンセリングが可能であれば導入してほしい」との主治医からの依頼であった。その後，検査前に主治医からも同様の話を直接聞くことができた。

2 事例の概要

　初診時に精神保健福祉士が聞き取った家族情報ないし現症歴，その後の医師による診察で得た情報を以下にまとめる。
〈家族構成〉Aさん，父，母，弟の4人家族。
〈現症歴〉小学校に入る前後から，不安になると同じ行動を繰り返すということがあり，高校時には手洗いや確認などの強迫症状，数字を数えるなどの行為があった。大学卒業後，働いていたが，強迫症状が悪化し，しびれなどの身体症状も呈するようになった。自分自身で対処するには限界を感じ，インターネットで自分の症状について調べ，強迫性障害ではないかと思い，20代後半である病院を受診し，行動療法を受けた。その結果，強迫症状は大分よくなり，日常生活には少し支障をきたすもののなんとかやり過ごし，数を数えたり確認したりする程度になった。今回は，転職しようと前職を退職したものの，仕事がなかなか決まらないなかで息苦しさがあったり，涙が出たり，何事にも自分を責めてしまったりと不安定になってきたため当診療所を受診された。初診後まもなく，事務職の仕事が決まったが，今度は仕事に対する不安が出てきて，ミスが恐く，職場でも泣いてしまうのではないかと思ってしまうとのことだった。

3 この時点で筆者が考えていたことと検査の選択

　仕事がなかなか決まらないなかで不安定になってAさんは来談したが，その後，仕事が決まると，今度は仕事に対する不安が出てきたということで，自己肯定感

が持ちづらいのだろうかということや，Aさんの不安は根本的にはどのようなところから来ているのだろうかといったことが筆者としては気になった。心理療法の導入という位置づけの臨床心理査定であったため，検査の種目は，アセスメントと同時にクライエントとの関係性を築く目的で，描画法（バウムテストと風景構成法）を選択した。検査の時間が1時間だったこともあり，その他の検査については必要に感じたら行うこととし，まずは描画を実施して，どういったことが不安なのか具体的なところを聴き取って心理療法につなげることを最優先とした。

III｜1回目の心理検査（バウムテスト・風景構成法）

1 検査の実施と心理療法への導入（初診から1カ月後）

　以下に検査実施の様子について記す。（以下，Aさんの言葉：「　」，筆者の言葉：〈　〉）

　Aさんは，やや緊張した面持ちながら，相手に合わせるような笑顔を見せた。服装は，カジュアルだがおしゃれに気遣っておられるような印象だった。筆者から〈今日はどんなふうに主治医から聞いてますか〉と尋ねると，主治医より詳しい説明があったわけではないが，「一度，心理検査をしてみましょうかと言われた」ということだった。〈なるべくリラックスして受けてもらえれば〉とバウムテスト，風景構成法の順番で描画テストを導入した。

　バウムテストでは，〈実のなる木を一本描いて下さい。絵の上手い下手をみるものではないので，思った通りに自由に描いて下さい〉と教示した。教示を終えると，少し間をおいて，まず幹を右端から一筆で描かれた。その後，樹冠をもくもくと描いた後にりんごの実を三つ描いた。絵を描くこと自体，描き慣れた様子で，描き終えるまで数分もかからなかった。描画後に木のイメージについてうかがうと，「一本ぽつんと立っている」。季節は，「秋から冬にかけて」とのことだった。

　風景構成法では，石を塗る際に，「黒を使うのが怖いんですけど」と言いながら，「思い切って使ってみます」と黒色で石を塗られたのが印象的であった。描画後に黒色について尋ねると，「最近やっと着られるようになった色。それまでは気持ちが沈みそうで着られなかった」とのことだった。今回使ってみてどうだったか尋ねると，「使ってみるとそんなに怖くない」と話された。

　風景のイメージをうかがうと，「道は上り坂」になっていて，遠景は「もやもやしている」と話される。〈自分はどこにいると思いますか？〉と尋ねると，人が描かれたあたりを指し，「先行きがわからなくて橋を渡れない」とのことだった。犬

を3匹描かれたことについては，「3にこだわっていた時期があって，それが出た」。石についても，「本当はもっとごつごつしているけど，丸く描いてしまった。とんがったものが描けなかった」と，自らの強迫症状が描画に表れたことを説明された。一方で，田んぼと山は空白のまま彩色されていないことが筆者は気になり，そのことについて〈田んぼと山は色を塗らなかったんですね〉と触れると，そこには注意が払われていなかったようで，「意識してなかった」と話された。

　検査の最後に，バウムテストと風景構成法の両方を通して，描いてみてどうだったか尋ねると，「今の気持ちが出ている」と話された。その後に，主訴についてうかがうと，職場で相手に言われたことが大したことではないとわかっていても気になるという話をされる。筆者より，〈職場のことなど，カウンセリングで一緒に考えていくのはどうでしょうか〉と心理療法を導入した。心理療法については，事前に主治医から説明があったわけではなかったが，Aさんはもともと薬物療法を希望されていなかったこともあり，やってみたいということで了承された。心理療法は，1回50分，頻度は隔週で始めることとなった。

② 描画からのクライエント理解

　ここで，描画と面接の様子から，筆者がまとめたAさんの臨床像について記したい。

　バウムテスト（図6-1）からは，樹冠がしっかり閉じられており，きれいにまとめられた印象を受けた。相手に合わせる笑顔にも表れているように，対外的にはしっかりと見せようとされるAさんの在り様がうかがえた。しかし，内的には，「もやもやしている」と表現された風景構成法（図6-2）の遠景にあるように，感情のコントロールが難しく混乱した状態にあるのではないかと思われた。それはクレヨンの激しい筆致からも想像された。逆に言えば，すべてきっちりと塗りこまなければといった強迫的な特徴は見られな

図6-1　バウムテスト

図6-2　風景構成法

かった。また，川の近景側と遠景側で風景の印象が随分異なっており，川を境に領域を二つに分離しているような印象を受けた。分離することで近景側を安心できる場として確保している一方で，不安や混乱は遠景側に追いやって切り離しているようにも感じられた。ただ，そのような状態を描画で表現し，その後に言語化もしておられるので，心理療法の場で内省・意識化していく力を持っているように思われた。色や数字に対するこだわりから，強迫心性を持っておられることはわかるが，それを筆者に伝え，向き合って克服していこうとされているようであった。強迫症状については，日常生活は送れるほどのものであり，儀式的な行為に執着しているというよりは，むしろ背景にある不安の方がAさんの問題の中核としてあるのではないかと思われた。山と田が彩色されず，意識もしておられなかった点については，石の形や色，動物の数などにこだわるあまり，対照的に注意の空白が生じたような印象を受けた。

　以上のことから，心理療法においては，具体的な対人関係の場における不安などについて，安心して十分に語る場があれば，自身の感情を内省し整理していかれるのではないかと思われた。また，描画などの表現療法にも親和性が高いと思われたので，面接の経過を見ながら，要所にて実施できればと考えた。心理療法の大きなテーマとしては，Aさんの不安が根本的にはどこから来ているのかということを心に留めながらお会いしていきたいと感じていた。

③ 主治医への検査の報告

　主治医に上記の検査結果を説明し，心理療法への導入についてもAさんとの間で同意が得られた旨を伝えた。この時点で，主治医がつけた診断名は「不安障害」であった。描画の彩色のされ方などから典型的な強迫性障害とは少し違う印象を受けるということが筆者と主治医との間で共有されたこともあり，また，強迫症状が前面に出ているわけではないことから，より大きな枠組みで不安障害としたのではないかと思われた。

　治療構造としては，Aさんの希望もあり，薬物療法はせず，心理療法の後に毎回，主治医による診察を受ける流れとした。心理療法で話された内容については，簡単にカルテに記載し，主治医はそれを確認して心理療法の経過を把握するという形で進めることとした。

IV｜知能検査実施に至るまでの心理療法の経過

　ここでは，心理療法の経過を簡潔にまとめながら，クライエント側から再び心理検査の要望が出てくるまでを記したい（括弧内の数字は面接回数）。

① 対人関係について語られる（1～34回）

　最初は仕事の話をされ，職場で上司等から言われたことをまとめてチェックリストを作るが，後から新しいことを言われると対応に困ると話され，自分はアスペルガー症候群ではないかと心配されることがあった。その後，仕事の作業自体に慣れてくると，自分に障害があるのではないかといった話は出てこなくなり，対人関係の悩みが話の中心となっていった。

　Aさんは，周りの感情に非常に敏感となっており，「周りの機嫌が悪いと自分が悪いんじゃないかと結びつけてしまう」と話された。相手に合わせるために，自分の気持ちが抑えられていることについて，筆者より〈相手を思いやる気持ちと，自分の気持ちと，一方が優先されるともう一方がなくなるというわけではなく，両方あってもいいのでは？〉と投げかけると，「そうか，自分の気持ちは自分の気持ちで持っていていいんですね。大発見です」と話され，Aさんの心のなかで相手の感情と自分の感情は別だという区別ができるようになってきたようだった。それと同時に，「前は自分のできないところばかりに目が向いていた」が，「自分のいいところに目を向けていけたらなと思う」と語られ，周り本位だったのが，自分の可能性や素質など，自分のなかのものに心が向くようになってきた様子だった。

そのように，自らの心に目が向くようになると，「自分の素が出せず，一人ぼっちな感じがしてくる」と話され，以前は抑えられていた自分の気持ちが表出されるようになってきて，「本当は自分で考えてやりたい。本当は（他者に自分の気持ちを）話したい。聞いてもらいたい」と生き生きとした表情で話され，筆者の前ではAさんの素の姿が少し出てきたように感じられた。この頃になると，少しずつ素の自分の感情というものが意識されてきて，それを他者の前でなかなか出すことができない寂しさや孤独感が意識され，どうしたら出せるのか，といった悩みに変化していったように思われる。

2 強迫症状の話が出る：2回目の風景構成法実施（35〜39回）
　その後，自分の気持ちが素直に言えないというなかで，自分が相手にしたことや言ったことによって，相手に何か悪いことが起こるんじゃないかという強迫的思考が頭をめぐり，それを打ち消すために，ある言葉を言ったり，ある作業を確認したりする回数にこだわってしまうといった話をされるようになった。対人関係をめぐる感情が少し整理されてきたことで，そのままになっていた強迫症状のことが話題に上がってきたようであった。
　この頃，Aさんの希望もあって，風景構成法を行った（35回）（図6-3）。描画時のAさんの様子は，描きながら，例えば「緑色が好きだけど，（緑色を使っているときに）悪いことを思いついて結びついてしまうのが嫌で描けなかった。でも

図6-3　風景構成法

今日は描いてみる」「好きな色と黒が混ざるのができなかった。ポジティブなものとネガティブなものが混ざるのがダメで，頭のなかで結びついてしまうからこそ，別々にしておきたい」と実況中継のように思っていることを言葉にしながら描いていた。この言葉を聞いて，最初の風景構成法で二つの世界に分かれたような描かれ方がされていたのが，否定的な思考に浸食されてしまいそうなのを川で区切って分離することで，一定の安定を保とうとされていたのだと筆者には納得できた。一方で，分離することで，否定的な思考は不安をもたらすものとして存在感を持ったまま，Ａさんのなかでどのように統合していくかというテーマがあったのだと思われた。また，「（強迫症状について）変なんだろうなとわかるので今まで言えなかった。今は（筆者に対して）言えているので楽に描ける」とも話され，筆者はＡさんが描く様子を見守りながら，強迫的な思考を抑えて，本来Ａさんが描きたいものを描きたい色で自由に表現しようとしている勢いと決意のようなものを感じた。

　次の回で，最初に描いた風景構成法と前回の風景構成法を見比べて，変化してきた点について話す時間を持った。筆者より〈最初のときは二つの世界に分けているけど，今回は混ざっているような印象。川を境に二分されているのは同じだけど，雰囲気は違いますね〉と投げかけると，「そうですね。不安な方も自分の好きな色を使っている。確かに混ざっている感じ……」と話され，変化した部分について共有することができた。川の前で佇む人について，〈この人は橋で（反対側に）渡りますか？〉と尋ねると，「そうは思っていなかった。がしがしと川のなかを浮き輪つけて歩いて渡るのかなー。渡り方はまだわからない」と話された。その言葉を聞いて，ダイナミックに川を渡るＡさんの姿が筆者のなかで思い描かれ，描画のイメージを通して，Ａさんのなかにもともとあったエネルギーが生き生きと動いているように感じた。

　Ａさんの強迫行為は，色や数に結びついており，何か不安なことが思い浮かんだときに，それを打ち消すために数字にこだわった行為が行われていた。また，色はＡさんにとってさまざまな感情を呼び起こす刺激であり，感情と容易に結びついてしまうものでもあった。こうした意味で，風景構成法は色や数にアプローチするのに合った手法だったと思われる。今までほとんど人に話せていなかった強迫の話をすると同時に，「不安な気持ちを話しながら描けたっていうのが大きい」「この前，使いたい色を使いたいように塗れてすごくうれしかった」と話された。このように，筆者からみて，Ａさんは，不安な気持ちを話しながら実際に絵を描くという行為を通して，不安を筆者との間で抱えることが少しずつできるよ

うになったのではないかと思われた。そして本来，表現することが好きなAさんの創造性が動き出したような印象を受けた。

3 アスペルガー症候群ではないかという疑いが再燃する（40〜47回）

そのようななかで，Aさんは日程を勘違いして無断でキャンセルされたことがあった。そのことについて，筆者が話題にすると，「自分でぐーっと考えだすと他のことが抜けてしまう。アスペルガーの本を読んであてはまると思いこんだり，友人とのやりとりで嫌われたんじゃないかと思って，その後ずーっと気になっていた」というように，対人関係において相手の気を悪くしてしまったのではないかと考え出すと，他のことに気が回らなくなってしまうほどであることが語られた。

その後，少しずつではあるが，相手の気持ちに左右されても，そうなっている自分を客観的に見られるようにもなってきたようだった。また，Aさんは，自分のための時間をつくって，胸に手をあてて自分に声をかけてあげるということをするようになった。それはAさんにとって，「子どもを抱いている感じ。自分でこうしてもらいたかったんかな」というように，子どもを育てるように，自分自身を抱えて認めてあげようとしているようだった。

こうしたAさんの内的な動きが語られるのと時期を同じくして，現実面でAさんは，子どもにかかわる仕事を新しく見つけて働き始めた。子どもとかかわれることが「しあわせ」であり，子どもたちを眺めながら，「小さい頃，自分はアピールが下手だったので，怖いとか抑えて言えなかった。似たような子に目がいく」といい，「してもらえなかったことをしてあげたいというか。私，抱きしめてほしかったんかな」と話された。Aさんは両親に抱きしめてもらった経験はたくさんあると言うが，子どもたちを目の前にして，Aさんの子どもの部分が賦活され，周りの大人にうまく気持ちを出せず不安だった子どもの頃の自分を思い出し，小さい頃の自分を抱きしめるというイメージを通じて自らをケアしようとする心の動きにつながったのではないかと思われる。このように，内的な動きに合った仕事をうまく見つけてこられ，今のAさんが必要としている体験をされているところに，改めてAさんの力を感じながら筆者はAさんの語りを聴いていた。

ここまで，心理療法を開始してから2年半が経過していたが，新しい仕事を始めて，なかなか事務的な仕事に慣れないなかで，確認などの強迫行為の頻度が高くなり，当初語られていた自分には障害があるのではないかという訴えが再び出てくることとなった。メモしたこと以外に対応できなかったり，「全体が見えてない。いろんな人から言われたことをそのまま鵜呑みにしてしまう」と話されたり

する一方,「一つ（アスペルガー症候群と）違うのは，空気は読みすぎる」とも言われ，自らの問題をアスペルガー症候群と重ねて，揺れているようだった。筆者は，〈複合的かもしれない。何らかの能力のばらつきはあるかもしれないし，強迫行動に気を取られているのもあるかもしれない。全体が見えないというのは，対人面の緊張で，個々の人から言われたのをすべて受け容れてしまっているのかもしれない〉といくつかの可能性について述べた。すると，「自分だけではパニックでわからなくなっているので，サポートとして検査とかあれば受けたい」と話され，心理検査を希望された。

　筆者としては，Aさんと話していて，社会性やコミュニケーション，想像力の障害といった自閉症スペクトラムの特徴として言われているようなものは感じなかった。ただ，職場での苦慮感についてうかがっていると，強迫行為にエネルギーを割かれてしまって仕事に注意と集中が向けられないというだけでなく，多少なりとも能力的なばらつきがある可能性も否定はできないと思われた。今回はAさん自身が検査を希望されており，得意な面と苦手な面を知ることでAさんが仕事に向き合う上でプラスになるのであれば，検査をする価値はあると判断した。

V｜知能検査等の実施とその結果

1 実施方法の検討

　検査については，仕事を行う上での能力的な面や注意の傾向について知りたいということだったので，知能検査（WAIS-III）と自閉症スペクトラム質問紙（AQテスト）を実施することとした。また，ニュートラルな関係のなかで受けてもらった方がよいと思い，筆者とは別の心理士に検査を実施してもらうことにした。その上で，結果のフィードバックについては，どのように結果を捉えればよいかじっくり話し合う必要があると考え，筆者からカウンセリングのなかで行うこととした。このような考えを主治医に伝え，了承を得られたので，別の曜日に勤務している同僚の心理士（30代，男性）に経緯を伝えて，検査を担当してもらうことにした。Aさんには筆者との心理療法とは別の日に検査を受けに来てもらった。

2 検査結果

　検査の数日後に面接（48回）があり，検査を受けてみた感想を尋ねると，Aさんは「リラックスして受けられた」と言われた一方で，「細かなところに矛盾があるとすごく気になって全体が見えない」と話され，そこから，職場で指示された

ことをしようとしたら，もう少し時機をみて後でやるべきことだと指摘されたエピソードを思い出して語られた。筆者から〈人からの要求にすぐに応えないといけないというところでガチガチになってしまって，いつやるか，何のためにやるかといった全体的なところが見えづらいのかも〉と返すと，強く同意された。ただ，「前だともっと落ち込んでいたが，しょうがないと思おうというのも出てきた。自分を責めすぎるから，ちょっとほぐれた方がいいのかな」とも話され，検査結果が出る前だったが，すでにAさんのなかで自身の捉え方に変化が見られているように思われた。

　筆者は，検査の約2週間後，カルテにファイルされた検査結果の所見（表6-1）を確認した。アスペルガー症候群の傾向は低いという結果については筆者の予想していた通りであった。主治医ともこの検査結果を一緒に見る時間を取ったが，主治医としても検査結果を見て納得している様子で，診断名の変更もなかった。

　WAIS-IIIにおいて，知覚統合が相対的に低いという結果については，Aさんが感じている苦慮感を説明するものの一つとして，今回，検査で把握できたことは筆者としてよかったと感じた。それと同時に，検査のなかでAさんが検査者に対して語られていたエピソードからは，もともとの能力のばらつきだけではなく，やはり対人関係における緊張や強迫行為による作業の遅れなどが複合的に影響していると思われた。こうした可能性については，検査の前からAさんに伝えていたことであり，また，検査後の「自分を責めすぎるから，ちょっとほぐれた方がいいのかな」というAさんの語りからも，検査結果を受けとめて活かしていく素地はできているように思われた。

VI｜クライエントへの検査結果のフィードバック

　上記の所見を踏まえ，心理療法のなかで筆者が検査結果について口頭で説明することとした（49回）。

　　　筆者：全体的な能力は平均の範囲内にあります。ただ，得意なところと苦手な
　　　　　　ところはあって，言語的な理解や文脈の理解は得意という結果でした。
　　　　　　心配されていた耳からの情報の処理も低くはなくて平均的でした。
　　　Aさん：そうなんですね。（少し意外な様子だが，ほっとした様子）
　　　筆者：視覚的な情報の処理や，手の作業に落とし込むところは比較的苦手で時
　　　　　　間がかかっているようです。

表6-1 検査所見（別の心理士が作成したもの：一部省略）

1. **AQテスト**：29点［カットオフ・ポイント：33点（33点以上が自閉症スペクトラム）］
   （社会的スキル：3　注意の切り替え：9　細部への注意：7　コミュニケーション：6　想像力：4）

   「12．ほかの人は気がつかないような細かいことに，すぐ気付くことが多い」について詳細を尋ねると，他の人が気にも留めないような音がとても気になったりするというエピソードを話された。また，「16．それをすることができないとひどく混乱して（パニックになって）しまうほど，何かに興味を持つことがある」に関しては，何かに不安になったり，逆に興味を持ったりすると，夜寝る時間が遅くなってもとことんインターネットで調べてしまったりするというエピソードを挙げられたが，特定の対象があるというわけではないようだった。「19．数字に対するこだわりがある」では，6や9といった数字とイメージが結びついており，その時一緒に体験したイメージによって，数字に対しても特別な感情が湧き，その数字を使うのを避けたりするというエピソードを語られた。

2. **WAIS-III知能検査**

   検査時の様子：全般的に真剣に取り組んでいた。「絵画完成」の検査時，ある課題の正答が分からないと，その後の課題の時も正答が気になるようであり，全ての検査を終了した後にも，再び「あの答えが何だったのか」と聞いてこられた。「算数」の課題では，「長い文章はなかなか覚えられないんです」と，複数の問題でもう一度問題文を読み上げるように検査者に頼んだ。「行列推理」の検査開始時には，「こういうの，どれが入ってもいいんじゃないかとも思えてくるんです」と話されるが，問題の主旨は十分理解しており，正答を選んでいた。「絵画配列」の課題時には，「全体よりも細部にこだわってしまう。この問題でも，細部をみると，2枚目の方が1番目にくるんじゃないかと思ってしまって」と話され，普段でも全体の文脈が見えずに，自分が把握したところに反応して行動すると，後で思いもよらなかった文脈があったことに気づき落ち込むと話された。「やっている時は自分では一生懸命だし，気をつけているつもりでも気付かない」と日常の苦慮感について語られた。

   全検査IQ：89　　言語性IQ：96　　動作性IQ：83
   群指数：作動記憶96　≒　言語理解92　＞　処理速度81　≒　知覚統合79
   下位検査の評価点：
   　〈言語性〉単語10　類似9　算数8　数唱9　知識6　理解14　語音整列11
   　〈動作性〉絵画完成6　符号7　積木模様6　行列推理8　絵画配列11　記号探し6
   　　　　　組合せ12

   全検査IQは89と「平均の下」〜「平均」の水準であるが，言語性IQと動作性IQの間には有意な差があり，言語性の能力の方が相対的に高い。ただし，群指数間にもばらつきがあるため，慎重に解釈する必要がある。

   　　　　　　　　　　　　　　　　　　（中略）

表6-1 検査所見(別の心理士が作成したもの:一部省略)

プロフィール分析:

強い	弱い
○単語の理解 ○言語的推理 ○長い言語反応 ○推理 ○非言語的推理 ○常識 ○社会的理解	○抽象刺激の視知覚 ○モデルの再構成 ○視覚記憶

影響因:過度の具体的思考

3. 総合所見

　WAIS-IIIの結果からは,知覚統合と処理速度が相対的にやや低い値となった。部分的な情報を統合して全体を推測したりすることに関して苦手なところがあるようであり,これはAさんが話されたエピソードとも合致している。エピソードを聞くと,一度部分に着目すると,そこから離れ難さがあるように思われた。また,気になったものがあるととことん調べてしまうというエピソードや,問題の正答がいつまでも気になるという検査時の様子から,注意・意識の切り替えが難しいところがあるかもしれない。AQテストにおいても,これらの領域に関しては得点が高くなっている。
　能力のばらつきはあるが,AQテストの結果はカットオフ33点よりも低く,WAIS-IIIの「理解」の評価点が高いことも合わせると,自閉症スペクトラムの傾向は強いとは言えない。ただ,職場等での苦慮感を訴えたエピソードの背景には,WAIS-IIIの結果として現れた能力のばらつきが関与している可能性も考えられた。

Aさん:あー,そうですね,そうだと思います。
筆者:あとは,大切なところとそうじゃないところの取捨選択が比較的苦手というのはありそうです。細かいところが気になったり,注意の切り替えが難しかったりというのもありそうです。このあたりについては,強迫症状で少し全体が見えにくくなっていたり,エネルギーがそこに費やされたりしている面もあるかもしれません。
Aさん:そうですね,そうですね。(強く同意され,腑に落ちたような様子)
筆者:全体としてみると,得意なところと苦手なところのばらつきはありますが,Aさんが気にされていたアスペルガー症候群については,その傾向というのは低いかなと思います。
Aさん:そうなんですね。(少し安堵した様子)

筆者：全体を聞いてみて何か思われたことや，これはちょっと違うんじゃないかと思われたこととかないですか？
　　Aさん：平均と聞いて安心したところはあります。苦手なところも平均の範囲内ならもう少し自信を持ちたいです。自分の考えに全然自信が持てなかったけど，平均内ならそんなに人と大きくずれることはないだろうと思うので。

Ⅶ│その後の心理療法の経過（50回〜）

　その後の面接のなかでも，検査を受けて自分の能力や傾向について理解が深まったことについて，Aさんは「きっちりやるのは苦手。それも自分で認めてあげて，できるところを伸ばそうって思った」「前は人ができることを自分もできないといけないと思っていたけど，自分の得意なところを伸ばしたらいいやって思えるように少しなってきた」と語るなど，自身のことをより肯定的に捉えられるようになったようだった。また，「（新しい仕事に就いて）子どもにかかわるような仕事もあるんだと思えたのは大きい。今までオフィスで働いて仕事を素早く処理してこなしていくことが仕事だと狭く思っていたところがあった」というように，仕事に対しての考え方に柔軟さと広がりが見られてきた。その頃，職場での同僚とのやりとりのなかで，Aさんの言動を否定されたことがあったが，人格まで否定されているわけではないと気づくことがあったと語られた。「"No"（と言われること）が人格否定されているわけじゃないっていうのが体験でわかってきた」というように，今まで頭ではわかっていたけども心の底から実感できなかったことが，実際の対人関係のなかで体験できたようで，このことはAさんにとって大きな変化となったようだった。
　このように，面接の場での気づきや心の変化と呼応するように，現実の生活においてもそれを実感したり深めたりするような体験をされているのがとても興味深く感じられた。その後もAさんは，強迫症状を抱えつつではあるが，そのときそのときの自分の気持ちを大切にしながら，やりたい仕事を模索していかれている。

Ⅷ 事例を振り返って

1 Aさんが2年半後に改めて心理検査を希望したことの意味

　Aさんは心理療法開始当初，自分はアスペルガー症候群ではないかとの心配を口にしていたが，すぐにその話は話題に上らなくなった。しかし，その後2年半の心理療法を経て，再びアスペルガー症候群ではないかという思いを語り，自らの傾向や能力を知りたいというAさんからの希望を受けて知能検査等を実施した。ときを経てこの時期に検査を希望したことにはどのような意味があったのだろうか。

　Aさんは内省し言語化するという点において非常に力のある方で，最初の風景構成法では自らの強迫行為について描画を通して筆者に表現されていたし，自らの心理状態が表れているという気づきも持っておられた。

　その後，対人関係をめぐる感情が少し整理されてきたところで，描画を自ら希望され，描画を通して強迫症状やその背景にある不安について語り，筆者に語りながら描くこと自体が強迫行動を克服する試みとして機能していたように思う。当初，アセスメントの目的で描画を実施したが，Aさんのなかでそのときの体験が残っていたため，改めて描画をやりたいという希望につながり，治療的な意味を持ったと思われる。

　そして，新しい仕事を始めたことで，来談当初にも語られていた自分に障害があるのではないかという思いが再燃するなかで，心理検査を受けることを希望された。村上[1]は，発達障害はスペクトラムで理解されるべきであり，程度の差はあれ発達障害特性はすべての人に見られるものであるとして，「発達障害特性は，その人にかかるストレスによって，強く現れたり逆に見えなくなったりするのである」と述べている。そう考えると，Aさんは，来談当初も新しい職場についたばかりであったし，再び障害があるのではないかという思いが再燃したのも職場を変わったばかりのときであったことから，新しい職場に適応しようとしてストレスがかかった際にAさんのなかにある発達障害特性が強く現れたといえるのではないだろうか。

　ただ，来談当初にも同じような思いを持っていたにもかかわらず，このときになって心理検査を受けようと思われたのは，他者の感情に左右されているばかりではなく自身の内面に心が向くようになったことで，検査を受けてその結果を前向きに受けとめようとする心の素地ができてきたからではないだろうか。もし来談当初の段階でアスペルガー症候群の傾向について調べる心理検査を受けていた

としたら，Aさんの受け取り方は異なったものになっていたかもしれない。

② Aさんの抱える不安について

Aさんの場合，仕事に困難が生じるのは，発達・能力のばらつきだけでなく，他者の感情に左右されてしまうという対人関係の問題や強迫行為の影響といった可能性も考えられ，その複合的な要因を明らかにするという検査目的があった。結果として，アスペルガー症候群の傾向は低いという結果だったが，それではAさんが抱えていた心理的問題はどのようなものだと考えればよいのだろうか。

Aさんの強迫症状は，自らのコントロールを超えて意識にのぼる強迫観念を抑制，払拭しようとして，ある行為を一定の回数繰り返すという意味で，強迫性障害に特徴的なものとして考えられる。ただ，その背景にあるパーソナリティとしては，青年期の強迫性障害に典型的に見られるような「全能的自己愛的自己像」を持ち，「自己愛の傷つきを防ごうとして」[2] 行っているというよりは，自らの言動によって重要な他者が崩れてしまうのではないかという不安がAさんの意識下にあったのではないかと思われる。たとえ否定的なものであっても表出された感情が重要な他者によって受けとめられ，その重要な他者が崩れずに持ちこたえてくれるという安心感を得られることは幼少期においてとりわけ重要である。実際には重要な他者がAさんの存在を受けとめていなかったわけではないと思われるが，Aさんは生来的に繊細かつ豊かな感情を持っておられたと思われ，他者の反応に敏感で，自らの感情表現を抑えようとする気持ちが強く，自らの感情を十分に受け取ってもらえるような安心感を持つことが難しかったのかもしれない。そういった否定的なものも含めて感情を表出しても大丈夫だという気づきと安心が心理療法ならびにAさんの日常生活のなかで少しずつ得られていったことで，それまで抑えられていたAさんの表現が生き生きとしたものへと変化することにつながったのではないだろうか。

③ 心理検査はどのように活かされたのか

心理検査を受けたことはAさんにとってその後どのような意味を持ったのだろうか。筆者は，検査者が検査時や検査後にAさんが語るエピソードや苦慮感にも耳を傾け，その内容を踏まえて所見が作成されたおかげで，ただ単に障害の傾向の有無を伝えるだけではなく，細かな点が気になって全体が見えづらいといったAさんが気にしていた部分についてもフィードバックすることができた。

検査後，結果について筆者とやりとりするなかで，Aさんの自分自身に対する

捉え方がより肯定的なものへと変化したと同時に，仕事に対する考え方にも柔軟さと広がりが見られるようになった。これはAさんが苦手な部分は苦手な部分として受け入れようという素地ができていた上に，自身の特徴を知ることができたことが，その変化の契機の一つになったのではないかと思う。

IX｜総合考察

　近年，発達障害に関する理解が社会で広まってきたなかで，医療現場において自ら発達障害の疑いを持って来談される方は多い。しかし個々の方がそういった疑いを持つ背景はさまざまであり，実際に障害があるかどうか，その程度もさまざまである。今まで訳がわからずに苦労を重ねてこられて，診断を得ることで安堵される場合もあれば，逆に自尊心を傷つけられてしまう場合もあり，その両方の感情が複雑に同居する場合もある。一方，今回の事例のように発達障害の傾向は低いという結果に安堵される場合もあれば，逆にそれでは何が問題なのかと拠り所を失ったような気持ちを持たれる場合もある。

　自ら検査を希望される裏には，自分自身のことを知りたいという願いや，人と同じようにできない苦慮感，自分自身ではなす術がないという助けを求める気持ちがあったりすると思われる。そうしたときに，クライエントの検査を受けたいという気持ちの生まれた経緯を丁寧に理解し，検査の結果についても障害の有無にかかわらず，クライエントが十分理解，納得できるよう説明して自分自身で検査の結果とその意味を抱えられるようになるところまで支えるのが理想だと思われる。フィードバックについても，面接のなかでどのように検査を体験し，どのように結果を受け取ったかをやりとりすることで，クライエントの自己理解と，自己観の変化につながっていくと思われる。そのとき，心理検査は心理療法と切り離されたものではなく，クライエントとセラピストの間におかれた第三のものとして心理療法に治療的展開をもたらし得るといえる。

　ただ，「解釈や情報提供といった治療者からの積極技法（介入）が治療的に生きるには『時宜にかなう』必要がある」[3]と言われているように，「今，心理検査を行うことがクライエントにとって治療的に働くかどうか」を見極めることは必要だと思われる。クライエントの心理検査を受けたいという言葉の表面的なところだけを鵜呑みにし，安易に検査を行ってしまうと，クライエントの自尊心や自己効力感を傷つけてしまったり，一面的な自己理解に留まってしまったりする危険性もある。心理療法のプロセスを把握した上で，クライエントにとって検査体験

がどのような意味を持ちうるのかを見立てることが重要になってくると思われる．

◇謝辞：事例の掲載について，他の患者さんや心理士の役に立つのであればと快く承諾してくれたAさんに心より感謝いたします．

◆ 文献
[1] 村上伸治：大人の発達障害の診断と支援．（青木省三・村上伸治編）大人の発達障害を診るということ：診断や対応に迷う症例から考える．医学書院，pp.1-32, 2015.
[2] 成田善弘：強迫性障害：病態と治療．医学書院，2002.
[3] 山下景子：伊東論文からの四つの随想．（竹内健児編）事例でわかる心理検査の伝え方・活かし方．金剛出版，pp.36-46, 2009.

6章コメント

心理検査と心理療法の間の橋となるもの

吉川 眞理

I はじめに

　森崎さんの心理検査の活用の背景には，検査者の人格が，受検者の人格と出会う場として心理検査をとらえる基本姿勢が感じられる。主治医はクライエントが薬物療法を希望されないことを尊重し，「描画法などの心理検査を行ってみて，カウンセリングが可能であれば導入してほしい」とオーダーを出している。この心理療法の適法性の検討というオーダーには，言外に描画法において臨床心理士とクライエントが出会い，そこでの相性がよければ，臨床心理士からクライエントに心理療法を勧めることも視野に入れられたオーダーであろう。森崎さんはその主治医の意図を「アセスメントと同時にクライエントとの関係性を築く目的」と適切に理解し，1時間という限られた時間枠でバウムテストと風景構成法のバッテリーを組まれた。まずは，バウムテストにおいて，描画法に対する抵抗がないことを確認し，さらに風景構成法へと過程を進められた。IIでは，このバウムテストと風景構成法において，ふたりはどのように心理療法的な関係性を築くことができたのかを見ていきたい。

　治療開始後35回目において，二度目の風景構成法が行われた。心理療法の経過とともに二者の信頼関係は確かなものとなり，Aさんは，ここでようやく強迫症状について語られるようになったのである。ここで「Aさんの希望もあって」二度目の風景構成法が行われたのであった。森崎さんはこの風景構成法において，不安を語りながら描くことが，強迫を克服する試みであったと理解されている。これまで34回，積み重ねられてきた面接において形成された二人の関係性とAさんの変化は，この風景構成法にどのように反映されているのだろうか。これについてはIIIにまとめる。

　心理療法を開始して2年半後，来談当初にもさらりと語られていたアスペルガー症候群ではないかという疑惑が再び語られた。森崎さんは，その問いかけに答えを出すために，WAISとAQテストを導入される。森崎さんの「なぜAさんは，こ

の時期に検査を希望されたのか」という問いかけをともに考えつつⅣに述べてみたい。

Ⅱ｜心理療法への導入として実施された二つの描画法について

　バウムテスト後の発言で，Ａさんは「一本，ぽつんと立っている」「秋から冬にかけての季節」と語られる。その言葉に，秋から冬にかけての季節に「ひとりでいられる」Ａさんの力を感じながらも，その寂しさを検査者にしっかり訴えておられることから，すでにバウムテストにおいて，Ａさんがイメージを媒介としながら自身の内的体験を検査者に語ろうとされる可能性が十分感じとられる。

　森崎さんは，バウムを描くＡさんの手元を見守る。バウムテストは，その描き順も重要な情報を与えてくれる。Ａさんはまず幹の右端から書き始める。右側は空間象徴でいえば外的な現実世界であり，Ａさんが外的な現実世界とのかかわりを重視していることがわかる。そして，上から下へ降ろされた描線は，根を降ろすよりどころへの求めを思わせる。「もくもく」した樹冠は周囲との調和的な関係への志向性を感じさせる。幹の処理は，樹幹に食い込む鋭い歯のように見え，内から何かがＡさんをちくちくと刺す状況を思わせる。そして描かれた三つのリンゴに着目したい。「3」は風景構成法でも出現し，「3にこだわっていた時期があり，それが出た」と述べられていた。3へのこだわりは，二者関係からの離脱に関わるＡさんの情緒的な葛藤と関わるかもしれない。Ａさんの生育歴においては弟の誕生が，それまでの母親との二者関係が破られる契機として体験されたかもしれない。あるいは，母子の二者関係に父として第三者が登場するエディプス期の心理的体験であったかもしれない。いずれにせよ二者関係の破綻はＡさんに心理的混乱をもたらしたと推測される。強迫傾向の背景には，フラストレーションから生じた怒りの抑圧，置き換えがあると考えられる。りんごの実がその軸で樹幹にしっかりとつながっている点も特徴的である。もくもくの樹冠に，しっかりつながっていようとするりんごの執着は，Ａさん自身の母子一体感に対する執着を示唆するかもしれない。

　第二の描画法は，風景構成法である。描画の彩色過程でＡさんは「黒」を使う怖さを表明するが「使ってみるとそんなに怖くない」と語られた。初回の出会いとしての風景構成法において，忌避されていた「黒」を，あえて使ってみるという自発的なチャレンジが行われ，乗り越えられていく。さらに，それは「石」についての語りにもつながる。「本当はもっとごつごつしているけど，丸く描いてし

まった。とんがったものが描けなかった」Aさんは，自分の内面にある「とんがった，ごつごつ」を描けなかったのだが，彩色の段階で，思い切って苦手だった黒で塗ることができたのである。それは，自分自身の黒い感情を，それと認識し，表現することであった。線描の段階から，彩色の段階への間に，Aさんと森崎さんの間に，ネガティブなものを思い切って扱うことのできる信頼関係が生まれていることがわかる。川の次に，すいすいと描かれた山，田んぼはむしろ形式的であった。そして彩色段階では忘れられてしまった。しかし道を描くときに，川をまっぷたつに横切る「上り道」が描かれたのである。川の流れを断ち切る，垂直の道は，感情の流れを抑止する理性，〜でなければならないという意思への固着を表象しているように思われる。それは，強迫の心性をよく表している。本能的な流れと，意志がぶつかり合った点に橋があり，黒く塗りつぶされる。人物はその袂で途方にくれていた。対峙する本能的な感情と理性，これに戸惑う自己の三者のプロットが出現している。クライエントのこだわる「3」と符合することは興味深い。

　ここで，森崎さんが着目したのは，川という境界による此岸と彼岸の分断であった。「分離することで近景側を安心できる場として確保している一方で，不安や混乱は遠景側に追いやって切り離している」という理解は，良いものと悪を二分し，悪なるものを自分自身から遠ざけて善なるもので自分の周囲を取り囲んでおきたい心理的傾向を指している。私自身の臨床経験においてもこの傾向と強迫傾向は深く関連しているように思われた。森崎さんは，Aさんがその心性を描画過程に表現し，「もやもやしている」と言語化できたことをもって，このテーマを心理療法で取り組んでいく可能性を感受されている。その川と道の交差は，Aさんの葛藤の本質であり，激しい「もやもや」を生じさせて，Aさんはそれを遠景の彩色の激しい筆致によって表出することができた。初回の風景構成法にこれほど内面の苦しい状況を表現されたこと，それを森崎さんが受けとめられたことをここで確認しておきたい。

　そして，二つの原理の交差近くで佇んで「先行きがわからなくて橋が渡れない」と自分の位置を示すAさんには，しっかりと主体である感覚があり，怖れが体験されている。そこには，強迫という原始的な防衛をとる自我の機能が感じられ，先行きの不安に立ちすくむ神経症的な不安が語られているのである。さらに森崎さんも指摘するように，描画に「今の気持ちが出ている」と語れるメタ的な自己認知も機能しているのである。一点，特徴的であったことは，森崎さんの前で混乱する感情をこめ激しく彩色に没頭しながら，山と田については「意識してなかっ

た」と語られたことである。Aさんに身体化症状が見られたこともあり，森崎さんの指摘した選択的な注意（その結果としての注意の局限）は，自己暗示性の強さを感じさせる。Aさんは，心の表現を言葉だけではなく，注意の向け方や身体の感覚や動作を通して表現されるようである。その意味で山や田の空白は，偶然ではない。山をそびえたつファルスとしての父性的な象徴，母を食物を生み出す母性的な象徴，あるいは大地に向き合う労働の象徴とするならば，その両者がAさんの心に内在化されておらず定着されていないことを思わせる。父的な護りや母の生産性，自分自身の本能的感情と理性の葛藤を，自分だけでなんとかしようとしているところにAさんの孤独を感じるのである。この方の心に，山の荘厳なる力や護り，大地の豊かさがどのように「意識」されるようになるのか，心理療法の経過を見守りたい。

　フィードバックに関しては，森崎さんは，これらの描画についてAさんに問いかけ，Aさん自身に語っていただいたことを共有するプロセスをもって，フィードバックに代えておられるようである。Aさんと心理療法をやっていくことができるという見立てのもとで，「職場のことなど，カウンセリングで一緒に考えていくのはどうか？」という心理療法への誘いが，直接に伝えられたフィードバックといえるのかもしれない。このように二人の関係の文脈に埋め込まれたやりとりをもって，フィードバックとすることの功罪を考えてみてもよいだろう。一つの功としては，セラピストがいつもクライエントにしっかりと向き合い，二人の間に起こったことの意味を見出そうとし，その発見を二人の関係の進展へとつなげておられることである。罪に関していえば，標準的な枠組みに照らしながら，クライエント自身の生きづらさを理解する素材を提供する機会を逃してしまうことであろうか。心理療法のこの段階でそれが必要とは思われない。しかし，守られた世界から現実へと出立するときにそれが必要になることがあるとも思われる。後のクライエント自らの心理検査希望はその例であると考えられよう。

III｜心理療法の過程で行われた二度目の風景構成法

　34回の面接を経て，Aさんは面接において「自分が相手にしたことやいったことによって，相手に何か悪いことが起こるんじゃないか」という強迫的思考とそれを打ち消すための強迫行動について語られた契機に，森崎さんは2度目の風景構成法を導入された。面接の大きな節目を活かして，風景構成法につなげられたことに，流れの良さが感じられる。風景構成法の色の選択について，クライエ

ト自ら「好きな色と黒が混ざるのができなかった。ポジティブなものとネガティブなものが混ざるのがダメで，頭のなかで結びついてしまうからこそ，別々にしておきたい」と語られる。この言葉は，強迫心性を見事に語っている。語ることができたとき，もう症状は随分と乗り越えられているものである。再度，この2枚の絵を見比べて，森崎さんは初めてフィードバックらしいフィードバックをされる。〈最初の時は二つの世界に分けているけど，今回は混ざっているような印象。川を境に二分されているのは同じだけど雰囲気は違いますね〉という言葉は，メタファーの水準で，「好きなこと」と「悪いもの」が混ざっていることに持ちこたえているクライエントのあり方を照り返し，クライエント自身も納得されるのである。〈橋を渡りますか？〉という問いかけに対して「がしがし浮き輪をつけて，川のなかを渡る」というクライエントの言葉には，本当に驚かされる。いわば，この葛藤を，意思の力で乗り越えるのではなく，本能的な感情にどっぷりはまって進む道を選ばれるのである。これまでの面接が，クライエントに浮き輪を提供してきたのではないだろうか。

　再度，2枚の風景構成法を比較しておきたい。白黒図版ではわかりにくいと思うが，大きな変化は地平線の出現である。この天と地の分割は，クライエントの心が随分と整理され，依って立つ基盤が成立したことの表れかもしれない。1枚目では，上り坂で天に登っていくかに見えた道が，2枚目では水平に落ち着き，分岐路もできている。そして，1枚目では右から左へ画面を斜行していた川は2枚目になると，より急な角度をとり，「立つ川」に近づくが，その起点が地平線であることで安定感を増しているのである。そして，もやもやと乱れがちだった塗りの筆致が，領域ごとにきっちり塗りこまれた。また領域によっては，異なる色が隣接しており，ときには重なり合う混色がみられるのである。この2枚目には，橋は描かれていないように見える。そして，川の水は確かに道の上を流れるくらいの勢いなのだ。これまでの面接のなかで，心の内なる流れ，生命の力，本能的な感情が随分と強まっていることが感じられる。家は外界に対するペルソナを表すとも言われるが，その堂々とした家は右側に位置して，煙突からモクモクと煙を出し，また，外界との接点として大きな扉と窓がしっかり描かれている。気がかりは，川と道の交点に置かれた大きな石である。しかし，この石は，道と川の衝突の荒々しさを収める鎮守の要石のようにも思われる。

　この事例でわかるように，風景構成法は，言語による面接の節目にくり返し行い，その変化を話し合うことで，面接の経過の振り返りを共有することができる，その意味で心理療法的な機能をもつ技法である。

IV　クライエントが「アスペルガー障害」であるかどうかを知りたいと訴えるとき

　クリニックで,「発達障害ではないか？」「アスペルガー症候群ではないか？」と自分や家族に関する疑問を抱いて心理検査を希望される事例に多く出会う昨今である。

　DSM-5により，診断基準が改定されて少し緩和されたように思うが，ネット上の情報の氾濫，さらに保育園や教育現場などの支援者への講習などを通じて発達障害という診断のフレームが言語情報として提供されることで，支援者自身が自分自身について不安に思われる事例も少なくない。

　新しい職場に入るとなじむまでストレスを感じやすいAさんであり，いくつかのエピソードから多少なりとも能力的なばらつきがある可能性を否定できないと考えた森崎さんは，Aさん自身が自分の得意な面と苦手な面を知ることが仕事に役立つという判断のもと，WAISと自閉症スペクトラム質問紙を導入されたと述べられている。テスターは同僚の心理士に依頼し，フィードバックは森崎さんが行うという配慮は適切であったと思う。

　それにしても，Aさんから心理検査希望の申し出を受けたとき，森崎さんは戸惑われたことと思う。森崎さんは，Aさんとアスペルガー障害や発達障害という診断名を意識して面接されてきたわけでなかった。「〜障害」のクライエントではなく，生きづらさを抱えている個人としてのAさんと会い続けてきたにもかかわらず，Aさん自身が巷に流れているラベルを自分自身に貼ろうとするように思われ，無力感や，ある種のやりきれなさを感じられたのではないだろうか。

　しかし，たいてい人は自分自身の生きづらさを説明してくれる「病名」があると飛びついてしまう。そして「病名」がある以上は，その治療法があるはずだと期待もされる。あるいは，それが病気であれば，現状に焦らず，ゆっくり取り組んでいこうと決心される場合もある。しかし，実際のところアスペルガー障害や発達障害，そして自閉性スペクトラムも病気ではなく，その人の特性，個性なのだ。

　医療機関でアスペルガー障害に限らず，自閉性スペクトラムやADHDの診断資料としてWISC，WAISを求められる際，臨床心理士は，クライエントの認知の特性を，プロフィールから丁寧に抽出して，本人の生きづらさとの関連づけ，具体的な対策を提示するフィードバックがより支援的であろう。統計的にいえば，WISC，WAISでは群指数間の差異の検定のみが科学的根拠のある結果ではある

が，個人の特性は下位検査のばらつきに反映されていることが多い。少なくとも，本人にとって意味のあるフィードバックを行うためには，森崎さんが工夫されたように，プロフィールから引き出される仮説のうち，本人の実感を伴うものを選び，提供することになるだろう。森崎さんが提供した「細かいところが気になったり，注意の切り替えが難しかったりというのもありそうです」というフィードバックに対して，Aさんは強く同意されたことで，それがうまくいっていることがわかる。

　この検査経験がもつ意味について，森崎さんは，「Aさんは苦手な部分は苦手な部分として受け入れるような素地ができていた上に，自身の特徴を知ることができた」と考察されている。そのとおりだと思う。人は自分を知るために，自分を見る外からの視点を欠かすことができない。個人のパフォーマンスを標準値と比較する検査は，そのような視点として機能する。そして，その視点で自分をとらえるときには，苦手は苦手として受け入れるという心の態勢が必要である。森崎さんとAさんが行ってきた心理面接の積み重ねがそれを実現させたのだと思われる。Aさんに対する森崎さんのまなざしは，常にAさんへのあたたかい心情を伴っていたのだろう。そのまなざしが内在化され，Aさんは自分を抱きしめて声をかけるようになり，やがて，自ら子どもとかかわる職場を選択されるのである。この社会化の道のりにおいて，Aさんは他者の視点としての心理検査を希望された。心理検査の値を前にして，Aさんの苦手を苦手として認めながらも，これまでと変わらずAさんをAさんと認める森崎さんのまなざしが何よりも検査の結果を受けとめるAさんの力となったことだろう。

　テストを機会に，クライエントは森崎さんとの二者の世界から，検査担当の心理士という第三者に出会うことになった。また常に，クライエントの視座を重視してきた関係性のなかに，心理検査の標準枠との照合が導入されることになった。一体的な二者関係からの離脱の局面を迎えることになったことにコンステレーションを感じさせる。

V　おわりに

　第二の風景構成法において，山と田は，みずみずしい緑に塗られた。Aさんの好きな緑色である。最初の風景構成法で，Aさんが塗れなかったのは，大好きな緑が「もやもや」と混じってしまうからだったと，振り返りで語られていた。そびえる山と豊かな大地をつなぐ川の勢いが増し，「もやもや」が消えた今，Aさん

は安心して緑色を塗りこむことができた。山は大地からぽこぽこ飛び出してくるようにも見える。原始的な生命力が素直に表現された風景である。強迫性は性格とも深く結びついており，それはAさんの個性であろう。しかし，力強い色の塗りこみで表現されたそれは，今は生きる喜びとともにある。Aさんは，苦手を苦手として受け入れ，自分を抱きしめ，小さき者を育む仕事を始められた。

　心理療法の成果をこうして教えてくれたAさんと風景構成法，そして報告者に深い敬意を捧げたい。そして，本事例のすばらしさの一つは，水と油のようになじみにくいことが多い心理検査と心理療法が，一つにつながっていることであった。この心理検査と心理療法をつなぐものこそ，臨床心理士の存在そのものであることを明記して，本評の締めくくりとしたい。

第7章

発達障害を疑って自ら心理検査を希望した30代女性の事例

検査 ▶ バウムテスト,WAIS-III

柿田 明梨

I はじめに

1 当院の紹介

　筆者は大学院修士課程を修了後,3年の身体科病院勤務を経た後,現在の精神科病院に勤務した。筆者の勤務する病院は単科の精神科病院として始まり,必要に応じて内科や歯科,健診センター等の他科を増設している。800床近くの病床数を持ち,そのおよそ8割が精神科病床である。常勤の精神科医だけで10名が在籍している。入院期間の長い患者も多く,盆踊りや運動会などの季節行事も行われるような,昔ながらの精神科病院として地域に知られる民間病院である。自動車がなければ不便である程の田舎に立地しており,県内でも主要な精神科病院として,遠方からの受診者も多い。

2 職場における職務について

　当院には,筆者を含め3名の臨床心理士が常勤者として在籍している。職務内容はカウンセリングと心理検査にほぼ二分される。カウンセリングは外来患者を,心理検査は入院患者を対象とすることが多い。その他では精神科外来の新患の予診,入院患者のチームカンファレンスの出席,デイケアの参加,心理検査による精神鑑定の補助などの業務もある。また,当院は長く心理士が定着しない期間があったが,固定された3人体制が整うと,企業からメンタルヘルス調査の委託を受けるなど,外部からの依頼も次第に増えていった。

3 査定業務について

　心理検査の依頼は，電子カルテのオーダリング画面を通して出される。その権限は医師にあるため，実施には医師の承諾を得ることが必須である。そのため，患者本人から希望があった場合でも，まずは主治医を通す必要がある。検査内容の選択は基本的に依頼主である主治医に任せられることが多いが，主治医によっては心理士へ相談がなされることもある。使用される検査内容はウェクスラー式成人知能検査（WAIS-III），ロールシャッハ・テスト，バウムテストの3点が多く，筆者が勤務する以前から慣習的に固定されたバッテリーである。認知症が疑われる患者に対しては多面的初期認知症判定検査（MEDE）や精神状態短時間検査日本版（MMSE-J），改訂長谷川式簡易知能評価スケール（HDS-R）を実施することが多く，これに関しては内科医からの依頼もある。

　心理検査結果のフィードバックについて，受検者本人から希望があった場合は可能な限り対応するようにしている。その際は医師，もしくは検査者のどちらかからフィードバックされる。当院の場合，担当医のスタンスや受検者の状態にもよるが，心理士より受検者へ結果を説明するよう主治医から依頼されることも少なくない。筆者がフィードバックを行う場合は，本人用の書面を用意した上で口頭でも説明するようにしている。特に希望がなかった場合は，主治医もしくは病棟看護師へ報告するのみで終わる。所感としては，入院患者よりも外来患者の方が心理検査への関心が高く，結果説明を希望される場合が多い。

　また，情報化社会の影響か，近年では患者自らが「心理検査を受けたい」と精神科の門を叩くケースが増えているように感じる。今回の事例もその内の一つである。なお，筆者のこれまでの経験をもとに作成した創作事例であることをお断りしておく。

II｜事例の概要と検査実施までの経緯

1 カウンセリングの開始

〈患者〉Aさん。30代後半の女性。無職。

　初診当日，本人の希望を受けて，主治医のB医師（40代男性）より電話で筆者へカウンセリングの依頼があった。依頼のルートや窓口に決まりがないため，今回はたまたま筆者に白羽の矢が立ったことになる。この段階で，主治医からは「就職活動がうまくいかず，不安発作が出たりイライラしたりして前向きな気分になれない。薬よりカウンセリングを希望している」という主訴を聞いた。今から患

者本人に会えるか，と聞かれ，ちょうど時間に余裕があったため，筆者はそのままAさんに会いに行くこととした。カウンセリングの依頼を受けた際は，まずガイダンスのみ行うことも少なくなく，今回も筆者はそのつもりであった。Aさんに会う前にまずカルテを確認し，年齢や性別，既往歴や学歴，家族構成などの基本的な情報，主訴や主治医とのやりとりなどを把握した。

〈カルテから得た情報〉

　Aさんは両親にとって遅くに生まれた子どもであり，年の離れた姉がいる。幼少期から集団行動が苦手で，他人や両親からさえも「変わってる」と言われることが多かった。高校を卒業後は経済的な理由から正社員として就職したが，それ以外にもアルバイトを掛け持ちして働いていた。20代で結婚するも，30代前半で離婚。この頃「精神のバランスを崩して」他院の精神科にて入院治療やカウンセリングなどを受け，軽快した経緯がある。離婚後は一人暮らしとなり，正社員もしくはパートとして職を転々としていたが，いずれも1年足らずで退職。無職の間は貯金で生活費をまかなっていた。当院を受診する半年前に，職場でうまく適応できなかったことから再び精神的に不安定となり，他院の精神科通院を再開。その後しばらくして退職し，以後無職である。以前受けたカウンセリングに好印象を持っていたことから，今回もカウンセリングを希望され，当院受診に至った。

〈出会い〉

　精神科外来の待合までAさんを迎えに行き，カウンセリングルームで詳細をお聞きすることとした。Aさんの外見は，化粧っ気がなく素朴な様子だった。一見すると年齢相応に思えたが，声が高く，しゃべり方が幼いことから，アンバランスな印象を受けた。口調は早口だが，話の途中で沈黙したかと思えば洞察を述べるなど，考えながら話しているようであった。表情が豊かで，筆者より年上ながら少女のような可愛らしさが感じられ，筆者はおおむね好印象を抱いた。ただ，カウンセリングとしては長く続かないかもしれない，という予感もしていた。

　自己紹介とカウンセリングの流れや留意点を説明した後で，受診の主訴とカウンセリングの目的についてお聞きした。B医師から事前に聞いていた情報と齟齬がないことを確認し，不安やイライラなど感情のコントロールを目的とすることで合意を得た。頻度は隔週の診察に併せ，1回50分間とした。

2 検査実施の発端

　2回目のカウンセリングにて，「以前大人のADHDに関する書籍を目にしたことがある。自分はそれにあてはまるのではないか？」と自ら心理検査を希望され

た。その際，自分のどういうところがあてはまると思うのか，それ以外にも知りたいことはあるか，検査を希望するに至るにはどういう経緯があったのか等を質問した。

> Aさん：自信が持てなくて，人と比べて「できない」と思うことが多いんです。そんな自分が死にたくなるくらい嫌だし，自分と似た人を見ると同族嫌悪を感じてしまう。でもADHDに関する本を読んで自分にあてはまると思ったとき，だから自分はうまくいかないんじゃないか，頑張らなくていいところで頑張って疲れてしまってるんじゃないかって考えたんです。それでこういうのって何か検査とかあるのかな，と思って……。
> 筆者：心理検査でADHDの特徴を見ることができるかもしれませんが，思ったような結果が出るとは限らないし，新たな課題が見つかるかもしれない，というデメリットもあります。
> Aさん：なんとなくわかります……このまま外に目を向ける方法もあるのかな，とも思うんです。いざとなると結果を聞くのが怖くなってしまうかもしれない。でもやっぱり「こんな自分は嫌だ」と思ってしまうのはつらくて……いっそ「ADHDだ」と言われた方が楽になれると思うんです。
> 筆者：そうなんですね……。では，検査の実施や内容をB先生とも相談したいので，次回改めてお返事してもいいですか？ もし迷いがおありのようなら，考え直していただいても構いませんので。
> Aさん：そう言っていただけると安心します。よろしくお願いします。

③ 検査内容の決定に至るまで

カウンセリング終了後，筆者は直接B医師に会いに行った。

> 筆者：先生，Aさんが自分はADHDじゃないかってことで，検査を受けたいっておっしゃってたんですが。
> B医師：僕も聞いた。で，何がいいの？
> 筆者：とりあえずWAIS-IIIは必要だと思います。でもそれだけでは素っ気無いし，判断も難しいので，バウムテストも一緒にどうでしょうか。
> B医師：はいはい，じゃあオーダー入れときます。

このように，今回の検査内容の選択は筆者に委ねられ決定した。また，カウンセリングを担当しているということで，検査の実施も筆者が担当することとなっ

た。この時点で，主治医のB医師はAさんを「不安障害」と見立てているようだった。筆者としては，Aさんから語られた経過や臨床像から，「もしかしたらADHDの可能性はあるかもしれない」と漠然と考えていた。

検査内容の選択について，Aさんからの要望を受けて，能力のバランスを見るためにWAIS-IIIは必須と考えた。直接会った印象では言語能力が高く，理解が良いように思われ，知的問題は感じられなかった。しかし，いずれも短期間である職歴や，年齢の割に落ち着きが感じられないという印象から，何らかの問題を抱えているのかもしれない，という予測もあった。また，それは発達の問題だけに留まらない可能性を踏まえ，とはいえ病的な印象も受けないことから，補助的な意味合いでバウムテストをバッテリーに組むこととした。それらを検討した後，必要があれば別の検査実施も念頭に入れておいた。

4 検査にあたって

3回目のカウンセリングにて，改めてAさんに心理検査を受けることの意志をうかがった。それを確認した上で，B医師の了承を得たこと，どういう検査内容を予定しているかということを説明した。

> 筆者：検査は二つ予定しています。一つは人格検査に分類されるもので，Aさんの人となりや特徴，気持ちの状態などを見させていただくものです。もう一つは知能検査で，IQの算出だけでなく，得意・不得意など能力のバランスを見ることもできます。Aさんが気になっているADHDの特徴はこの検査結果に現れるかもしれません。ただ，はっきり現れない場合もありますので，今の段階では何とも言いようがありません。それでもご自分の特徴を把握することで，対策も考えやすくなるので，意義はあると思われます。
>
> Aさん：そうですか。是非お願いします。
>
> 筆者：それと，検査自体に1時間以上かかるので，次回予約日に実施するとなると，カウンセリングの時間が取れなくなってしまいますが……。
>
> Aさん：そうですね……近況も聞いていただきたいので，最初に少しお話してもいいですか？
>
> 筆者：わかりました。じゃあ次回の診察後，いつも通りこのお部屋でお会いして，まずお話をお聞きしてから検査を行うということで……。

こうして次回の予定を決定した。

III│検査実施時の様子（初診から6週間後）

　当日の検査直前は，Ａさんはやや緊張している様子だったが，同時に「これで自分の問題の原因がわかるかもしれない」というような期待もうかがえた。予定通りに最初の10分程度で近況や調子をうかがってから，改めて検査について筆者から説明した。

　　　　筆者：慣れないことをしていただきますが，できるだけリラックスして，ありのままの状態で大丈夫ですから。調子やご気分はいかがですか？
　　　Ａさん：大丈夫です。実は，いつも診察の日は早めに来て，最上階まで階段昇降をしているんです。今日もいつも通りこなしてきました。

　当院は9階建てである。筆者は階段昇降のくだりに驚き，思わずその理由を尋ねてしまった。「体を動かすと気持ちがいいので」という返答に釈然としないものを感じながら，検査の導入を行った。最初にバウムテストを行ったが，これは様子見のつもりであった。「木の絵を描く」という負荷に対してＡさんがどう反応するのか，また，絵を通してどう自己表現するのかを見たかった。教示は〈この画用紙に実のなる木を描いて下さい。どのように解釈してもらっても結構なので好きなように描いてもらって良いですし，時間制限はありませんので，ご自分のタイミングで描き上がりを教えて下さい〉と伝えた。Ａさんは数秒間考え込んだ後，迷いのない筆の運びで描き進め，ものの数分で完成された。でき上がったバウムについて質問をすると，無邪気に，けれどどこか恥じ入るような様子で受け答えされていた。

　次に，WAIS-Ⅲを実施したが，意欲的な姿勢が強く，各課題に対して全力投球している様子が強く見られた。特に第3問の「符号」問題では，終了後に肩で息をするほどの集中とエネルギーの消費ぶりで，ここで数分間の休憩を申し出られた。また，「行列推理」問題では課題を目にして「気持ち悪い」と呟いたり，「絵画配列」問題では「さっぱりわからない」と落ち込んだ表情を見せたり，各設問に真正面から取り組んでいる姿勢がうかがえた。その様子に筆者は思わず「その調子で最後までやり遂げられるのか」と心配してしまうほどであった。しかし，その後も何度か休憩を挟んだものの，Ａさんは1時間半の時間を掛けて最後までやり切ったのであった。

筆者：以上で検査は終了です。お疲れさまでした。
Aさん：疲れました……。
筆者：ものすごく集中されているようでしたね。
Aさん：子どもの頃からのめり込みやすいところがあって、ついやりすぎてしまうことがあるんです。それで疲れてしまって、仕事を辞めてしまうというパターンが続いていて……。

　Aさんの言う「やりすぎてしまう」ところは検査中にも現れていたように思えた。検査は完遂できたが、確かにこの調子では長く仕事を続けることは難しいかもしれない、とAさんの困りごとを目の当たりにした心境であった。

IV｜検査結果のまとめと理解

1 バウムテスト（図7-1）

　安定した筆圧の描線で描かれる。絵について尋ねると「2メートルくらいの、空想の果物の木。山の南側の斜面に立っていて、甘酸っぱい、オレンジ色の実がなる。樹齢は25年で、実のなり方は6分目だから、もっと大きくなる」と説明された。大きな樹冠の割に空白が目立つこと、枝先が切り落とされたように直角になっていることが印象的であった。

2 WAIS-III（図7-2）

　全検査IQ = 133と非常に優れた知能を持つという結果であった。言語性IQ = 130で動作性IQ = 131であり、IQ間に有意差は見られなかった。群指数においては、処理速度が他に比べて有意に高いことがわかった。

図7-1　バウムテスト

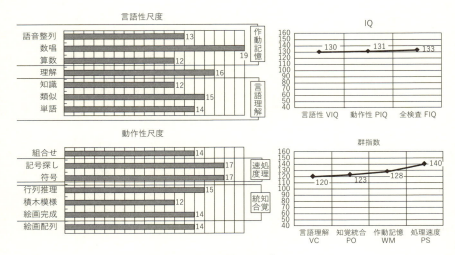

図7-2　WAIS-IIIの結果とプロフィール

V｜主治医への報告

1 口頭での報告（検査実施の数日後）

　外来患者の心理検査結果の報告は，ほとんどが依頼主である主治医に対してのみなされる。方法は報告書のみか，口頭と報告書の両方のどちらかからなるが，口頭で簡単に説明した後に，報告書で改めて確認してもらうことも多い。また，口頭で伝える場合は電話で伝える場合や直接対面して伝える場合もある。主治医から結果について問い合わせがあることも珍しくないので，そのときにすぐに返答できるよう，日頃から心構えが必要である。筆者は基本的には報告書を作成し終えたことや簡単な内容は口頭で伝えるようにしている。その場合の方法としては，どの医師も多忙であることが多いため，電話や偶然のすれ違いざま，外来診療の合間を待ち伏せするといったものがある。今回のケースでは，検査実施の数日後に廊下ですれ違った際，B医師から声掛けがなされた。

　　B医師：あの人の結果，どうだった？
　　筆者：報告書はまだ途中ですが，全検査IQは133もありました。

B医師：えっ，本当に？　それはすごいね……。で，ADHDなの？
　　筆者：それはもう少し検討しようかと……。次回受診日までに結果を報告します。

　このように，口頭での説明は数十秒ないしは数分で済まされることが多い。この段階では報告内容についてまだ熟考できていなかったため，多くを報告するには至らなかった。また，この頃の筆者の心中には，心理検査を実施する前にもっとAさんの情報を収集するべきだったという猛省が浮上していたので，余計に多くを伝えられなかった。検査結果を一見した段階では，ADHDの傾向がうかがえなかったのである。

② **報告書の提出**（検査実施の7日後）
　報告書はあらかじめ定められた書式があるが，内容の如何は各検査者に委ねられている。筆者の場合は検査別の結果を踏まえた上で，「精神的活動性」，「情緒，認知，知的機能」，「社会性，対人関係の特徴」，「病理水準」の4項目に分けて記載することを基本としている。これは，検査結果を報告する際に，必要事項に抜けを作らないためにはどのように書くべきか悩んだ結果，学生時代に授業で紹介されたものを参考にしたものである。また，項目に分けた方が読み手にわかりやすいのではないかという考えと，筆者自身が結果をまとめやすいという二つの意図もある。書き方については，どの職種が目にしても理解しやすいように，かつ簡潔に，報告書によって受検者像をイメージしやすいものを理想としている。
　報告書（表7-1）を提出した筆者は，それを元に再びB医師に報告した。

　　筆者：検査結果から，知能検査では能力の高さ，とりわけ処理速度が高いという特徴が，バウムテストからは衝動性と感情抑制の強さがうかがえました。本人の話をうかがっているとADHDの傾向があるように感じられるんですが，心理検査から決定的なものはよくわかんないですね……。
　　B医師：あっそう，そうなんだ。でもね，発達障害とか僕よくわかんないから，C先生にも聞いてみてよ。

　C医師とは，当院で発達障害に造詣の深い精神科医師（60代男性）である。B医師の返答に半ば衝撃を受けつつも，思案しかねていた筆者は言われた通りC医師に接触することにした。ちなみに，このときもC医師の診療の合間を見計らい，直接やりとりした。

表7-1 主治医への報告書(抜粋)

心理検査報告書

報告書番号:@@@@@

氏名:A様(ID:****)	性別:女性	年齢:30代
□入院 ■外来: 精神科	指示医:B医師	
検査場所:カウンセリングルーム	検査者:筆者	
1 Baum Test	検査実施日:○○年××月□□日	
2 WAIS-III	検査実施日:○○年××月□□日	

【精神的活動性】
　精神的エネルギーは良好に保持され,活動に集中して取り組むことができる。判断することが速く,思考するより行動に出る方が多いものと見受けられる。

【情緒,認知,知的機能】
　抑うつ気分や漠然とした不安を持ちながらも安定。自分の意志が明確でないことが多い。精神面が未熟,もしくは感情表出が不十分である様子がうかがえる。
　知的レベルは各能力とも年齢平均より高い。記憶力が良く,経験を生かすことができる。中でも処理能力に長けており,見聞きして得た情報を素早く的確に判断し,実行に移すことができる。一方,処理速度が高いゆえに,十分に思考する力がありながら,考える前に行動してしまう傾向もうかがえる。そのため考えの至らない場合があったり,自分自身に目を向けにくくなったりする。本来の感情や欲求について,自分でもはっきりしないことがあるだろう。そのため自分でも気づいていない気持ちを持つことがあり,漠然とした不安や違和感を抱きやすくなる。もしくはアンビバレントな葛藤を抱え,目指すべき方向性を見失ってしまう可能性も考えられる。

【社会性,対人関係の特徴】
　外向性があり,場に応じて行動することができる。他人の意見や環境変化の影響を受けることが多く,既存の基準を元に行動しやすい。特に社会性への意識は強く,受け身でノーと言えない。周囲の期待に応えようするあまり,自分のことが二の次になりやすい。自分でも窮屈な思いをしているという意識を持つ。

【病理水準】
　目立った病的指標は見られず。

【総合所見】
　能力に多少のばらつきは見られるが,本人の危惧するADHDの決定的要素はあまりうかがえない。秀でた能力と感情機能とのアンバランスさが,本人の抱える問題に影響を及ぼしていると考えられる。

報告年月日:○○年××月△△日	報告者:筆者

筆者：成育歴を聞くとADHDっぽいなーと思うんですが，心理検査結果から読み取ることが難しくて……。
　　C医師：ADHDの診断基準を満たしていても，それがどう現れるかは個人差があります。処理速度がうんと高いADHDのお子さんもいらっしゃいますよ。診断基準を満たしていれば検査を必要とせず診断をつける場合もあります。そうでなくても，投薬で落ち着かれる場合もありますしね。

　C医師の言葉にどことなく安心感を覚え，改めて検査結果を振り返ってみた。そこにはAさんらしい課題や特徴も見られることから，ADHDの傾向を見る以外にも，フィードバックが有用である可能性がうかがえた。ただ，AさんにはADHDの診断を望んでいる節があったため，その期待に応えたいという気持ちもあった。しかし，診断は医師の領分であること，その医師自身も専門外の分野であることもあり，どうフィードバックしたものか，しばらく悶々としていた。

VI｜受検者へのフィードバック（検査実施の2週間後）

　直前まで悶々としていた筆者であったが，結局，自分の出したありのままの結果を伝えることにした。検査結果からADHDの有無ははっきりせずとも，そこに見られた課題や特徴を基に検討することで，Aさんの自己理解の促進や対応策を考えることはできるに違いないと考えた。本音を言えば，やれるだけのことをやって，後は主治医にお任せしよう！　という魂胆もあった。
　フィードバックは，心理検査を実施した翌回のカウンセリングのなかで行うこととした。Aさんによると，検査結果についてはB医師から口頭で簡単な内容を聞いたが，詳しくは筆者から聞くように言われたとのことであった。このとき筆者は，主治医への報告書とは別に本人用の報告書（表7-2）を作成していた。ここで配慮したことは，主治医への報告書の内容をさらにわかりやすい文体や用語に替えること，受検者の利につながるものにすることである。検査ごとの説明は特にせず，総合的な結果として作成した。これを初めにAさんに手渡し，項目ごとに受検者に何か疑問点や感想はないかを確認しながら，一緒に読み進めていった。その度にAさんは，思い当たる点があると実際にあったエピソードを交えつつ，納得したように頷かれていた。

表7-2 患者向けの報告書（抜粋）

心理検査報告書（本人用）

報告書番号：＋＋＋＋＋

氏名：A様（ID：＊＊＊＊）	性別：女性	年齢：30代
検査者：筆者	指示医：B医師	

《実施した検査》

1	Baum Test	絵によって大まかな心理状態，性格傾向等を調べる検査です。
2	WAIS-III	知能検査。能力のバランスや特徴を調べる検査です。

【精神的エネルギー】
　意欲や活気は良好に保持されているようです。自分で判断・決断することができ，活動に集中して取り組むことができます。

【社会性，対人関係の特徴】
　良好な対人交流を持つことができる方でしょう。既存の基準を元に行動しやすく，他人の意見や環境変化の影響を受けやすいところがあります。特に社会性への意識は強く，周囲の期待に応えようするあまり，自分のことが二の次になってしまいがちです。自分でも窮屈な思いをしていると感じつつ，受け身でノーと言えないことが少なくないようです。

【情緒，認知，知的機能】
　おおむね安定されているようですが，抑うつ気分，不安感が見られます。
　IQ = 133 と，知的レベルは各分野で平均よりも高い結果でした。記憶力が良く，経験を生かすことができるでしょう。中でも集中力や処理能力に長けており，見聞きして得た情報を素早く的確に判断し，実行に移すことができます。一方で，判断力が高いゆえに，考える前に行動してしまうことが多いようです。そのため考えが至らない場合があったり，自分自身に目を向けられにくくなったりするでしょう。本来の感情や欲求について，自分でもはっきりしないことがあるのではないでしょうか。そのため漠然とした不安や違和感を抱きやすくなることが考えられます。場合によっては，目指すべき方向性を見失ってしまう場合もあるかと思われます。

【まとめ】
　以上のことから，能力にアンバランスさは見られましたが，明確な発達障害の要素は見られませんでした。しかし，自分を抑える傾向が強いようなので，自分自身に目を向け，本来の欲求や感情面について考えていくことが大事だと思われます。

報告年月日：〇〇年××月△△日	報告者：筆者

筆者：……以上，このような結果が見られました。
　Aさん：それで，私はADHDなんでしょうか？
　筆者：幼少期のお話を聞いていると，傾向は感じられますが，検査だけでははっきりしませんでした。ただあなたの場合はIQが優秀であるという結果だったので，まずこの点は自信を持っていただいて……。

ここで，Aさんは「そうじゃないんです」と筆者の説明を遮り，以下のように続けた。

　Aさん：IQが高いとか低いとか，そんなことはどうでもいいんです。私が知りたいのは，自分がADHDかどうかじゃなくて，こんな自分とどう向き合っていけばいいかってことなんです。

　それから，Aさんはまだ触れられていなかった過去について語り始めた。幼少期には他児と同じように行動できなかったことで両親からひどく責め立てられたこと，それでも両親を恨むことなく期待に応えようと努力を続けていたが，どうしてもうまくいかなかったことが涙ながらに語られた。高校を卒業後，仕事を常にいくつも掛け持ちしていたのは，「今思えば，実家で過ごすのが嫌だったから」という。結婚し，子どもを望んでいたが叶わず，職も失った。そんなとき，元夫は再婚して子宝に恵まれた上に，事業を成功させたという噂を耳にした。同じ時間を過ごしていたはずなのに，片や自分はまだ何のスタートにも立てていない，どうして自分はうまくできないのか，と自己嫌悪に陥った。こんな自分に居場所はあるのか，どうすれば社会に適応できるのかを長年思い悩んでいたことが話された。
　筆者はこのときになってようやく「そうだったのか」と自分の至らなかった点に気づいた。心理検査のフィードバックにあたって，筆者は「ADHDの傾向はあるのかないのか」について頭を悩ませていた。しかしAさんの検査に対するニーズの奥には「駄目な自分と向き合う方法を知りたい」という悲痛な叫びがあったのである。筆者には「受検者の期待に応えたい」という思いと同時に，診断に関するニーズがまるで大役を任されたことのような思いがあり，いつの間にかそれにこだわってしまっていた。ニーズの一部にばかりに気を取られてしまい，受検者が真に求めていたものを見落としていたのである。

Ⅶ｜その後の経過

　フィードバックを終えた後のセッションでは，Ａさんは「採用面接を受けることにしました」と憑き物が落ちたような表情で来院された。そして過去の出来事やそれに伴う気持ちなども落ち着いて話され始めるようになった。心理検査について「ずっと自己嫌悪の気持ちが強かったので，検査結果を聞いたとき，IQが高いって言われても『そうじゃない！』って思っちゃったんです」と話されることもあった。来院時の主訴であった不安やイライラは次第に改善され，まもなくしてＡさんは見事に再就職を果たした。一般職として雇われたが，人手不足から専門業務を手伝うようになったところ，専門知識を一昼夜で身につけたことで能力の高さを見出され，そのまま専門職として働くこととなった。それが軌道に乗ったという報告とともに，カウンセリングは9回目で終結に至った。

Ⅷ｜考察

1 「そうじゃない！」の意味

　フィードバック中に筆者に放たれた「そうじゃないんです」という言葉には，どのような意味が含まれていたのだろうか。

　Ａさんの父親は昔堅気なタイプで，特に母親はヒステリックなまでに厳しかったという。幼少期は折檻を受けることもあり，20歳を過ぎても「自分が悪いからお父さんもお母さんも怒るんだ」と思っていたという。こうした親子関係のなかで，Ａさんには強烈な超自我が誕生したと考えられる。離婚や就職活動など，事態がうまく進まないと「もう一人の自分が『死んでお詫びしろ』と言ってくる」というのだから，相当のものがあっただろう。能力が高いために，やるとなれば達成できてしまう。Ａさんは期待に応えようと懸命に励んできた。Ａさんの検査への熱心すぎるとも言える取り組み方は，両親の期待に応えるがごとくだったのかもしれない。しかし，Ａさんの持つ知的能力の高さやその努力をもってしても，両親や周りの人々の期待に応えられたとは言えず，Ａさんが本当に望むものは与えられなかったのだろう。これは，筆者がADHDかどうかというＡさんの期待に一所懸命応えようとして，実はＡさんのもう一段奥にある期待に気づいていなかったことと似ている。そうしたずれに，Ａさんは長年苦悩していたのではないだろうか。

Aさんには，はじめは自分がADHDではないか，そうであってほしいという期待があったが，筆者から曖昧な回答を受けたことでその期待が裏切られ，「そうじゃない！」と怒りやもどかしさが表出したものと考えられる。筆者は筆者で明確な判断を避けようという思惑があったので，Aさんはそこに反応したのかもしれない。それらの感情に刺激されて，現在まで繰り返されてきたさまざまなうまくいかなさが思い起こされ，「そうじゃないんです」という言葉が溢れ出てきたのである。

　心理検査所見にもあるように，Aさんには能力が高い一方で，情緒面がおろそかになりやすい傾向がうかがえた。自分が本当に望んでいるものや感じているものは何か，という側面である。自尊心の低さから過度に自己抑制してしまうきらいのあるAさんは，そこに注目することが難しかった。事例中にある階段昇降については，後に「体を動かすと何も考えなくて済むので」とも表現されていた。通院の度に事前に「何も考えなくて済む」行為を行っていたということは，診察やカウンセリングがAさんにとって少なからず労力を要するものだったと考えられる。診察やカウンセリングで自分について語ることは，「話すとスッキリする」と同時に「人に認められたいけど，弱みは見せたくない」というアンビバレントな感情を引き起こしていたようである。そうすると，長年の苦悩も簡単には他人に打ち明けられなかっただろう。7回目のカウンセリングにおいて，「人と話すことで，『自分はこう考えていたのか』と気づくことが増えた」と語られたことから，自己開示によって少しずつ自分の本当の意思に注目されるようになったものと考えられる。「そうじゃない！」は，Aさんが自分の情緒的側面を開くきっかけとして作用したのである。

2 Aさんにとって心理検査が果たした役割

　フィードバックの後，とんとん拍子に仕事が決まりカウンセリングも終結したことは，筆者にとって狐につままれた心境だった。就職したからといってAさんの問題は解決したわけではなく，「自分とどう向き合うか」という課題も果たされたわけではないと感じていたからである。このことはどのように考えたらよいだろうか。

　E・H・エリクソンによると，「成人期には，生殖性対自己－耽溺と停滞という重大な対立命題が与えられている」という[1]。Aさんは子どもを持つことも結婚生活を続けることも叶わず，就職においても挫折が続き，「自分は何のスタートにも立てていない」とまさに停滞した状態にあった。これまでは若さや体力で乗り

越えられてきたものが，30代も後半に差し掛かると同じ方法では対処しきれなくなり，焦りが出現したものと考えられる。

Aさんは，それらの要因を，かねてより気にかかっていた自分自身の特性に帰属させることで打開を図ろうとした。そして，その手段の一つとして心理検査を希望されたものと考えられる。それは，「ADHDだから」という理由を得ることでこれまでの自分を肯定し，再び生殖性へ向かおうとする試みだったのではないだろうか。

検査の結果自体は，ADHDを支持するものではなかった。では，心理検査はAさんにとってどういう役割を果たしたのか。フィードバックの翌回で「心理検査の結果で『大丈夫ですよ』ってことで，今までは下から支えるようにしてたけど，これからは上から引っ張るようなイメージでやっていきたい」と就職活動に意欲を示されていた。今までは周りの期待に応えようと努力してきたAさんだったが，これからは人生のなかで思い通りにいかなかった部分（結婚が続かなかったこと，子どもができなかったこと）を諦め，能力の高い部分で生きていくことにしたと言えるのかもしれない。

今回の心理検査は，Aさんがふとこれまでを振り返った後，再びこれからを生きていくための通過点，もしくは次のステップに進むための準備として機能したと言えるだろうか。エリクソンのいう成人期の対立命題から生まれるものは「世話」であるが，カウンセリングの終盤にあった「離れて暮らす父を呼び寄せて，介護することを考えている」という報告には，感慨深いものがある。

IX おわりに

心理検査の第一の目的は，受検者の自己理解と，受検者に対するスタッフの理解促進である。また，依頼を受けて心理検査を実施する場合，そこにはニーズが存在し，何らかの形でそのニーズに応える必要性が生まれる。そのため，検査結果によって何がわかるのか，何を求められているのか，それを伝えることによって何か変化するものがあるのか等，ある程度予測を立てておくことは重要である。さらに，予想通りの結果が出ることもあればそうでないこともあるため，フィードバックには相手の理解力や捉え方など，様子を見ながら説明の仕方を選んでいく必要も出てくるだろう。特に本人から心理検査を受けたいと希望があった場合は，事前にニーズや検査への思いを把握しておくことは欠かせない。結果を検討する上で観点の一つとなりうるし，フィードバック時のポイントにもなると考え

るためである。

　筆者の主観であるが，フィードバックの際に感情的になったり，自ら問題の中核に言及したりする受検者は多いように思う。心理検査とは，受検者にとって自分の内面を暴かれることになるのだから，言い回し一つで毒にも薬にもなり，痛みを伴う可能性すら持つのである。しかしながら，肝心なのは心理検査の結果でなく，それを踏まえた上でどうするかということである。だからこそ，どのような結果であっても，そこに意味や方向性を見出すことができれば，治療の一助になると考える。そのためには検査者としての鍛錬はもちろんのこと，フィードバックの工夫を凝らすことも重要になってくるだろう。筆者は「あれで良かったのか」「なんで○○できなかったんだろう」と，いまだに迷いや反省点は多いが，「受検者に鍛えてもらっている」精神で，これからも査定業務に努めていきたいと考えている。

◆ 文献
[1] Erikson, E. H., Erikson, J. M.（村瀬孝雄・近藤邦夫訳）：ライフサイクル，その完結．みすず書房，2001, p.88.

7章コメント

経験から学ぶ

篠竹 利和

I　受検者から学ぶ

　確かに近年，発達障害を疑って自ら心理検査を受検したいと希望するケースは増加傾向にあるようである。本事例の提供者は，こうした事例の経験を通して，「受検者に鍛えてもらって」学ぶ姿勢をより確かなものとした。何よりのことと思う。そこでまず，本事例を通して提供者は受検者から何を学んだのか，なぞり直してみたい。

1　受検者と出会う前に

　受検者のAさんは，カウンセリングの2回目において「自分はADHDにあてはまるのではないか？」と，自ら心理検査を希望した。これをこの時点の主訴とみなすことができるだろう。この主訴に至る背景には，Aさんのなかで何が動いたのだろうか。

　Aさんと提供者との出会いは，Aさんが「就職活動がうまくいかず，不安発作が出たりイライラしたりして前向きな気分になれない」ことを主訴に，カウンセリングを希望して提供者の勤務する精神科病院を受診したことに始まる。カウンセリングを担当する臨床心理士は，"なぜ，今このときにこの主訴をもってAさんは自分の前に現れたのか"という疑問をしっかり据えておきたい。本事例において，提供者はAさんとの初めの出会いに際し，「カウンセリングとしては長く続かないかもしれない」との予感を抱いた。根拠は明示されていないが，そのような"感じ"をこころにとめておくことも大切だろう。その出会いを経た2回目に，上記した検査希望がAさんの主訴に追加されたのである。これには，自分の内側にある不安を見直すことから，自分のうまくいかないことを"ADHD"に外在化しようとする動きが働いたのかもしれない。自分の内側を探索することにまつわる葛藤とも捉えられる。この点は後に提供者も，「かねてより気にかかっていた自分自身の特性に帰属させることで打開を図ろうとした」のであろうと，考察してい

る。ともあれ，この2回目でのAさんの追加主訴をめぐるやりとりにおいて，提供者が「もし迷いがおありのようなら，考え直していただいても構いません」とAさんに伝えると，Aさんは「そう言っていただけると安心します」と反応した。"期せずして"なのかもしれないが，提供者はAさんの葛藤をそのままサポートしたのである。後に検査結果を報告書にまとめる段階において，提供者は「検査を実施する前にもっとAさんの情報を収集するべきだった」と「猛省」しているが，発達・生育歴に関する情報収集の大切さもさることながら，"なぜ，カウンセリングを始めようとする今このときに，このような訴えが追加呈示されたのか"を考える視点も併せてもつことができると良いと思う。「もっと情報収集するべきだった」という反省は，あくまでもAさんが"ADHDなのか，そうでないのか，どちらのカテゴリーに嵌るのか"という思考から生じたものにすぎないとさえ言えるだろう。

② カテゴリーに嵌らない

　この点については，提供者も後に，「ADHDの傾向はあるのかないのか」に「こだわってしまっていた」と振り返って述べている。このような"カテゴリーに嵌る"ことは提供者に限らず，現場に従事する臨床心理士の多くが経験していることだろう。医療現場では，診断補助目的で心理検査の実施が依頼されることが圧倒的に多いからである[4]。"ADHDなのかそうでないのか，自閉症スペクトラム障害（以下，ASD）なのかそうでないのか"といった事柄に悩まされることは，私たちの日常になっていると言っても言い過ぎではない。しかし，それはあくまでも診断カテゴリーを相手にした作業であり，そればかりに目を向けてしまうと，今自分の目の前の受検者が普段の生活をどのように体験していて，その何に困っているのかという視点を脇に追いやってしまうことになりかねない。提供者は，この点も本事例の経験を通して学んだのである。

　次に，Aさんの心理検査の過程を検討することに移りたい。

II｜心理検査結果の実施に際して

① 検査バッテリーを組む

　結果的に，今回の検査バッテリーは妥当なものであった。ただしここで，そもそもWAIS-IIIは知能検査であって，ADHDやASDの鑑別に特異な診断道具ではないことを銘記すべきである。

たとえば，ADHDであればConners 3日本語版（コナーズ）など，ASDであれば自閉症診断面接尺度改訂版（ADI-R）や自閉症診断観察検査第2版（ADOS-2）などといった，その障害の評価に特異な包括的検査バッテリーが普及していく傾向にある。しかし，日常の医療現場においては，まず精神疾患との鑑別が必要となる場合が多いので，提供者がB医師に説明したとおり，ウェクスラー法を検査バッテリーの一つとして実施することは必須と言える。もちろんC医師が言うとおり，"ADHD／ASDならこうなる"という定型所見はなく，個人差がある。それでも，ウェクスラー法は，選択的注意機能，同時処理能力，中枢性統合，固執性の有無などの受検者の個別的な認知的特徴を量的かつ質的に捉えるのに有効な道具である。なお，このウェクスラー法でとらえた認知的特徴をもつ受検者が日常の現実をどのように体験しているのかを了解する道具として，ロールシャッハ法の意義は大きい。この場合，ロールシャッハ法は投映法としてよりも，認知検査として実施し，解釈する[3]。

　さらに提供者は，バウムテストの実施をB医師に提案した。ここで少し気になるのは，WAIS-IIIだけでは「素っ気ないので」というB医師への説明である。個々の事例ごとにどのような検査バッテリーを組むかについて，医師とコミュニケーションを取ることが日常業務の一つとなっているのはとても望ましいことだが，だからこそ，バウムテストのような描画法を実施することの意義（「発達の問題だけにとどまらない可能性」）を的確にB医師に伝えたかった。数ある描画法のなかでも，個人のパーソナリティ，わけても現在の心理状態や自己像を把握したいのであれば，バウムテストやHTPPテストが適切であるし，個人が現実状況をどのように認知し，いかなる体験世界を構築しているかを理解したいのであれば風景構成法や統合型HTPが適している。このような枠組みをもって医師に選択の意図を伝えられると，現場での臨床心理士の専門性についての評価はさらに高まることが期待できる。描画法は概して実施方法が比較的簡便であり，また，受検者にかかる負荷も少ないとされる実用的な利点のため，検査バッテリーの一つに加えられることが多い。それは確かにそうなのだが，その一方で，多くの描画法は受検者にとって，白紙の紙面空間に自発的に描画表現を求められるという点で最も自由度が高く，種類によっては基本アイテムを自発的に統合し構造化していくこともさらに求められる課題である。この点は，たいていの心理検査が受検者にとっては何らかの刺激（質問項目やインクブロット刺激など）を与えられてそれに反応するという点で受動性を保持できる余地があることと対照的である。描画法はこのようないわば厳しい側面を併せ持っているという点も認識しておきたい。

2 検査の実施順序

　この点を踏まえると，実施順として，描画法は決して"様子見に"行われてよいものではない。たとえば，受検に際して懐疑的である場合には，描かれた絵には緊張して収縮した特徴以上のものが現れないということにもなる。提供者の場合，「絵を通してどう自己表現するのかを見たかった」などと明確な意図をもって，あえて初めにバウムテストを行っている。このように，実施順序についても，各検査の特徴を踏まえつつ，その検査によって検査者は受検者の何を知りたいのか，そして，その検査が受検者にとってどのような刺激として体験されるのかということを個別的に考えて行いたいものである。

III｜心理検査結果の結果解釈について

　このあたりで，Aさんの検査結果をともに見直してみよう。

1 バウムテスト

　まず形式面では，描線が単調で濃いことから，緊張が高い状態にあることがうかがえる。空間図式的には，描かれた樹木は紙面の枠に沿っていて，全体が縦横ともにバランスよく収められている。これは，周囲に認められようと頑張る姿勢の高さを示し，環境に過剰適応して常に緊張の高い状態にあることを示している。次に，部分指標からは，社会的に認められたい欲求を高めているが（右側に伸びた枝はさらに分岐），容易に自分の本心を出さない，あるいは自分の欲求や感情を掴めていないために（アーケード状の樹冠，枝の分化に乏しい），認められるための頑張りは，本人の認識を超えたところで，周囲の人に対して険のある表現を伴いやすい（尖った枝）ことがうかがえる。"これほど頑張っているのに認めてもらえない"憤懣やるかたない思いがあり，それは頑張るほどに蓄積していくばかりで，その結果，どれほど頑張ってもその場は本人にとって安心して居られる居場所とはならないのだろう。こうしたパターンは，おそらく幼少期からの依存対象との関係性に由来するものであり（尖った根），内実では愛情を希求しても得られない抑うつ的な傷つきを潜在しているものと推測される。以上は，報告書（表7-1）で記述された内容とおおむね一致する。

　描画法は"様子見に"行われて良いものではないと上述したが，この解釈では，Aさんが受検時緊張状態にあったことのみならず，Aさんの基本的な傾向もうかがうことができた。すなわち，Aさんなりに自身を描画の紙面空間に表現してい

たと捉えられ，これは翻せば，提供者は検査実施に至るまで，Aさんのカウンセラー／検査者として，Aさんの自己表現を支える下地を作っていたことも確認できたと言えるだろう。

2 WAIS-III

　本検査では，「意欲的な姿勢が強く，各課題に対して全力投球」していた由，この枠組みが明確で構造化された課題状況では意欲的に取り組み，それどころか「過剰にエネルギーを消費している」様子で，検査者としては「最後までやり遂げられるか心配してしまうほど」であったという。量的な結果の記述にとどまらず，このような受検態度や，課題を媒介とした対人関係から動かされた検査者の感情についての記述があることは好ましい。それが受検者の能力面の特徴だけでなく，現実適応上の特徴を理解する手がかりとなる。一点残念なのは，質的側面に関する記述がそれ以上みられなかったことである。これほどの高機能であるため，質的にも特記すべき問題のない結果だったからかもしれない。また，そうした質的特徴を細かに記述することが本稿の趣旨ではなかったからなのかもしれない。それでも，上述したように，ウェクスラー法は「受検者の個別的な認知的特徴を量的かつ質的に捉える道具である」ことを強調したいので，各課題の質的特徴をみるポイントについて，後に少し述べることとする。

3 報告書について

　知能検査で示された知的機能の特徴と，バウムテストで示されたパーソナリティ特徴，その両者をよく統合してまとめられていると思う。一つ付言するならば，報告書の体裁が煩瑣になるかもしれないが，事例によってはWAIS-IIIの結果表記において，パーセンタイル順位得点や信頼区間，事例によっては差の頻度を示すことが，医師への報告や受検者へのフィードバックに際して有用となる場合がある。たとえば，本事例の場合，全検査IQ（＝133）におけるパーセンタイル順位得点は99であり，最も高い群指数を示した処理速度（＝140）におけるパーセンタイル順位得点は99.6である。これは，本事例の各成績が同年代基準における文字通りトップクラスに位置するものであることを端的にわかりやすく伝えられる指標である。信頼区間を示しておくと良い場合があるのも，各数値が絶対的なものでなく測定誤差を含むものであることを必要に応じて説明する媒体となり，数値のみが一人歩きしてしまい，たとえば，「IQ＝97で，平均より3ポイント低い結果だった」という誤解を抑止することにつながるからである。そうであれば，

必要に応じて，正規分布曲線を呈示しながらIQや群指数，下位検査評価点の値全体について説明することが，現場での心理検査理解を促す活動にもなっていくだろう。

IV│WAIS-IIIの質的解釈に際してみるべきポイント

　経験的に有用と思われる視点の一部を選び抜いて，ここに紹介する。

〈1．絵画完成〉
　これは既得の視覚記憶を参照しながら目前に呈示された事物の欠損箇所を指摘する課題であるが，刺激図版のなかに比較参照する手がかりがあるものもある。そのような手がかりがある場合とそうでない場合との間で，回答の正誤に傾向性があるかどうかをみる。手がかりがあるほうがより正答できる傾向がみられるなら，その事例は認知スタイルとしての場依存性を特徴としている可能性が考えられ，そこから，自分の判断や意思決定を周囲の環境に委ねる傾向にあるなどと推測される。また，刺激図版のなかに背景が描かれている場合とそうでない場合との間で，前者のほうに誤答傾向がみられるとすれば，目前の状況の本質的に重要な要素とそうでない要素を選び分ける選択的注意機能に困難を伴う可能性を解釈できることがある。

〈2．積木模様〉
　受検者の基本的な課題解決方略の特徴をとらえることができる課題である。その実施において，検査者はただ制限時間を測定し，正答か誤答かを記録するだけでなく，受検者の課題解決過程をよく観察することが重要である[1]。できれば，積木の置き順を記録したり，途中の試行錯誤の過程を事後にスケッチしたりすると良い。その記録を後に質的に吟味することを通して，①前の設問でひとたび培った課題解決のための法則性を後の設問にもスムーズに応用できるか，②赤色のインパクトを受けて，全体の枠組みが2×2ないし3×3の積木の構成であることを一時放念してしまうことがあるか，③ある形態に固執して，後の構成にもそれを保続してしまうことがあるか，などの特徴を検討することができる。なお，ASD傾向の高い者のなかで，各設問のデザイン特徴に関わりなく，たとえば，自分の手前側の左から右に秩序正しく積木を並べるなど，一貫して同じ積木の置き順による構成を完遂して，きわめて高い成績を遂げることがある。これは，ウタ・フリス[2]が指摘した自閉症者（児）における分離（分割）性，すなわち全体的統合の弱さといった特徴の現れに相当する。自分の方略にあくまでも固執する現れ

とも捉え得るだろう。④最後の2問は，全体輪郭が45度回転し，デザイン全体もシンメトリー（対称）性を帯びているが，それまでの設問には苦戦していた受検者が，この2問において俄然スムーズに正答に到達できるようなこともしばしば経験する。このような者は，分割にもとづく分析的な思考よりも，直観的な全体把握によって課題解決をなす傾向にあると推論できる。紙幅の関係で例示は以上にとどめるが，こうした課題解決過程を目の当たりにすると，受検者の普段の生活での生活しづらさを体験的に了解できることが少なくない。

〈3．符号〉

特にこの下位検査は量的な結果だけが注目されやすいが，誤答がみられたら，それがどのような誤答なのか精査することが有用である。記号の書記において，枠と記号の混同が生じるような誤りが認められた場合，認知スタイルとしての場依存性であるとか，知覚した対象が一つのものとして明確に定まりにくい傾向の現れなどと解釈され得る。後者の解釈は，ADHD事例において適用されることがある。

IV｜おわりに〜事例の全体理解

最後に，本事例全体を振り返ってみたい。Aさんは，これまでの生育環境との相互作用を通して，"自分の頑張りが足らないから，できないからダメなんだ"と自責に帰結させることで，「本当に望むものは与えられなかった」にまつわる，"いくら頑張っても承認されない傷つき"や"頑張るばかりで弱音を吐いたりして甘えられなかった寂しさ"などといった抑うつ的な情緒を防衛してきたと考えられる。そのため，かつての夫婦関係でも適度な相互依存関係を築きにくく，知らず"頑張り"を反復していたのかもしれない。また，元夫の成功の噂を聞いて「自己嫌悪に陥った」ことは，負けず嫌いの裏返しとも捉えられ，充たされない承認欲求とともに，人より優位に立ちたい優越・自己顕示欲求も強く潜在していたことが推察される。

そのようなAさんが，このたび再びカウンセリングを希望して来院した。このカウンセリング開始直後の心理検査希望は，やはり，自身の内にある抑うつ的な情緒を見据えることから目を逸らし，"ADHD"に外在化しようとした動きによるのだろう。このように考えると，Aさんの「そうじゃない！」は，Aさん自身に対する叫びであったのだろう。これがカウンセラーとの相互関係で具現化されたと考えるほうが，「（カウンセラーに）裏切られた怒り」と捉えるより妥当であ

るかもしれない。このようなAさんの内的な葛藤が顕在化し，「触れられていなかった過去」を語り，カウンセラーを「そうだったのか」と思い至らせたフィードバックセッションの後，Aさんは「とんとん拍子に仕事が決まりカウンセリングも終結した」。出会いにおいての「カウンセリングとしては長く続かないかもしれない」という提供者の予感は的中したことになる。これには，カウンセラーとの相互依存を築くことの回避や，抑うつ的な情緒を防衛する意味合いも含まれていると考えられる。"負けず嫌い"がカウンセラーにも転移されたことも，このたびの短期の解決に寄与したかもしれない。最後に「父を呼び寄せて，介護することを考えている」と述べたことには，自分の依存欲求を父に投影して父の世話をすることでかりそめ自分の依存を満たすといった機制が働いていたとも考えられる。

以上の点は，提供者の考察とは異なるが，事例の考察に唯一の正答があるというものではない。このような考察もあり得ると呈示したまでである。このたびの心理検査およびカウンセリングは，Aさんにとって，「これまでを振り返った後，再びこれからを生きていくための通過点として機能したと言えるだろうか」との考察については全く異論がない。

くり返しになるが，カウンセラー／検査者は「至らなかった」のではなく，Aさんが心理検査を媒介として次なるステップに進むために"有効に利用された"のである。Aさんには，いつかまた自身の抑うつ的な情緒に向き合う時機が到来すること，そして，提供者には，たゆまぬ真摯な姿勢で一つひとつの事例から学び続けていくことを願って，コメントの筆を擱くこととしたい。

◆ 文献
[1] 秋谷たつ子：図形テストと非構造テスト：投映の理解と臨床マナー．（土居健郎・笠原嘉・宮本忠雄・木村敏責任編集）異常心理学講座第8巻：テストと診断．みすず書房，1990．
[2] Frith U：Autism：Explaining the Enigma. Basil Blackwell Ltd., UK, 1989．（冨田真紀・清水康夫訳：自閉症の謎を解き明かす．東京書籍，1991）
[3] 篠竹利和：〈第9章〉発達に沿った検査バッテリー：青年期（医療場面）．（高橋依子・津川律子編）臨床心理検査バッテリーの実際．遠見書房，2015．
[4] 津川律子・篠竹利和：シナリオで学ぶ医療領域の臨床心理検査．誠信書房，2010．

第8章

自殺企図を起こして救急搬送された
40代男性のアセスメント

検査◉ロールシャッハ・テスト, バウムテスト, SCT, WAIS-III

天満 弥生

I｜はじめに

　筆者は大学院を修了後，適応指導教室や小児科専門病院における児童精神科において心理的援助を重ね，現在は総合病院の精神科で勤務している。院内は24時間稼動する救急科や，内科や外科等さまざまな診療科に分かれており，他科から紹介を受けて精神科を初めて訪れる患者も多い。また，数十床の精神科病棟を併設しており，身体疾患をもった精神科患者を積極的に受け入れ，入院治療を行っている。さらに，一般救急外来へ自殺未遂者が搬送されることも少なくなく，精神科病棟での経過のフォローを求められることもある。

　精神科のスタッフは，外来・病棟スタッフあわせて総勢33名である。そのうち3名の臨床心理士が所属している。臨床心理士の主な業務内容は外来・入院患者への心理面接や心理検査を用いた心理査定であり，設備や機能上の関係で集団精神療法は行っていない。他科との連携も多く，精神科医がリエゾンやコンサルテーションを行い，そのなかで必要な患者にはカウンセリングや心理検査の依頼がある。

　心理検査については，基本的には主治医から診断の補助や各種書類作成の一助を目的として依頼される。それ以外には，カウンセリング開始時にアセスメントの一助として臨床心理士の方から提案することや，家族や関係者からの希望で心理検査導入となる場合，数は少ないがクライエント自らが自身の性格傾向や心理的な状態について知りたいと受検を希望される場合もある。

　検査の選択は主治医から指定されたり，臨床心理士が依頼主のニーズに応じてテストバッテリーを組んだりとさまざまであるが，総合病院内の精神科ということもあり，幅広い年齢層やさまざまな訴えで来院される患者が多く，多面的な視点でのアセスメントが期待される。そこで，テストバッテリーとしてはWAIS-III

といった知能検査とロールシャッハ・テスト，SCT，バウムテストといった病態水準やパーソナリティ傾向を把握する人格検査を組み合わせて用いることが圧倒的に多い。患者への負担を考慮して，質問紙法を組み合わせたり，検査の種類を減らすこともある。

　クライエントや家族への結果説明は医師からなされたり，結果について知りたいという申し出があるクライエントや家族については臨床心理士から口頭で，必要な場合は書面を用いながらフィードバックしている。

　以下の事例は，筆者が経験したいくつかの事例をもとに創作した架空事例である。

II｜検査実施までの流れと事例の概要

① 主治医からの検査依頼（入院7日後）

　心理検査の依頼は，PHSを通じて連絡が入り，その場で確認できれば電子カルテから情報を収集している。その後，わからなかった点やさらに詳しく明らかにしておいた方がよい点を直接主治医に聞くようにしている。今回も精神科医師（男性，40代）より「入院中の患者で心理検査をお願いしたい人がいる」と検査依頼の連絡が筆者のPHSに入った。そこで，まずは電子カルテを開き，入院の経緯について以下のような情報を確認した。

〈クライエント〉Aさん／40代／男性／独身／両親と同居（3人家族）。
〈入院の経緯〉
　同胞3人の第1子長男。精神科受診歴はない。高校卒業後，両親と同居しながら，いくつかの仕事を転々とし，現在は製造関係の仕事に就いている。数カ月前より突然「誰かに悪口をずっと言われているように感じる」「人目が気になり，落ち着かない」と訴えるようになる。以降，焦燥感や不眠，食欲不振等が出現したため，近医の内科を受診し，睡眠導入剤が処方されていた。ある日，自室で睡眠導入剤を大量服薬しているところを母親に発見され，当院に救急搬送される。HCU（高度治療室）での身体管理後，意識回復するが入院前に不眠や幻聴の訴えがあり，今後精神科での治療が検討され，救急科から精神科へコンサルテーションの依頼が入る。精神科医が診察し，不眠が継続していることから薬物治療の必要性や，今回の自殺企図により家族の動揺も大きいことから精神科病棟で入院を継続し，そのなかで経過をフォローアップすることになる。
　カルテで簡単に経過を確認後，主治医のところに赴き，検査の依頼目的をうかがった。

筆者：今回，検査を導入することになったのはどういった経緯ですか？
主治医：入院経過は落ち着いて，退院もそろそろという段階で。ただ自殺未遂の前には幻聴のような訴えもあったし，精神科既往歴もないので，一度検査をして心理面のアセスメントをお願いできたら。
筆者：落ち着いているということですが，診察とかではどんな様子の方なんでしょう？
主治医：ニコニコしていることが多くて，今は幻聴のような訴えもないですし。ただ，自殺の理由を尋ねても「記憶にない」というだけで，理由がよくわからないので……自殺はもうしないとは話してますが……検査の話をこちらからしてみたら，Ａさんも受けてみたいといっていたので。

　主治医の話しぶりからは，Ａさんが自殺未遂についての話をしないことから，心理的な問題の所在が不明確で，退院後のことがどうなるかと見通しが立てにくい様子がうかがわれた。
　テストバッテリーとしては，病態水準やパーソナリティの傾向を把握するためにロールシャッハ・テスト，バウムテスト，SCTと指定があり，それ以外で必要なものがあれば筆者が組み合わせて実施してもらって構わないということだった。

2 病棟看護師からの情報（検査依頼と同日）

　その後，看護師に病棟での様子をうかがうと，次のような情報を得た。自殺未遂したことへの後悔や「このような事態になり家族や職場に迷惑を掛けてしまった」と周囲への罪悪感を涙ながらに訴える。看護師が傾聴しながら励ましたり，今後に向けてのアドバイスをしてみても，終始罪悪感を訴え続けるのみで，「こちらの言っていることが伝わりにくい感じがする」。また，「次にこれをして」と一つずつ指示を出さないと行動に移せず，依存的な面が強い。常に母が付き添いをしており，看護師がＡさんに話を聞いても代わりに母が答えることが目立つ。そのような様子にＡさんも嫌がる素振りはなく，母子間の密着が強い様子がうかがわれる。

3 Ａさんとの顔合わせ（検査依頼と同日）

　筆者はなるべく検査実施前に受検者に会い，検査の日程を約束する際に自己紹介を行うようにしている。そこで，看護師に頼んで，一緒に病室を訪れ，紹介をしてもらった。筆者が訪れたことに戸惑いや緊張は見せず，人懐っこい笑顔を向けられた。筆者から〈検査を受けられることはどう思われますか？〉と尋ねてみ

ると,「また変になったらいけないとは思うので, 調べてほしい」と前向きな姿勢を見せた。そこで, 検査について, 物事の感じ方や受け取り方をさまざまな視点から把握していくものであること, 数種類の検査を用意しているので数回に分けて行うことを説明し,〈わからないことはないですか？〉と質問を向けると,「特にないんですが……今は申し訳ない気持ちだけですね」と周囲に迷惑を掛けたことへの罪悪感や大量服薬をしたことへの後悔を涙ながらに一方的に話し始めた。筆者から〈それはつらかったですね〉,〈申し訳ない気持ちでいっぱいなんですね〉と気持ちを伝え返していくと, 一瞬ぴたっとしゃべるのをやめるが, すぐに同じ内容の話を一から順に繰り返して話し続け, こちらが共感的な言葉を投げかけてもAさんには届いていないように思われた。多弁でとめどなく話し続けるAさんに筆者も徐々についていけず困惑するが, Aさんはそのような筆者の様子を気に留めることはなかった。そのうちAさんと視線が合っているようで合っていない奇妙な感じを受け, どことなく相互的なコミュニケーションが成立しにくい感じを受けた。

　ある程度, 話を聴いたところで〈今, Aさんが入院されて, しっかりと休まれることがお体や気持ちの回復につながるし, Aさんが元気になっていくことが親御さんへの負担を減らすことになると思いますよ〉と伝えてみると, 先ほどとはうって変わって「あぁ, そうですよね」とぴたっと涙を止め,「がんばってみます」と笑顔を見せた。それまで筆者の言葉がAさんには届いていないように感じていたので, このように急にAさんが涙を止めたことにも戸惑いを感じながら, 検査の日程を伝えて, この日の顔合わせは終了した。

④ この時点で筆者が考えていたこと

　その後, 筆者のなかでこのときのやりとりを振り返った際に「一方通行なコミュニケーション態度で疎通が取れているようで取れない感じがあること」が看護師の言う「こちらの言っていることが伝わりにくい感じがする」点と合致しているように思えた。語る内容も「すべて自分が悪い」という話になり,「全か無か」という極端な思考に陥りやすく, 柔軟に物事を捉えることが苦手そうな印象を受けた。これらの独特なコミュニケーションの質や思考の極端さが発達障害特有のコミュニケーション態度や特性と重なるように思え, 人格面のアセスメントだけではなく, 認知特性のアセスメントとしてWAIS-Ⅲもテストバッテリーとして組み込むことにした。

Ⅲ　検査実施時の様子

　検査は3回に分けて，いずれも病棟内の面談室で実施した。最初に心理的な侵襲度が低いものから始め，最後は比較的安心して検査を終了できるような流れになるように，以下のような順番で実施した。

1　1回目（顔合わせの4日後）　WAIS-Ⅲ

　Aさんは意欲的に取り組んだ。検査の中盤では疲れた様子が見受けられたため，休憩が必要かどうか確認してみたが「大丈夫です」と答え，そのまま続け2時間で終了した。検査終了後はぐったりとした様子を見せており，〈大丈夫ですか？〉と声を掛けると，「大丈夫です。でも，疲れましたね。まだ体が本調子ではないので」と話し，無理をして検査に取り組んだ様子がうかがわれた。

2　2回目（前回の6日後）　ロールシャッハ・テスト

　「こんなのがあるんですか」と興味深そうに取り組んだ。40分で検査終了。終了後に検査の感想を尋ねてみると「想像して答えるのは難しいですけど，楽しかったですよ」と述べた。そこから，自然な流れでAさん自らが「今は冷静になってきた。眠れなかったときは，想像の世界と現実の区別がついてなかったように思う。自分のことを悪く言われていたのも自分の頭のなかの世界のことなのに，そのときはそう思えなかった」と落ち着いて語り，さらに「今の薬が良く効いて眠れてる。先生のおかげ」，「看護師さんにも話を聴いてもらって助かってます」と主治医や看護師に信頼を寄せている様子がうかがわれた。

3　3回目（前回の2日後）　バウムテストとSCT

　バウムテストでは，〈一本の木を描くように〉と教示した。迷う様子はなくさっと描くと，「できました」と見せた。1分もかからなかった（図8-1）。

　続いて，SCTを実施したが，一つひとつよく考えながら，しかし筆を止めることなく書き進めていった。回答には30分を要した。

　SCT実施後に記入された内容のなかでも家族関係について筆者から質問をしていくと，自殺企図に至る背景がうかがわれる内容が語られた。Aさんによると，幼少期から身体が弱いところがあり，両親に心配を掛けてきた。特に母は心配性で，過保護だった。一方で母は感情的になりやすく，一緒にいると母を怒らせて

図8-1　バウムテスト

はいけない,悲しませてはいけないと感じていた。両親からの言いつけである「人様に迷惑を掛けてはいけない」を忠実に守って真面目な学生時代を過ごしてきた。社会人になってからは,両親への恩返しがしたいという一心で仕事をしてきた。

　半年前より,両親が親族の金銭トラブルに巻き込まれてしまい,そこで「自分がなんとかしないと」と思い,トラブルの対応に追われるようになった。金銭トラブルの内容は「今まで自分が接したことのない事柄」ばかりで,どうしたらよいのかがまったくわからず,「先が見えないことばかり」だった。すぐに問題解決には至らず,両親も疲れ果てており,「年老いた両親の役に立ってない」と自責の念にかられるようになった。自殺企図に至る数日前は「早く自分がなんとかしないと」と思うが,一向に問題が進展せず,「両親が苦しんでいるのは,自分がいるからだ」「自分なんかいなくなった方がいい」と思い,大量服薬に至った。「今思うと,おかしくなっていた。こんなことになって迷惑を掛けるぐらいなら,もっと早く周りに相談しておけばよかった」と周囲に相談しなかったことを強く後悔している様子がうかがわれた。筆者から〈気持ちが追い詰められて苦しかったでしょうね〉などと伝えてみると,Aさんが自然に「はい」と応じられ,こちらの言葉が届いているような感触があった。このときのAさんからは,初対面時に感じた独特な視線が合わない感じはなくなり,以前よりも疎通は取れている感覚を持った。

　この頃,病棟で看護師に対しても同じように自殺未遂にまつわる具体的なエピソードを語り,振り返る発言をするようになっていった。しかし,考えが堂々巡りになりやすく,周囲からのアドバイスなどがあっても頑なに聞き入れられない一面や大量服薬をした自分が悪いと,やや粘着質に訴えることは続いていた。

　一連の検査を終えた頃に,退院の日程が決定する。Aさんからは「退院はうれしいですね。でも,またおかしくならないですかね」と退院後の不安をのぞかせ

た。検査結果については「また変になったらいけないので、自宅に戻る前にきちんと聞いておきたい」と説明を受けたいという動機がうかがわれ、主治医と相談して退院前に筆者からフィードバックすることとなった。

IV 検査結果のまとめと理解

〈WAIS-III〉

　言語性IQ93、動作性IQ76、全検査IQ84
　言語理解95、知覚統合81、作動記憶88、処理速度78

　全般的な知的水準は「平均の下」のレベル、言語性IQが動作性IQに比べて有意に高く（5％水準）、群指数においても言語理解が知覚統合、処理速度に比べて有意に高い（5％水準）。言葉の理解・説明能力に関しては大きな問題は見られないが、視覚劣位のアンバランスな能力がうかがわれる。処理速度も遅く、丁寧に作業は行えるが素早さや効率さを求められると力が十分に発揮しづらい姿が推察される。また、〈行列推理〉と〈絵画配列〉が5点と低い。〈絵画配列〉では「最後がどうなるのかがわかりにくい」と感想を述べており、場面からことの顛末や結果を予測することを苦手としている様子がうかがわれる。一方で〈積木模様〉が9点と平均をやや下回る結果ではあるが、全問正解しておりよくできている。〈積木模様〉で特徴的だったのは、間違った接合のパターンを繰り返してしまい、完成させることに時間がかかりやすい点である。一つのことにとらわれやすい傾向は〈組合せ〉でもうかがわれた。また第3問、第5問になると「（ピースに）柄が描いてないから、何が完成するのかわからない」と途中で諦めており、具体的な手がかりが少なくなると、完成図の予測ができず、最後まで作業を進めることができない様子であった。

〈ロールシャッハ・テスト〉

　明らかな精神病的な反応は見られず、$F+\%/\Sigma F+\%$が平均的なことから、現実検討能力は保たれている。W優位型であり、物事を総合的、観念的に捉えるタイプ（表8-1）。

　数値には表れていないが、カラーショックが見られ（色彩図版での反応数の低下、副反応でのmの増加）、外的刺激には過敏に反応し、不安を感じやすい。その一方で、ΣFがやや高く、衝動性を過剰に抑制する可能性が考えられる。

　体験型は顕在的には大きな差は見られなかったが（M：ΣCはともに3以下）、潜在的には内向型が示唆され（FM＋m＞Fc＋c＋C'）、自分の内面からの衝動や

表8-1　ロールシャッハテストのスコア（片口法）

R	17	W:D	11:6	M:FM	2:5
Rej（Rej/Fail）	0	W%	65%	F%/ΣF%	30%/94%
TT	15' 46"	Dd%	0%	F+%/ΣF+%	80%/76%
RT（Av.）	1' 35"	S%	0%	R+%	71%
R₁T（AV.）	35"	W:M	11:2	H%	19%
R₁T（N.C.）	36"	M:ΣC	2:2.75	A%	48%
R₁T（C.C）	30"	FM+m:Fc+c+C'	7.5:1.5	At%	7%
Most Delayed Card & Time	I 1' 45"	VIII+IX+X/R	24%	P	3
Most Disliked Card	IV	FC:CF+C	3:1	C.R.	8
		FC+CF+C:Fc+c+C'	2:1.5	D.R.	7

欲求によって行動しやすい傾向があるが，欲求や感情が漠然とした状態にあり，内に秘めている可能性がうかがわれる。

H反応はあるが部分的にしか捉えておらず，細やかな情緒交流のある反応は見られない。M＜FMであり，やや精神的な幼さもうかがわれる。

〈バウムテスト〉

「大きなどっしりした，生命力のある木」のイメージということだが，描かれたバウムは小さく，自己が萎縮した様子がうかがわれる。また，大きな樹冠のなかに細い枝が2本突き出ているのみで，外側ほど中身が育っていない印象や内面の空虚さが漂っており，現実とイメージのギャップが大きい。

〈SCT〉

「元気にならないといけない」「正しい判断をしないといけない」など，「～しないといけない」という表現の文章が多く，ネガティブな感情表現はほとんど見られない。「私は人に気を遣う」，「私が努力しているのは，人に心配を掛けないこと」と他者を適度に頼ることができない様子である。家や家族に対しては，穏やかで温かなイメージを持っているが，Aさんの価値基準はすべて家族によるものであり（「家のために～する」），Aさん自身の価値や考えが見えにくい。また，「自分の顔は嫌い」「私がうらやましいのは自分に自信がある人」と，自尊心が低い。恋愛や結婚に関しては「お互いを支えあいたい」「言いたいことが言える仲でありたい」と，親密さを求める様子がうかがえる一方，「男性とは，男とはこうあるべきと言われるが，どうしたらいいのだろう」と男性としての自分への迷いが見受けられる。「私を不安にするのは漠然としたもの」「予想外のことが起きるとパニッ

クになる」と曖昧で想定外のことを苦手としている。

V 主治医への報告（最後の検査実施日の7日後）

　所見（表8-2）を電子カルテに登録し，主治医に対しては口頭で結果説明を行った。検査結果からわかったことを踏まえた上で，今回の自殺未遂に至った経緯として考えられる筆者の見立てを伝えた。

> **筆者**：精神病的なサインや特徴は見られませんでした。直接Aさんと会ったときに，多弁で話す面や独特なコミュニケーション態度が気になったので，WAISも合わせてとってみました。結果はアンバランスな能力で，言葉を理解する力はもたれているんですが，処理スピードがゆっくりとされていて，自分で見通しを立てることを苦手としているのが特徴的です。あと他の検査からうかがえたことですが，「～しないといけない」という考え方になりやすくて，それがAさんの真面目な人柄という評価につ

表8-2　心理所見（一部抜粋）

【総合所見】

　精神病的なサインは見られず，物事を客観的・現実的に判断する力がある。ただ，無意識的な不安は強く，環境からの影響を受けやすいが，衝動性を過剰に抑制する傾向にあるため，内に葛藤を抱え込みやすいタイプだと思われる。
　また，理想を追求しやすく，「～しなければならない」という考え方に捉われやすい。その点はAさんの真面目さに繋がっているが，柔軟さに欠け，行き詰まりが生じやすくなると思われる。
　家族への密着が強く，Aさん自身の価値観や主体性が育まれておらず，精神的な幼さもうかがわれる。
　なお，WAISからはアンバランスな能力であることがうかがわれ，言葉の理解や説明は得意だが，物事を素早く処理していくことや結果を予測すること，柔軟に試行錯誤しながら問題を解決していくことを苦手としている。
　現在は精神病的な症状は落ち着いているが，認知特性の偏りや葛藤を抱え込みやすいパーソナリティが認められ，今回の自殺未遂の背景にある家庭内での問題に何とか対処しようとしたが，見通しが持てず不安が増強し，自身の中で抱え込む日々が続いたことが推察される。今後は，Aさんが問題を抱え込みすぎないように周囲に相談するといった対処法を身につけることや，見通しを持てるような助言を提供することがAさんのサポートに繋がると思われる。

　　　　　　ながっているとは思うんですが，ちょっと硬い思考になりやすくて，物
　　　　　　事を柔軟に捉えたりするのは苦手とされてるみたいです。
　　主治医：アンバランスさがあるんですね。
　　　筆者：先がはっきりと見えないことへの対処能力に弱さがありそうです。それ
　　　　　　で，Aさんの今回の自殺未遂についてですが，その前に親族の金銭トラ
　　　　　　ブルにご両親が巻き込まれて，大変だったっておっしゃっていて。それ
　　　　　　はAさんからすると，初めてのことで，先が見通せないことに近かった
　　　　　　んじゃないかなと思うんです。
　　主治医：先が見えないことが苦手ですかぁ……そしたら，こちらから先を見越し
　　　　　　たことを言ってあげた方が良さそうですね。
　　　筆者：そうですね。一つのことにとらわれやすく考えが堂々巡りになられて行
　　　　　　き詰まりやすいところがあるようなので，見通しを具体的に伝えていく
　　　　　　と安心されるかもしれません。あと，Aさんは自分のなかに抱え込んで，
　　　　　　適度に人を頼ることができないようです。その点は自殺に至った経緯を
　　　　　　振り返るなかでAさんも少し気づかれている感じでしたし，もっと早く
　　　　　　に病院に来ればよかったとおっしゃってました。今回のことをきっかけ
　　　　　　に病院に来て，まずは自分のことを相談していく経験を重ねていけると
　　　　　　いいのかなと思います。
　　主治医：精神病的な所見はなかったんですね？
　　　筆者：今回の結果からは見られませんでした……私が初めてお会いしたときは
　　　　　　疎通がとりにくいことが印象的で，コミュニケーション態度が独特な感
　　　　　　じを受けました。でも，そのあたりは徐々にお会いするなかでやわらい
　　　　　　できたので，自殺企図という大きな混乱状態から出てきた疎通のとりに
　　　　　　くさだったのかなとも思ったり……診察ではAさんとやりとりしてる
　　　　　　と，どんな感じなんでしょうか？
　　主治医：そうですね，確かに話を聴いていると，思考の硬さはありそうですね。
　　　　　　ただ，発達障害と診断するようなコミュニケーションの異質さや特定の
　　　　　　こだわりは感じないですね。

　主治医からそれ以上，検査結果についての質問はなく，今後は外来通院のなか
で現在の薬の服用を継続していくこと，当面は家族に服薬管理を頼んでいく方針
であることをうかがい，報告が終了となった。主治医のなかでは筆者が感じるほ
どにコミュニケーションの異質さは感じていない様子であり，むしろ精神病的な
サインの有無等について確認をしておきたいという印象を受けた。一方，筆者の
なかでは，Aさんのコミュニケーションの独特さを強烈に感じているのはどうし

てなのか？　と，またよくつかめない感覚が残った。

VI｜Aさんへのフィードバック（最後の検査実施日の8日後）

　本人に対して結果説明を口頭で行った。Aさんの言語能力が年齢相応であることや検査で会う回数を重ねることで，少しずつラポールが形成されている感触があったため，言葉を通していろいろと話し合えると考え，口頭での結果説明にした。また筆者のなかでは，今後，Aさんが自殺未遂といった行動化に至らないようにするために，自身のことについての洞察や気づきが少しでも得られるような機会になるようなフィードバック面接にしたいと考えていた。

　まずは本人も意識化しやすい事柄だと思われるWAISの結果から説明を行った。筆者から「言葉でのやりとりに長けていること」や「作業を丁寧に行う几帳面さがよいところ」と伝えると，照れくさそうにしながら微笑まれる。続いて苦手な面として，〈積木模様〉や〈組合せ〉での様子を伝えていく。

　　筆者：積み木の問題はよくできてらしたんですが，積み木やパズルの問題では何度も同じ箇所を合わせてしまうところがあって，一つのことにとらわれてしまうと，そこから柔軟に切り替えることが苦手とされているのかなという感じがありました。
　　Aさん：そうですね。それはなんとなく覚えてます。普段からこうだと思ったら，そこばっかり気にしますね。
　　筆者：あとパズルでは，積み木と違って手本がないなかで作業を進めるので，柄がほとんど描いてないものになると，途中でどうしたらいのかわからなくなられたようですね。具体的なお手本がつけ加えられれば大丈夫だけど，一から自分で何かを作り上げたり，完成させることを苦手とされているかもしれませんね。
　　Aさん：そうですね。数学の図形問題とか苦手でしたね。
　　筆者：数学の図形問題とかが苦手だったんですね。勉強以外だと……例えば普段の生活でも具体的な解決方法や次はこうなって，こうなるというふうにわかりやすく示されてないと，どうしたらいいのかがわからなくなって，不安に感じやすいところがあるかもしれないなぁというのも結果からうかがわれるんですが，どうですか？
　　Aさん：あぁ……不安になると，自分で何でも解決しようとする癖があるんですよね。わからなくてパニックになってるけど，周りに助けを求められな

くて，今回のようなことになった。もっと早くから，周りに助けを求めてたらよかった。人に迷惑を掛けたくなかっただけなんですけど。自分はプライドが高いんですかね。眠れなくなったときに，きちんと精神科を受診すべきだった。なんでもっと早くに来なかったんですかね……

筆者：とても困ってらっしゃったけど，どこに相談に行けばいいのかがわからなかったんですね。何でも自分で解決しようとする癖があるっておっしゃってましたが。そのことと検査の結果と関係していることかなって思うことがあるんです。Aさんのなかにはとても繊細な面があられて，周りで何か起こるとそのことに影響をうけやすくて，不安を感じやすいところがあるのかなって。ただ，その不安な気持ちとかもぐっと自分のなかに抱え込んだりするところもあるから，知らず知らずのうちに不安とか心配を溜め込みやすいのかもしれません。

Aさん：家のことは友達にも話せなかったんですよね。迷惑を掛けるだけだし。(涙) でも，それがいけなかったんでしょう。余計に迷惑を掛けた。家族から相談を受けたときに，自分がちゃんとしてないといけないって思ってた。でも，どうしたらいいのかがわからないんですよ。そんなことを考えてたら眠れなくなった。そのときに精神科を受診してれば良かった。それを，自分で気づくべきだったのに。余計に悪いことになった。(自責的な話が続いていく)

筆者：家族のために自分がなんとかしないとって気が張り詰める感じがあられたんでしょうね。ちょっとお話を聴いていると「～しないといけない」って思われてるみたいだし，それは検査結果でも，すごくAさんは真面目な一面があられて，目標とかを掲げて「～しないと」と頑張られる性格っていうのが出てるんです。でも，それが時々，Aさんのなかで「ちゃんとできてないといけない」って思いやすいものになってるのかなっていう感じもあるんですが，どうですか？

Aさん：そうですね。真面目とはみんな言ってくれますけど，頭が硬いんでしょうね。だから，仕事には行かないとって思ってずっと行ってたけど，こんなことになって。仕事もずっと休んで迷惑を掛けた。(涙を流し，また自責的な話を繰り返しされるように)

筆者：退院がもうすぐですが，お気持ち的にはどうですか？

Aさん：家に帰れるのでうれしいです。でも，また眠れなくならないか，心配ですね。

筆者：また眠れないなって思って心配になったら，病院を受診されたり，先生にお薬のことをご相談してみて下さいね。退院されてしばらくは，まだまだ

お体も気持ちも調子を見ながらやっていく時期ですから，眠れなさだったり，気持ちで不安なことがあったら，病院に相談してみて下さいね。
Aさん：そうですよね。第三者に聞いてもらうほうが自分は相談しやすいです。

最後には落ち着きを取り戻され，45分ほどでフィードバック面接を終了した。なお，外来通院に切り替わってからも希望があればカウンセリングで話を聴く時間を設定できることはアナウンスしたが，Aさんの方からカウンセリングの積極的な希望は聞かれず，その旨をカルテに記載した。

Ⅶ その後の経過

フィードバック面接の翌日にAさんは退院し，その後も定期的に主治医の診察を受け，服薬を続けている。退院後は社会復帰への焦り等から不安定になったり，一度スイッチが入ると「自分が悪いから」と考えが堂々巡りになることはあるようだが，家族や主治医に支えられ，大きく調子は崩さずに経過している様子であった。

Ⅷ 本事例についての振り返り

1 Aさんの抱える問題の明確化と主治医への報告

他科から紹介されてきた患者に心理検査を依頼される場合は，最初から精神科に治療を求めて受診してきたクライエントよりも，「今の心理状態を多面的に捉えてほしい」というニーズが強かったり，「今後の治療の方向性を探っていく上での一つの手がかり」として検査導入を考えられているようなケースが多い。本事例もそのようなケースであり，筆者や主治医の検査の目的はAさんの問題の明確化や治療への動機付けを促すことを主眼においていたように思われる。一連の検査結果と主治医との話からAさんの問題として浮かび上がってきたことは，「発達障害という診断名がつく程のこだわりやコミュニケーションの困難さはないが，アンバランスな能力であり，見通しを持つことを苦手とすること」「Aさん自身が適度に人を頼ることができず，自分のなかに抱え込みやすいこと」である。これらの問題点を踏まえ，今後Aさんに気持ちの面で困ったことがあれば病院を頼ることを支持していくことやAさんへのかかわり方としては見通しが持てるような声掛けを行っていくことを主治医との間で確認していった。

また，「幼少期から過保護で過干渉な母との間に過度に密着した関係が築かれ，

そのなかでAさん自身がどうしたいかという主体性よりも，"家族のために""母のために"どうするかということが優先されやすかったこと」が推察され，それが今回の親族の金銭トラブルに巻き込まれた両親をなんとか支えようと必死になっていったことにつながったと思われる。この点は主治医と直接のやりとりのなかで共有することはできておらず，実際に主治医に結果を報告する際に，この点も取り入れて伝えていけば，より多面的にAさんを理解することにつながったのではないかと思われる。

　筆者のなかでAさんに対する最初の印象は，「一方通行なコミュニケーション態度で疎通が取れているようで取れない感じがあること」が発達障害特有のコミュニケーション態度と重なるように思えていた。しかし，経過とともにAさん自身が少しずつ自殺未遂に至る家庭の出来事の振り返りを行うようになり，Aさんの感じていた不安や恐怖などの情緒が伝わってくるようになった。考えが堂々巡りになりやすい特徴はあるが，少しずつ疎通は取れるようになり，当初のAさんの印象が少しずつ変化してきた。最初に筆者が抱いたクライエントへの感触や印象，そのときのクライエントの心の在り方や特徴についての仮説を大事にしながら，変化していくクライエントの状態像に合わせて仮説を見直していくことが必要だと思われる。

　主治医への報告を振り返るなかで，筆者はAさんを発達障害というカテゴリーに早急におさめようとしていたように感じた。それには，少なからず自殺企図という行動化をしたAさんに触れ合うことの恐れがあったように思う。未遂を起こした人へのフォローの仕方を暗中模索しているような感覚があり，Aさんが何等かの疾患や障害があるということにしておかないと，今後の支援の在り方などを具体的に考えられないというやや切迫した思いがあったように感じる。高橋[1]は，自殺未遂者を前にして，医療者側に強い不安がわき上がり，自殺未遂について触れないようにするなどのさまざまな治療者側の防衛反応が起こりうることや陰性の逆転移からの治療者の行動化について注意を促しており，まずは患者との間で自殺について話題にし，相手の話を徹底的に聞くことの重要性を示している。そうすることで，自殺未遂者が混乱した状態から少しでも脱することが可能になったり，その人の苦悩を周囲の人に気づいてもらえるきっかけになるとされている。自殺未遂者へ介入していく際に治療者側の感情も細やかにアセスメントしながら，介入していくことで未遂者のフォローにつながっていくと思われる。

② Aさんにとっての心理検査の意味

　一方のAさんは，経過のなかで徐々に自殺未遂に至った経緯を振り返られるようになった。入院から約3週間経過した時点で顔合わせを行ったが，この時期はAさんの身体面の機能は回復しており体力的には安定していたが，自殺未遂のことを振り返られるほど精神面は回復しておらず，混乱状態にあったと思われる。この時期に心理検査で介入していくなかで，Aさんの語りを聴きながら，ときにはSCTなどのツールを用いて，混乱状態にあった気持ちを発散させたり，整理して現実感覚を取り戻していくサポートになったのではないかと思われる。

　また，Aさんと主治医や看護師との間で築かれた信頼関係が，筆者とAさんとの関係性にプラスに影響し，「検査で何をされるかわからない」という不安感を助長させたり，侵襲的に受け取られることなく，検査をスムーズに推し進めていくことができたのではないかと思われる。

　なお，今回の一連の検査でのやりとりを振り返るなかで，Aさんの母親との分離のテーマが一つの課題として浮かび上がっていたように感じる。Aさんが40代に入り，両親にケアされ保護されるという立場から，Aさん自身が両親たちをケアする側に変化してきており，親に依存するというあり方を手放す時期に移行してきていると思われる。そこで，今後は親の価値基準によって物事を選択し決めていくのではなく，Aさん自身がどうしたいのかという主体性を持ち，親以外の他者との間に親密な関係を持てるように積極的にかかわっていくことが大切だと感じる。今回の検査結果が今後Aさんが親から精神的に自立していく一つのきっかけになるように，Aさん自身が自分の今までのあり方について振り返るような働きかけがあってもよかったのかもしれない。

③ 受検者へのフィードバックについて

　実際に受検者へフィードバックを行う際，「どこまで何を」伝えることが「受検者のために」なるのだろうかと思案しながら行っているが，実際に伝えていくと，受検者の理解と筆者の意図することにズレが生じてしまったり，うまく伝わらないこともある。Aさんの場合は，退院を目前にし，改めて社会に復帰していくなかで適応できるかどうか，同じような問題行動を起こさないかという不安が強まっていった。そのタイミングで心理検査の結果をフィードバックすることになったが，ここで筆者としては検査からわかったことを少しでもAさんに理解してもらってから退院してもらおうと，急かし過ぎていたように思う。本人が検査結果を知りたいという希望があっても，意識的・無意識的に結果を知ることへの不安は当

然あり，防衛的になったり，逆に不安感をあおってしまうようなこともある。筆者としては，フィードバック面接がAさんをサポートする場になれば良いと考えていたが，後半になるにつれ，涙が止まらなくなったり，自責的な話を繰り返し訴え続けるようになったのは，Aさんからすると，その場が次から次へと自分の問題点などを直面化させられる場になってしまったからなのではないだろうか。説明を始める前に，退院前に検査結果を知ることへの思いを改めて丁寧に聴き取り，不安などの理解や共感を示してから説明をスタートしても良かったように反省している。ただ結果からわかったことを伝えたらいいというわけではなく，面接のなかで相互的なやりとりをし，どこまで相手に伝わっているのか，どういうズレが生じてしまっているのかを感知しながら説明していくことが大事だと気づかされる。

◆ 文献

[1] 高橋祥友：医療者側が知っておきたい自殺のリスクマネジメント［第2版］．医学書院，2006．

| 8章コメント |

心理検査の臨床的な活用について考える
患者との結果の共有を中心に

吉村　聡

I｜検査結果の活用と共有について

　心理検査は，コミュニケーションを離れることができない。とりわけ結果を患者と共有しようとするとき，この点は重要になるだろう。結果を正確に理解するという科学的な態度が必要なのは，もはや当然である。私たちに求められているのは，この結果を受け手がどのように体験するのかを判断し，実際に対応するという臨床的な関わりである。どれほど素晴らしい解釈を机上で紡ぎあげたとしても，臨床的に活用できないのなら，それは宝の持ち腐れである。

　私たちの仕事を整理すると，四つのプロセスで考えられそうである。まず，①いかに正確に結果を理解するか，②何をどのように患者に伝えるかという2点について，事前に十分な用意を心がける必要がある。そして実際のフィードバックで，③患者が検査結果をどのように体験したのかを観察し，④必要に応じて，さらに介入するという対応も求められるだろう。

　それでは，得られた結果の何をどこまで，どのように患者に伝えたらいいのだろう。

　これはとても難しい問いである。あえて答えを探すなら，今の私に考えられるのは，「患者と，患者によって差し出されたテストデータに聞くしかない」であろうか。

　私は，患者が今何を求めているのか，そして結果をどこまで聞く用意があるのかを考えるようにしている。患者側の準備状態についての適切なアセスメントがなされないと，伝えられた結果がどれほど正しくても，侵襲的な体験になってしまうことを危惧するからである。

　患者が何を知りたいと思っているのかを，直接本人に聞いてみるのは有効な手だての一つかもしれない。しかし同時に，患者は（そして患者に限らず，往々にして私たちは）自分の願望をしっかりわかっているとは限らない。また「知りたい」と依頼されたからといって，その内容をストレートに伝えることが，本当に

本人が望んでいた通りなのかもわからない。

　患者の知る権利を尊重することも大切である。同時に私たちは，意識的に体験されている欲求願望と矛盾する無意識が存在することも知っている。心の専門家としての私たちには，患者の声を全体的に捉えて対処する義務もある。

　私たちの心には無意識があるが，ここには意識にとどめおくことを嫌ったものが含まれている。投映法の実施によって，患者本人にとって無自覚な事象が明らかにされることもあるが，この内容を伝えるのにはそれなりの慎重さが必要なはずである。

　何をどこまで伝えるかを考える上で，スティーブン・E・フィンのまとめは参考になる[1]。フィンは，検査から得られる結果を三つの水準に分けて考えている。もっとも安全な水準のレベル1では，患者が自分の考えの正しさを受け入れられるような内容が伝えられる。レベル2のフィードバックでは，患者が自分の考えを拡げる機会を提供するが，セルフエスティームを脅かさない内容が共有される。もっとも高い水準のレベル3になると，患者は自分の自己理解から離れている内容について，結果を聞くことになる。

　フィンのまとめに加えて，私は二つの点で患者との共有内容とその伝え方を吟味するのが望ましいと考えている。

　一つ目は，患者の自我機能の在り方，とりわけ病態水準の視点である。

　心理検査の結果から，もし患者の病態水準が神経症水準であるとわかったなら，それは患者に不安と葛藤の中にふみとどまれる力があることを意味している。この水準の患者には，援助者の力を借りながら洞察を深めていく力があり，したがって，内省的な心理療法への親和性も高い。心理検査の結果を活用することが期待される一群であろう。

　患者が境界例水準や精神病水準なら，その患者は他者からの関わりを迫害的にとらえ，自分自身を脅かす存在として体験するかもしれない。本人も知らないうちに不安にとらわれて，身体化や症状の増悪に至ることもあり得る。したがって，本人が詳細な結果の共有を望んだとしても，何をどこまでどのように伝えるべきなのかは，慎重に考える必要がある。私は，結果を一切伝えるべきでないと考えているわけではない。心理検査とサイコロジストを脅威と感じられないような工夫が不可欠なのである。

　患者との共有を考える上で念頭に置かれるべきもう一つの視座は，結果の共有とその後の面接にどれくらいの時間や回数を費やせるのかという，構造上の問題である。

多くの場合，検査結果の共有に要される面接は一回だけである。当然ながら，たった一回でできることには限りがある。「せっかくわかったから」「テスト結果は役に立つから」という検査者側の思いが先走ると，その解釈には検査者の欲望と自己愛が入り込み，患者への押しつけや侵襲に近づいていくかもしれない。

　今回の事例も，継続面接が約束されているわけではない状況で検査がスタートしている。つまり，本当に一回限りで終わる可能性の下で検査結果が伝達され，実際，この一回で終わったようである。

　この「一回性」が，多くの臨床面接とは決定的に異なる難しい点である。たとえば患者と週4～5回会う精神分析であれば，もしも患者が面接者の言葉に動揺し，強い不安を感じたとしても，翌日にはその不安について話し合うことができる。これは患者にとっても面接者にとっても，安心をもたらす構造であると思う。しかし検査結果の共有では，この「次」がない。フォローアップの保証のない構造なのである。

　検査結果を積極的に伝える立場の代表格は，先にあげたフィンであろう。フィンは検査結果の共有を治療の域にまで高めた臨床例を数多く報告している。しかし彼らの治療的アセスメント（Therapeutic Assessment）は，文書によるフィードバックや1～2カ月後のフォローアップ面接も含めて，数回の面接設定で行われるところに特徴がある。そしてその実践はときに心理教育的であり，ときにブリーフセラピー的でもある。つまり，単に結果を「伝える」だけでなく，「伝え方」に相当の工夫と技術を要しているのである。

　思うに，もし検査結果の多くを患者と共有しようとするなら，それなりの面接回数と臨床的な技能が必要であるという事実が，ここに示唆されているのではないだろうか。つまりフィンの実践は，逆説的に，私たちが安易に検査結果をフィードバックすることへの警鐘を鳴らしているのだと思う。私たちはこの事実を，もう一度確認しておく必要がありそうである。

II｜事例について（検査実施以前の見立て）

　それでは，ここから事例に即して考えてみたい。

　事例提供者は，検査導入の経緯や病棟での様子について，検査実施以前に主治医や病棟看護師と話し合い，あわせて患者本人との顔合わせも行っている。丁寧に報告されているこれらのやりとりは，Aさんの理解と援助を進める上で，とても有用であると感じた。

これは，医療スタッフの協働関係を高めるという意味でも，重要だろう。ほとんどの医療機関で医師や看護師は多忙をきわめているので，十分に話し合う時間をもつのは難しいかもしれない。しかし，患者の様子と主治医の検査依頼の詳細を知ることが，大きな手助けになることは間違いない。これによって，患者理解の一助（心理検査によるアセスメント以前のアセスメント）を得られるからである。
　もっとも，「検査前のアセスメント」にこだわりすぎる危険性については，事例提供者の述べる通りだろう。事前情報をどのように受け取るかによっては，テストデータを公正な目で見ることが難しくなってしまう。
　事例提供者は，この段階で「発達障がい」という見立てを念頭にもったようである。そしてこの見立ては，一つの有力な候補である。しかし，それ以外の可能性はなかったのだろうか。
　たとえば主治医はこう言っている。「自殺未遂の前には幻聴のような訴えもあった」「（診察では）ニコニコしていることが多くて」。一時は生命を絶とうとしたほどの患者が，入院中に「ニコニコしていることが多い」というのは，一体どういうことなのだろうか。そして，果たして純粋に発達の問題だけで幻聴体験が生じたと言えるのだろうか。
　また，看護師の報告や事例提供者との事前面接からは，Aさんが罪悪感を訴えるばかりで，励ましやアドバイスに応じない様子がつづられている。この点も，私には気がかりである。なぜそのような状態，外的世界に十分に心を開けない状態になっているのだろうか。
　これらの疑問を解く鍵として，「発達障がい」という見立ては一つのピースに過ぎない。確かに疎通の悪さは，発達障がいの重要な特徴の一つである。しかし，疎通の悪さは，発達障がいでなくとも，さまざまな疾患や心理状態によって生じることだろう。
　Aさんの状態をみると，もう少しいくつかの可能性も浮かぶ。もしかするとAさんは，いわゆる大うつ病で，悲観的なこと以外に考えられなくなっているのかもしれない。あるいは精神病なのかもしれない。気分の変動を伴うのなら，失調感情障害なのかもしれない。睡眠導入剤の過量服薬の問題があったようなので，薬物依存による酩酊状態や精神病状態が，解消されていないのかもしれない。いろいろな可能性が脳裏をよぎる。
　おそらく大切なのは，いくつかの疑問や可能性を保持しておくことであろう。そしてそのあまたの疑問から一定の臨床像が描出されるまで，辛抱強く検査結果を精査することではないだろうか。

III │ 検査を通じたAさんの理解

　創作事例という事情もあって，Aさんについて得られるテスト情報は限られている。たとえば実際の臨床で，ロールシャッハ（片口法）のSummary Scoring Tableだけで解釈したり所見をまとめることはありえないし，ましてや記号だけで，病態水準や発達障がいの判断は無理である。どんなに形態水準が良くても，明瞭な思考障害を含む反応が一つあっただけで，統合失調症と判断できることもある。その意味で，本事例に対する見立ての議論にはかなりの限界が伴う。

　限界を承知の上で，仮にAさんがこのまま実際の症例であるならという仮定のもと，考えられることをまとめてみると，以下のようになりそうである。

　まずAさんの知的能力について。検査結果の数値だけでなく，検査時の様子が丹念に記載されているので，Aさんの特徴がわかりやすくなっている。事例提供者はこれらを有効に活用しているという印象を受ける。ただし，検査時のこれ以外の細かなやり取りや誤答パターンがわからないので，事例提供者の記述以上のことは議論しにくい。

　次に，ロールシャッハについて。反応数も乏しく，初発反応時間がゆっくりで（この傾向はWAISとも一致している），Ⅷ＋Ⅸ＋Ⅹ／Rの値も低めである。心理的なエネルギーの乏しさが予想され，外界からの働きかけには，あまり反応していないように見える。一方で，FM＋m＝7.5という数値は，Aさんが衝動や不安などに悩まされがちであることを意味している。F％が低く，冷静な心持ちが維持されにくいという特徴もあわせて考えると，Aさんのこころは外界に開かれて応答するのでなく，内面への焦点づけが強まっている状態で，内側で繰り広げられる不安衝動の対応にかかりきりになっている可能性がある。MやΣCの低さを考えてみても，衝動や不安に対処する自我の力が十分に備わっているとはいいにくい。おそらく，FC＞CF＋CやΣF％の高さから見えるように，自分の気持ちをしっかり律しようという気持ちが強く，この気持ちによってかろうじて保たれている部分が大きいものと推察される。

　この結果は，バウムテストを見ても頷けるところがある。小さく描かれた木は，事例提供者の指摘する通り委縮した自我を現しているようで，外界との交流にひらかれているとはいいにくい。小さくまとまっているばかりで，Aさんの内面がどうなっているのか，よくわからないのである。

　それは，Aさんのこころが，何らかの精神医学的な問題ゆえに閉ざされている

ことを意味するのかもしれない。Aさんはテスト実施に対して，終始，好意的なコメントを残しているが，その一方でWAIS実施後にぐったりしている様子も観察されている。もしかすると，実は検査を受けることにかなりの不安と警戒心があって，必要以上にがんばりすぎたのかもしれない。

　投映法から見えるAさんが，外界に対する応答性を十分に持ち合わせていないことを思うと，さらに，内面の不安処理に忙しすぎる状態にありながら，外向きには自分をしっかり律しているように見せていることを思うと，普段見えている臨床像や本人から語られている事実が，そのままAさんの実情を現しているとは限らないというのが，私の感触である。だからこそ，おそらく実際の臨床場面では，ロールシャッハの反応語をよく吟味し，そして自覚的に語られた自己像であるSCTを熟読することになると思う。

　SCTに書かれているものは，一般に，患者本人の心の中にあって意識化されているものである。検査結果を共有しようとしたとき，この「意識されているところ」を中心に行われるのが望ましい。

　SCTにまつわる事例提供者のまとめによると，Aさんは病弱で両親に心配をかけてきたことを気にしているらしい。感情的になりやすい母親を怒らせたり悲しませたりしてはいけないと思ってきた，ともある。これは，Aさんが検査導入前にも語っていたことに合致する。

　そして，「今思うと，（大量服薬時は）おかしくなっていた。こんなことになって迷惑をかけるぐらいなら，もっと早く周りに相談しておけばよかった」と，現実検討能力の回復を思わせる記述もある。これらは，SCTを媒介にした治療的コミュニケーションによって得られた気づきかもしれない。しかしその一方で，SCTの記述をめぐるやり取りの中でAさんから「こんなことになって迷惑をかけるくらいなら」と語られていることからは，やはりAさんの気持ちの中心は，他人に迷惑をかけないことにおかれていて，「自分を大切にすること」になっていないようである。疎通の問題は軽減され，自身を振り返る姿も見られているが，おそらく根底にある心的構えは，依然として持続しているのだろう。

Ⅳ｜検査結果の共有について

　事例提供者は，Aさんとのやり取りを丹念に記載している。こうして細かなやり取りが記載されているのは，事例提供者が検査（とその結果の共有）のもつコミュニケーション機能の意味と意義をよく理解されているからなのだろうと思う。

繰り返しになるが，検査結果を共有しようとするとき，患者に何をどこまでどのように伝えるのかという問題は，とても微妙であり，したがって，アセスメント結果を精緻に吟味する必要がある。そしてここでいうアセスメントには，検査結果のみならず，検査実施前のAさんとのやり取りや，医師と看護師から得た情報も含まれている。
　「患者の検査に聞く」という，先に示した私の考えにしたがうなら，Aさんは検査結果を心待ちにしているように見えて，実はそうとも言い切れないという側面も考えておきたい。テスト結果から私の目に見えるAさんは，検査に対する不安が強く，検査結果を頭の中で反芻して，不安にはまり込む危険性がある。このような患者の場合，苦手なことやできないことを伝えたり，患者の自覚していない内容を話し合うことには，慎重でありたいと思う。
　それでは，どんなことなら伝えられるのだろう。私はやはり，本人が自覚していること，そして本人が自分で語っていることを中心に据えるべきだと思っている。SCTも含めてAさんが繰り返し語っているのは，「迷惑をかけてはいけない」である。おそらく私なら，SCTで書かれたこの人の表現を活用しながら，この点に少し触れてみて，Aさんの反応についていくようにしながら支持的に関わるだろう。この後の治療面接が約束されているわけではない状況で，これ以上に内的世界への気づきや洞察を促すのは，私にはかなりの勇気がいる。
　知能検査の所見も同様である。この検査は，得意不得意がはっきり見えやすい。事例提供者がAさんの得意な面から伝えている点には，とても好感が持てる。私ならここにもう少し時間を使うかもしれない。患者を褒めるという意味でなく，この得意な能力が日常でどのように発揮されているのかを聞いていくのである。
　苦手な事柄について伝える場合，ここでも投映法で得られた知見もあわせて考えるなら，患者の負担になりすぎないような配慮をしたい。事実としての得手不得手を伝えつつも，不得手なところをどのように補ったらいいのかを示す必要があるかもしれない。手本がないとどうしたらいいかわからなくなることを，事例提供者は検査を通して知っていたのである。したがって，不得手な部分を伝えるとしたら，改善策や患者の努力をあわせて伝えるなど，患者にとって希望と展望が見えるようなものにしたいと思う。
　患者が不安にとらわれやすいことは，おそらくWAISも含めたすべての心理検査に共通した所見であるが，そもそも，この点を伝える言葉や伝え方にも気配りをしたい。「あなたは不安になりやすい」と伝えられたら，Aさんは「その通りです。ああどうしよう」となりやすいだろう。

想像するに，Aさんが他人に迷惑をかけないようにしているのは，自分の不安をなくそうとする努力でもあるのだろう。もしそうなら，「不安になりやすい」とだけ伝えるよりも，その不安を自覚して本人が対処しようとしている努力（防衛）も一緒に伝えてみるのはどうだろう。たとえば，「ご自分が不安になりやすいことにお気づきのようですが，この不安をどうにかしようとがんばってこられたようですね」のように。さらに，もしわかるなら「不安」という曖昧な言葉のみよりも，「家族といるときの不安」「〇〇をするときの不安」などと特定できるなら，さらに良いかもしれない。

　大切なのは，不安に圧倒されている脆弱な自我だけに焦点づけることや，不安という曖昧な心的状態をクローズアップするだけでなく，事態を明確化し，不安に対処する健全な自我にも光をあてることである。

　もちろん，それでもAさんは不安ばかりに焦点づけて，自責の念にとらわれてしまうかもしれない。私たちはその可能性を念頭に置きながら，言葉を選び柔軟に対応するしかない。結果の共有は臨床面接の一環でもあるのだから，「こうすれば確実」ということは何一つないし，「これが正解」と呼べるものもない。その場に応じて，患者との関わりの中で考えるしかないのではあるまいか。

V ｜ おわりに

　事例提供者は，「本事例についての振り返り」で，このように述べている。「最初に筆者が抱いたクライエントへの感触や印象，そのときのクライエントの心の在り方や特徴についての仮説を大事にしながら，変化していくクライエントの状態像に合わせて仮説を見直していくことが必要」（強調は吉村）。私も，この主張に同感である。

　事例提供者が所属している医療機関は，精神科以外からの依頼が多いようである。それはつまり，さまざまな問題や病態の患者への対応が求められることを意味しているし，どの程度，患者本人が内的な作業に向き合う用意やモティベーションをもっているかがわかりにくいということでもある。このような職場では，とりわけたくさんの可能性を考えながら，患者に対応していく必要があるだろう。

　私たちは，「患者のために何ができるか」と考えがちである。それは大切な問いであると思う。しかし「患者のために」と勢いこむことに潜む陥穽，言い換えるなら治療者の万能感にも，目を向ける必要があると思う。私たちにできるのは，患者と患者の一部である検査結果をよく見て理解しようとつとめることだけだと

思う。その範囲を超えることをしようとするとき，私たちは臨床の基本から逸れていく危険性と隣り合わせにいると思う。

　もっとも，言うは易し，行うは難し，である。私もそのような臨床ができるようになりたいと願いつつ，日々の経験を積み重ねているにすぎない。

　事例提供者の先生の丁寧な仕事に敬意を表しつつ，ますますのご発展を祈念したい。

◆ 文献

[1] Finn SE : In Our Clients' Shoes : Theory and Techniques of Therapeutic Assessment. Routledge, 2007.（野田昌道・中村紀子訳：治療的アセスメントの理論と実践：クライエントの靴を履いて．金剛出版，2014）

第9章

認知症が疑われた高齢者糖尿病患者への認知機能検査を他職種連携へと活用した事例

検査●HDS-R, MMSE-J, FAB, WAIS-III簡易実施法, 時計描画テスト, 立体図形模写

水戸　薫

I｜はじめに

1 筆者の職務の概要

　筆者が勤務するのは，緊急・重症な状態にある患者に対して医療を提供する一般急性期病院で，病床数400，31標榜診療科からなり，全職員数約900名が勤務している。

　筆者は以前医療関係の仕事を10年程していたが，勤めながら大学の心理学科に通い，その後大学院に進学して臨床心理学を修め，当院に5年前に心理職として採用となった。筆者が採用となったときは，心理職は筆者一人であり，精神科医もいなかったが，現在では非常勤精神科医1名（週半日）と常勤臨床心理士2名体制で心理的ケアに努めている。業務内容としては，全科の患者を対象とした心理面接や心理検査を用いた心理査定，心理コンサルテーション，職員へのストレスチェックの実施やメンタルヘルスサポート，当院附属看護専門学校の講師，臨床心理士養成大学院の実習生受け入れなど多岐にわたる。中でも心理検査は特に専門性が高く，その結果を他職種により活用されるように伝達していくことは重要な役割であると考える。

2 当院における心理検査の実施とフィードバック

　当院での心理検査は業務内容全体の15％（前年度237件）である。基本的には各診療科の医師から直接の（精神科医を通さない）依頼をもとに実施することになるが，依頼目的は大きく二つに大別される。一つは神経内科外来にて認知症専門医から依頼される認知症診断のために実施される神経心理学的検査である。もう一つは，患者の心理状態や精神的機能や発達水準等の客観的な把握，治療法の

適応上に留意すべき心理的問題の評価等，診断の補助手段を目的として主治医から依頼される心理検査である。糖尿内科，小児科，脳神経外科の順に依頼が多い。

〈神経内科外来における心理検査〉

神経内科外来からの依頼の場合は，認知症の診断のために実施される検査は基本セットが決まっており，当院では，改訂長谷川式簡易知能評価スケール（HDS-R），精神状態短時間検査日本版（MMSE-J），前頭葉機能検査（FAB），アルツハイマー病評価尺度（ADAS-Jcog），BPSD評価として日本語版NPIを実施している。また，MMSE-Jが24点以上の場合には追加検査として日本語版MoCAを実施したり，認知機能が著しく低下している場合には，時計描画テスト（CDT）やN式老年用精神状態尺度（NMスケール）に変更したり，うつとの鑑別診断のために高齢者用うつ尺度（GDS）を追加したりするなど，心理検査の追加変更は臨床心理士に任されている。

検査結果については，診察前に検査を実施し，その結果と併せて診察となるため，検査報告書を作成する時間が持てない。そのため，診察に必要な情報や検査態度，患者や家族からの情報，そのときに気づいたことなどは検査用紙に直接書き込んで医師に渡し，医師が結果以外にその内容にも目を通し診断補助に役立てられるようにしている。神経内科外来からの依頼による臨床心理士の主な業務は神経心理学的な検査の実施であり，一度限りで終わることもある。

〈神経内科外来以外における心理検査〉

神経内科外来以外から，診断の補助手段として依頼される場合には，電子カルテに記載された依頼内容に加え，診療記録を参考にしたり主治医と直接やりとりしたりするなど，依頼目的を明確にするように心掛けている。依頼内容として多いのは，「服薬アドヒアランス不良の原因が知りたい」「精神症状の正確な評価をしてほしい」「脳血管障害後の高次脳機能障害の評価をしてほしい」「かかわり方や対応の仕方を知りたい」などが挙げられる。また，入院中患者の場合にはコメディカルからの要請により主治医が依頼を出しているケースも少なくないため，誰が必要としており，何を知りたいのかを明確にした上でインテーク面接を行い，臨床心理士が心理検査のテストバッテリーを組むようにしている。よく実施する心理検査は前述の神経心理学的検査に加え，ウェスクラー成人知能検査第3版（WAIS-III），ウェクスラー児童用知能検査第4版（WISC-IV），TEG-II東大式エゴグラム，うつ性自己評価尺度（SDS），親面接式自閉スペクトラム症評価尺度改訂版（PARS-TR）などである。

検査を実施する場所は，外来の場合は心理相談室で行い，入院中の場合は病棟

内にある相談室を借りて実施することが多いが，病状によってはベッドサイドで行うこともある。また，1回の検査における所要時間は，認知機能検査で約1時間，知能検査や人格検査で約2時間であり，一般的な心理検査とおおむね変わらないが，身体疾患を患っているということや身体疾患に伴う精神症状の可能性もあるため，多少の工夫が必要である。特に急性期の場合には病状に細心の注意を払い，精度や妥当性を低めない程度に必要なものだけに限って行ったり，検査時間や検査回数なども調節しながら患者への負担や苦痛を強いることのないようにできるだけの配慮を行っている。

　検査結果については，心理検査結果報告書を電子カルテのなかに残すようにしている。入院中の患者においては依頼者である主治医だけに限らず他職種間で情報が共有できるように，報告書が完成した時点で電子カルテの掲示板にかかわり方の参考にしていただきたい旨を記載するようにしている。また，報告書は読んでもらえてわかってもらえて意味があるものだと考えているため，多忙を極める日常業務のなかでも目を通す価値のあるものになるよう意識しながら記載している。例えば，A4用紙1枚に収まるくらいの情報量で簡潔に記載したり，現在の状態や治療や支援に役立つような内容を記載するようにしている。またスタッフにもそれぞれの職種の立場から患者へのアセスメントや見立てがあるため，報告書を読んだ他職種がどのように感じたとかということも大切にしている。そのなかでどのように支援を行うことが患者にとって一番良いことなのかを話し合ったり，話し合う時間が持てないときには時々病棟に出向き，その後の経過を聞いたりするようにしている。

　患者へのフィードバックについては，外来患者の場合には患者用結果報告書を作成し臨床心理士からフィードバックを行っている。また，入院中患者においては希望があれば行うようにしている。

　以下に，糖尿内科からの依頼を受け，認知症の疑いのある入院中の糖尿病患者に心理検査を用いた心理アセスメントを行い，その情報を他職種と共有して患者のQOLを維持することに努めた事例を紹介する。なお，本事例は，筆者がこれまでの経験を基に創作した架空事例である。

II｜事例の概要と検査実施までの経緯

　受検者のAさんは，70代前半の男性，糖尿病教育入院中である。

1 医師からの依頼

入院翌日にAさんの主治医である糖尿病内科医（40代，男性）より電話連絡があり，「また認知症の検査を一人お願いしたいんですけども……いつもすいません」と困り果てた口調で臨床心理査定を依頼される。筆者はAさんについての情報や依頼内容についてその場で確認する。

主治医：今回お願いしたいのは，昨日入院したAさんという患者さんなんですけど，前にも1度ここで入院していて，インスリン導入して帰ってもらったんです。退院後はかかりつけのところで診てもらってたんですけど，どうも血糖コントロールができてなかったみたいなんですよね。通院はちゃんとしてたみたいなんですけど。

筆者：通院はちゃんとしてるけど，インスリンや食事がどうだったか気になるところですよねぇ。

主治医：そう，そうなんです。僕が話す限りは，わかってるように返事もしますし，前の入院でもインスリンの手技も覚えることができてたんで大丈夫だと思ったんですけど。ただ難聴があるのでどこまで理解できているかはよくわからないんですが，一度認知症の検査をしてもらえたらと思いまして。ちなみにこの方はインスリン分泌がかなり低下してるので，インスリン注射は絶対しないといけないんです。なので，一度評価をお願いできたらと思いまして。いつもややこしい患者さんばかりですいません。

筆者：わかりました。まずお会いして，お話聞いてみて了承いただけたら検査もさせていただきます。ちなみに私のことはご本人さまはご存知でしょうか。

主治医：はい，伝えています。今回，再入院ということもあるので，うまく血糖管理できないことについて一度心理士さんとお話してみましょうと伝えたら，いいですよということだったのでお願いできますか。

検査実施のタイミングとしては，「もう少し血糖値が落ち着いてからの方がいい」とのことで，週明けに行うことになった。

2 Aさんについての情報取得

主治医から依頼を受け初回面接をするまでに必ず行うようにしているのが電子カルテからの情報収集である。現在の状態，家族歴や生育歴などの情報を得て，どのような心理検査のバッテリーを組めば良いかという判断材料を得ること以外に，専門職それぞれが患者をどのように理解し，アセスメントをしているのか，

何に困っているのかをわかる範囲で収集するようにしている。Aさんについても，電子カルテより以下の情報を得た。

〈生育歴・現病歴など〉

同胞4名，第4子，次男である。実母は10年程前に他界し，実父も20年程前に他界している。49歳のときに周囲に勧められるままお見合い結婚し，現在10歳下の妻と二人暮らしである。隣に長男夫婦が住んでいるが，交流はあまりない。中学校卒業後鉄工所に勤務していたが，職場の人間関係がうまくいかず50歳で退職し，現在は無職で年金暮らしである。

糖尿病については60歳頃に風邪症状でかかりつけの医院を受診した際に指摘されたが放置していた。その1年後に感冒症状と倦怠感など体調不良のために医院を受診すると，空腹時血糖値が350mg/dl（基準値上限が110mg/dl以下），HbA1cが14.0％（基準値は4.7〜6.2％）と重症の糖尿病であることがわかった。その後，かかりつけ医より当院糖尿内科を紹介され，糖尿病教育入院となった。入院直後より糖尿病食とインスリン強化療法を開始し，同時に栄養指導も始まったことで，徐々に血糖値は安定し3週間後に軽快退院となった。退院後はかかりつけ医に通院し，インスリン療法も継続していたようだが，血糖値は高めで推移していた。今回，足のしびれを訴えて当院整形外科を受診したところ，HbA1cが12.1％と再び高血糖が持続しており，整形外科医より糖尿病の合併症である神経障害を指摘され，2度目の教育入院となった。

〈入院中の診療記録〉

- 医師記録：上記入院に至る経過に加えて，妻と二人暮らしで調理者は妻であること，妻は昼間実家に戻り親の介護をしているため日中は一人で過ごすことが多いこと，加齢性難聴があること，嗜好品（飲酒，清涼飲料水，ドリンク剤多飲なし，喫煙なし），身体所見，治療内容と血糖値等が記載されている。
- 看護記録：インシュリン手技についてはアルコール消毒を忘れたりすることはあるようだが，おおむね一人で可能である。糖尿病理解度テストは100点満点中26点で理解力は低いと記載あり。糖尿病教育ビデオを観終わった後に質問はなし。難聴はあるがどこまで理解できているかが不明と記載あり。
- 栄養指導記録：妻も同席し二人で指導を受けている。日中は一人であるため自分でコンビニに行き，食事以外に果物やスナック菓子などをよく食べていると妻からの情報記載あり。また，Aさんは「おやつはあかんの？」と栄養士に尋ねており，栄養指導歴はあるが夫婦ともに病識が乏しく，理解力が低いと記載あり。栄養士によるアセスメントでは夕食過食，間食果物過剰，朝昼は野菜不

足，朝食の菓子パンは量が多く糖質過剰が問題であり，食事内容は妻へ指導し，間食についてはAさんに控えるように指導している。

3 この時点での筆者の見立て

　Aさんの場合，主治医は血糖コントロール不良の原因がわからないため，その精査のために神経心理学的検査を依頼されており，他医療スタッフは再入院にもかかわらずAさんの病識欠如，理解力低下が難聴だけでは説明が難しいように感じている。筆者も前回の教育入院でインスリン手技は確立できており，通院加療もできている割には，糖尿病についての知識や理解力が低すぎるように感じた。Aさんは高齢者であり聴力低下もあるため，大きめの声でゆっくりと話すように心がけ，安心して検査を受けられるようにまずはラポール形成に重きをおこうと考えた。また，若松が，「神経心理学的検査は対象者との面接のひとつの形であり，対話であるため話題の焦点や背景を常に意識しておかなければならない」[1]と述べているように，Aさんはもの忘れを自覚し神経内科を受診したわけではなく，糖尿病教育入院中に主治医の勧めで検査を受けることになった患者であることを意識する必要がある。そのため，認知機能面のスクリーニングだけではなく，糖尿病に罹患したことによってさまざまなストレス状況が血糖コントロール不良につながっている可能性もあるため，そのことについても心理アセスメントが必要であると考えた。

III │ 検査実施の様子（依頼より5日目）

　検査実施については事前に主治医よりAさんに説明がなされていたため，検査当日に病棟看護師に連絡し，Aさんに2階心理相談室に降りて来てもらうように依頼した（以下，Aさん：「　」，筆者：〈　〉）。
　Aさんは，とても細く小柄な身体で病院の寝衣を着て照れ臭そうに笑っておられる。筆者は自己紹介し，主治医より心理士のことをどのように聞いたのかを確認した。「えー何やったかな，忘れましたわ」と笑う。〈言われたから仕方なく来てくれたのですねぇ〉「はは―，そうです」と笑う。（抵抗感がある様子であったため）〈糖尿病はずっと付き合っていく病気なので，Aさんが糖尿病と上手く付き合えるような何かヒントがないかどうか検査をさせていただくことがあるんですね。再入院になった場合は，Aさんだけではなく他の人も受けられることが多いんですよ〉「そうなんや，何をするんかと思ってた。難しいのはあかんでー」と笑う。

検査実施前に生育歴や現病歴，自己管理することに対する負担感情などをAさんにうかがう。

　　筆者：検査前に少し質問させていただいてもいいでしょうか。
　　Aさん：ええよ，難しいのはわからんで（笑う）。
　　筆者：今回血糖値が高かったということで入院とお聞きしてるんですが，血糖値が上がったのはどうしてでしょうね。
　　Aさん：何でか自分でもわからへん。食べ過ぎとったかもしれんな。
　　筆者：食べ過ぎてしまって血糖値が高くなったんでしょうかね。
　　Aさん：そうやろなぁ，でも血糖下がっても怖いし。
　　筆者：確かに血糖値が下がりすぎたら怖いですものね。ところでAさんは低血糖を起こしたことがあるんでしょうか。
　　Aさん：何回かあるよ，ふらふらして測ってもうたら低血糖って言われた。怖かったで。
　　筆者：そうでしたか。何度か低血糖発作を起こされているんですね。その時どうされたんでしょうか。
　　Aさん：おやつ食べた（笑う）。
　　筆者：そうやって対処されてるんですね，でも何回も低血糖になるとインスリン打つのも怖くなりますね。
　　Aさん：そやで，だから打たんこともある。打たん方が調子いいと思う。
　　筆者：そうでしたか。インスリン打つと調子悪くなることがあるんですね。
　　Aさん：だけど，ちゃんと打たんとあかん言われるし，ようわからんで（笑う）。
　　筆者：本当ですね。糖尿病とどう付き合っていけばいいかわからなくなりますね。
　　Aさん：ほんまや（笑う）。

　筆者はAさんの話を聞きながらAさんは確かに病識は乏しいようであるが治療中断歴はなく定期通院もしており，糖尿病とはうまく付き合いたいという気持ちを持っておられることがわかった。おそらく血糖をコントロールするための具体的方法がわからないことや低血糖発作に対する恐怖感から低血糖を避けるような対処行動をとっていることがアドヒアランス不良の一要因になっているのではないかと考えた。
　Aさんに20分程お話をうかがった後で認知機能スクリーニング検査に協力していただいた。施行検査中の様子は「難しいなぁ，わからんわぁ」と言いながらも

一生懸命取り組まれたが，曖昧な受け答えや，どう答えていいのかわからないときには笑って誤魔化すような反応が時々見られた。確実に行おうと考えていたHDS-R，MMSE-J，FABの3尺度を終えたところで認知症というよりも知的能力が低いように思われたため，WAIS-IIIの下位項目を2項目だけ実施した。その後，Aさんに疲れ具合を確認したところ「もうちょっと大丈夫やで」と言われたため，CDTと立体図形模写を実施して終了とした。Aさんに〈お疲れさまでした。本当に頑張って取り組んで下さいましたね。疲れたでしょう〉と伝えると「ほんまやぁ」と笑いながら答える。〈この結果は先生や看護師さんにお伝えしてもいいですか〉「別にええよ」〈Aさんが退院してからも糖尿病と上手く付き合えるように何かヒントがないかをみんなで一緒に考えていきますね〉とお伝えし，検査を終了した。全体に要した時間は50分であった。

IV│検査結果のまとめと理解

検査後日に検査の結果をまとめた。表9-1に一連の検査結果の概略を示し，以下に特記事項を記す。

①改訂長谷川式簡易知能評価スケール（HDS-R）

得点幅は0〜30点で高得点になるほど認知機能が保たれているということになり，カットオフ値は20/21点である。Aさんの場合，認知症の典型的な症状である『見当識』，『遅延再生』では特に問題はうかがえなかった。一方，『引き算』，『逆唱』では失敗し，特に『逆唱』では質問の意味が理解できていない様子であった。〈計算は苦手ですか〉の質問に「計算はできない」という回答であり，知的能力の低さによるものであると考えられた。『流暢性』ではカテゴリー「野菜」による単語想起であるが，6語しか回答できなかった。語彙量の少なさによるものか前頭領域の機能低下によるものかが疑われた。

②精神状態短時間検査日本版（MMSE-J）

HDS-Rは言語性課題のみで構成されているのに対して，MMSE-Jは動作性課題も多く含まれる。HDS-Rとはモダリティが異なるため，当院では両方実施している。得点幅は0〜30点で高得点になるほど認知機能が保たれているということになり，カットオフ値は23/24点である。Aさんの場合，『シリアル7課題』，『復唱』，『読字』，『書字』で失敗し，得点は20点と認知機能低下が示された。しかし，もともと音読，計算，書字が苦手ということが明らかとなったため，教育歴に影響を受けやすいとされるMMSE-Jでは得点に繋がらなかったと考えられた。

表9-1 神経心理学的検査の結果概略

HDS-R		MMSE-J	
見当識（年齢）	1/1	時に関する見当識	5/5
見当識（日付）	4/4	場所に関する見当識	3/5
見当識（場所）	2/2	記銘	2/3
即時記憶	2/3	シリアル7課題	1/5
計算	1/2	再生	3/3
数字の逆唱	0/2	呼称	2/2
遅延再生	6/6	復唱	0/1
5つの物品記銘	4/5	理解	3/3
言葉の流暢性	1/5	読字	0/1
合計得点	21/30	書字	0/1
FAB		描画	1/1
概念化	0/3	合計得点	20/30
語の流暢性	1/3	CDT	
行動プログラム	2/3	全体像	1/2
反応選択	2/3	数字	4/6
抑制コントロール	0/3	針	5/6
把握行動	3/3	中心	1/1
合計得点	8/18	合計得点	11/15
		立体図形模写	
			失敗
		WAIS-III簡易実施法	
		絵画完成（評価点）	7
		知識（評価点）	4
		推定IQ*	73

*推定IQは，大六一志，山中克夫，藤田和弘，前川久男：日本版WAIS-IIIの簡易実施法：全検査IQを推定する方法の試行版．日本心理学会第72回大会発表論文集, 405, 2008をもとに計算．

③前頭葉機能検査（FAB）

　得点幅は0～18点で高得点になるほど前頭葉機能が保たれているということになり，8歳以上の健常者で満点が可能である．Aさんの場合，『概念化』，『語の流暢性』，『抑制コントロール』で完全に失敗し，得点は8点と前頭前野の機能低下が示された．

④WAIS-III簡易実施法

　推定IQ73で境界線水準であった．評価点は絵画完成：7，知識：4と2項目間でもばらつきが見られた．2項目であるため評価が難しいが，目で見たことを理解したり物事を空間的処理することはできるが，言葉を理解することや言葉で表現することは苦手であると推測する．

⑤時計描画テスト(CDT)

現在知られているCDTの採点法は多数あるが，当院では全体像，数字，針，中心を計15点満点で評価するFreedman法を実施している。Aさんの場合，『全体像』，『数字』，『針』で失敗があり，11点であった（図9-1）。数字の2が10分を意味することや短針と長針それぞれの意味は理解しているものの，円の大きさに比べて数字を大きく描きすぎていることや，数字の「12, 3, 6, 9」を円の定位置に配置しないと他の数字が書きにくくなるという判断ができなかったことにより数字の11が省略されていたり，数字の位置がずれてしまっているなど，視空間構成能力および実行機能能力の低下が示された。

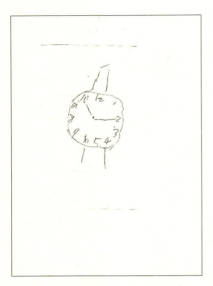

図9-1　時計描画テスト（CDT）

⑥立体図形模写

MMSE-Jの描画は可能であったが，立体図形模写は2度挑戦するが失敗であった（図9-2）。2次元空間は捉えられているが，3次元空間になると認知が難しくなっており，視空間認知能力および構成能力が低下していると考えられた。

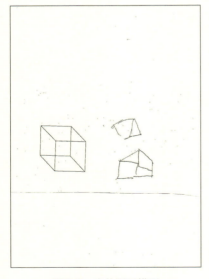

図9-2　立体図形模写

V　妻との面談（検査実施翌日）

検査結果より記憶障害が主症状である認知症の症状としては矛盾するような所見であり，知的水準の低さが血糖をどうコントロールしてよいかわからないことに繋がっているのではないか

と筆者は感じていた。しかし，発達期の情報が全く得られていないことやご自宅での生活状況がわからないため今一つ釈然としない気持ちであった。いずれにしても検査結果からAさんのセルフケアの維持においては食事管理をしている妻の支えが重要であると考えられたため，ご自宅での生活状況なども含めお話をうかがうこととした。なお，Aさんには検査をしたときに妻に会っても良いとの了承は得ていたため，筆者から病棟看護師に電話連絡して妻からも話を聴きたいと申し出たところ，面会に来られた際に筆者のPHSに連絡をくれることとなった。病棟看護師からの情報によると妻も理解力が悪いということであった。検査実施翌日に病棟看護師から連絡が入り，妻に心理相談室にお越しいただくように伝えた。

筆者：お呼び立てしまして申し訳ございません（自己紹介をする）。主治医の先生からご依頼があって，退院してからも糖尿病のコントロールができるかどうか記憶力も含めて検査をさせていただいたんです。

妻：はい，何かしたと言ってました（タオルで汗を拭いており緊張したご様子である）。

筆者：旦那さまのことについて少しご質問させていただいても宜しいでしょうか。

妻：はい。でもあんまりわかんないかもしれません。

筆者：一緒にご生活する中で気になるようなことはありますか。

妻：別に気になることはないけど，会話はいつもちぐはぐなんです（笑う）。

筆者：会話がちぐはぐなんですね，それはいつくらいからでしょう。

妻：耳が遠くなってからひどくなったけど，結婚したときからちぐはぐな感じでした。

筆者：物忘れなどはいかがでしょう。

妻：物忘れというよりたまに変なこと言います（笑う）。糖尿病は治ったとか，クリニックでもらっていた薬もなくなったから飲んでないみたいです。インスリンも多いと頭痛くなるとか，少なかったら丁度いいとか，よくわからないんです。どのくらいやったらいいんですか。

筆者：奥さまも旦那さまの言うことがバラバラでよくわからなかったんですね。ところで食事は奥さまが作っておられるとお聞きしましたが。

妻：はい，作っています。病気のことがあるのでたくさん作ったらダメだと思い少なめにするんですけど，量が少ないって言うんです。野菜は多くするようにしています。

筆者：きっと奥さまの手料理が美味しいんでしょうねぇ。量を少なくしたり，野

菜を多くしたり工夫されておられるんですね。
妻：はい！　主人には長生きして欲しいです。「私を放って先に死んじゃったら悲しいよ，長生きしてね」っていつも言ってます（照れ笑い）。

　妻はAさんとは対照的でぽっちゃりとしていて笑顔の多い明るい方であった。最初は緊張されていたご様子であったが，次第にお二人の馴れ初めやAさんのことなどを嬉しそうに50分程語って下さった。妻も糖尿病についてはよくわかっておられなかったようだが，一生懸命夫を支えようと日々の食事管理を頑張っておられるようであった。筆者はその姿を見ながら幸せに満ちたお似合いのご夫婦だなと微笑ましい気持ちになった。なお，認知機能については，以前の機能レベルから徐々に低下してきたという認識はなく，物忘れの進行もないことが妻の情報から明らかとなった。

VI｜スタッフへの報告（検査実施2日後）

　検査結果の報告は，電子カルテの「心理検査結果報告書」のテンプレートを使用して記載し保存される。また，検査用紙はスキャナーで電子カルテ内に取り込まれる。記載後は電子カルテの掲示板を利用して，参考にしていただきたい旨を報告し他職種にも目を通していただくように促している。記載する際には検査結果だけではなく具体的に行動に移せるような内容を書くように心がけている。表9-2は妻からの話をうかがった後で心理検査結果報告書としてまとめたものである。

1 主治医への報告

　心理士が記載した掲示板を見て主治医から電話連絡が入る。

主治医：カルテ見させていただきました。知的障害の可能性ですか。質問してもわかったような返事されてたんですけど，実はわかってなかったんですね。
筆者：Aさんをよく知っておられるご家族からの情報がないので何とも言えないのですが，その可能性が高いんじゃないかと思いますよ。認知症については検査した限りではないと思いますけど，必要なら画像検査でご判断いただけたらと思います。
主治医：わかりました。あとは退院してからどうするかですねぇ。お兄さん夫婦が隣に住んでるみたいなんですけど，あんまり病院にも来られてないみ

表9-2　心理検査結果報告書

心理検査結果報告書

患者氏名	Aさん	ID	0000	生年月日	19××/□□/△△
主治医	○○医師	検査者	○○　○○	検査日	20××/□□/△△

検査目的：認知機能評価のため。

HDS-Rの結果：30点中21点でぎりぎり正常範囲であった。即時記憶（2/3），計算（1/2），数字の逆唱（0/2），5つの物品記銘（4/5），言葉の流暢性（1/5）で失点。

MMSE-Jの結果：30点中20点で軽度の認知機能低下あり。場所に関する見当識（3/5），シリアル7課題（1/5），復唱（0/1），読字（0/1），書字（0/1）で失点。

FABの結果：18点中8点で前頭前野の機能低下あり。概念化（0/3），語の流暢性（1/3），行動プログラム（2/3），反応の選択（2/3），GO/NO-GO課題（0/3）で失点。

CDTの結果：15点中11点であった。全体像（1/2），数字（4/6），針（5/6）で失点。

立体図形模写の結果：2度挑戦するが，上手く描けずに失敗。

WAIS-III簡易版（2項目）：推定IQ73で境界性水準であった。評価点は絵画完成7，知識4であった。

最終学歴：中学校卒業。もともと漢字の読み書き困難，計算困難あり。

検査態度：やや拒否的ながらも検査者の質問に耳を傾ける姿勢あり。質問に対し曖昧な受け答えや的外れな回答，どう答えていいのかわからないのか笑ってごまかすような反応が時々見られた。短文で話をすることが多い。

糖尿病についての理解：血糖値が高いのはダメ，食べすぎてはダメということはわかるが，具体的にどうしてよいかはわからない。低血糖は怖いとおっしゃっている。

総合評価：昔の機能レベルと対比できないため予想の域を超えないが，心理検査およびヒアリングから認知症というよりももともと知的水準が低い可能性があることが示唆された。

　受検者の傾向としては，前頭葉機能低下は見られるものの認知症に特徴的な症状である見当識や記銘力に明らかな低下は見られなかった。そのため繰り返しの練習によってインスリン手技確立も可能であったと考える。一方，話す力や言葉の理解，実行機能の低下が認められたため，相手の言ったことを正確に理解できなかったり，順序だてて物事を組み立てたり，事態の変化に適応することが苦手である。例えば「低血糖が起きると怖い」とわかっていても，低血糖が起こったときにどうしてよいか判断できなかったり，誤った行動を選択してしまう可能性があるだろう。また，空間的な情報処理などの視空間構成能力が低下しているため，距離の判断を間違えて物にぶつかったり，躓いたりしやすいようである。今後，糖尿病と上手く付き合うためには，ご家族様のサポート以外に社会資源や地域医療資源の活用などもよいのではと考える。関わり方のヒントとしては，

表9-2 心理検査結果報告書（つづき）

- 出来るだけ平易で短文での説明を心がける。
- 言葉だけでは理解できないことがあるため，絵や具体的なものを見せながら説明する。
- 大切なことはメモに書いて残す（漢字の読み書きはできないため，平仮名使用）。
- 曖昧な説明よりも具体的な説明をする（血糖値が〇〇 mg/dl より低い時はブドウ糖10 g 1粒を口に入れる，おやつを食べたいときは〇か〇か〇等）。
- 答えやすい質問の仕方をする（「どうですか」「なぜですか」よりも二者択一式の方が良い）。
- 転倒リスクが非常に高いため歩きやすい靴や環境を整える，などがよいと考える。

以上

たいで……。
筆者：そうですねぇ。奥さんはAさんに長生きして欲しいと思って食事のことも頑張っておられるんですけど，ご夫婦二人の生活に戻ってしまうと，管理が難しいかもしれませんねぇ。どなたかサポートしてくれる人がいればいいんですが。
主治医：わかりました。お兄さんに来てもらうようにしますんで，心理士さんの方からもお話聞いてもらってもいいですか。
筆者：はい。それは大丈夫ですよ。

　主治医から兄に来院してもらうという提案を受け二つ返事をしてしまったのだが正直戸惑いの方が大きかった。Aさんのことを幼少期から知る人からの情報が得られることでよりAさんに対する理解が深められ，一人でも多くの人がAさんのサポート者になってくれればそれにこしたことはない。しかし，入院している弟の面会にもあまり来られていない兄がどのような人であるのかまったくわからないのに心理士としてどのような立場でお会いし，検査結果をどのように伝えるべきか悩んだ。おそらく，主治医も隣に住んでいる兄夫婦に協力をお願いするしかないと考えながらも，兄にどのように説明してよいかわからなかったことから，まずは筆者との面談を依頼したのではないかと推測した。筆者は主治医や医療スタッフの不安を抱えるしかないかと覚悟を決めて兄とお会いすることにした。

2 病棟看護師への報告

　筆者が病棟に出向き，Ａさんの病棟での様子をうかがいながら，検査結果についても口頭で伝えた。その時にはチームリーダも含め看護師Ｂ，Ｃ，Ｄがいた。

看護師Ｂ：インスリン注射もちゃんとできてるし，私たちの話もわかってる感じで聞いてるのに，何でこんなに糖尿病の理解が悪いんやろうと思ってたんです。

筆者：わかってる感じで聞いてるのはおそらくＡさんの身に付けた対処行動やと思います。わからなくても相手の質問に頷いている，場の雰囲気を読んでおられるんですね。

看護師Ｂ：そうなんですかぁ。理解力としてはどのくらいなんですか。

筆者：ちゃんとした検査をしていないので推測になってしまいますけど，学力レベルとしては小学校高学年くらいだと思います。糖尿の理解度テストが低かったのも漢字が読めない，計算が難しいのが影響したんじゃないかと思います。

看護師Ｃ：5，6年生ですかぁ。以前入院していた知的障害の患者さんに糖尿病パンフレットを作ったんですけど，それと同じように簡単なパンフレットに変えてみます。

筆者：お願いします。あと，糖尿病とは付き合いたいとは思ってるんです。でも，低血糖を何回か起こしてることもあって低血糖が怖いみたいなんですよね。インスリン注射＝低血糖を起こすものになっててインスリンを打たんかったりしてしまうみたいです。

看護師Ｃ：確かに時々起こしてますしねぇ。うちの子どもが小学校5年ですけど，うちの子でも怖がって打たへんと思います（苦笑いをされる）。

看護師Ｄ：とりあえず小学校の子がわかるような感じで説明してみます。でも退院したら絶対サポートあった方がよさそうですよね。近くにお兄さんが住んでるとか言ってたんですけど，あんまり面会来ないんで協力してもらえるかどうかですよねぇ。

筆者：そのことなんですけど，主治医の先生がお兄さんに連絡して来てもらうと言われてましたよ。来られたら私もお会いさせていただきますのでPHSに電話下さいますか。

看護師Ｂ：わかりました。どちらにしても退院調整がいりそうなんで退院調整看護師さんには電話しておきます。

　今後，病棟スタッフ以外に退院調整看護師も加わり，今後の方針を立てる合同

カンファレンスを行うこととなった。

Ⅷ 兄との面談と合同カンファレンス

1 実兄との面談（検査実施3日後）

　　主治医が兄に電話連絡を行い，兄が来院されたとの事で病棟より連絡が入る。筆者との面談後に兄も交えて合同カンファレンスを行う予定となっていたため，筆者が病棟に出向き，病棟相談室を借りてお話をうかがうこととした。筆者の自己紹介を終え，介入することになった経緯や心理検査の結果について簡単に説明させていただいた。兄は年齢よりも若く見え，筆者の話す内容がわかっているかのように落ち着いた態度であった。

　　兄：兄弟があと3人いるんですけど，弟だけはいくら勉強教えてもできなかったんです。字も読めないし，計算できないし，支援学級に入っていました。私が昔学校の教師をしてたもんですから精神遅滞はあることは知っていました（この時筆者は胸をなでおろすことができた）
　　筆者：そうでしたか。お兄さんも気づいておられたんですね。
　　兄：はい。気づいてはいましたが，仕事もできていましたし，人並みに幸せな人生も送ってもらいたいと思ってお見合いさせて結婚することもできました。お金も親の遺産があるものですから生活にも困ってないし，それでいいと思ってたんです。糖尿病の方はたまに会って「インスリンちゃんと打ってるんか？」と聞くとできてるっていうんで，大丈夫だと思っていました。でも全然できてなかったんですね。お嫁さんも弟と同じで管理とかは難しいと思いますので，これからはしっかり私が見ていきたいと思います。
　　筆者：お兄さん一人が抱えるのはご負担が大きいと思いますので，今後どうすればよいのかチームみんなで話し合って考えていきましょう。

　　30分程お話を聴きながらAさんのご家族は障害の有無に関わらず共に歩んでこられたこと，仕事や結婚といったことを諦めずに常に希望を持ち続けてこられたこと，そして今幸せな人生を送ることができている弟に安心しているご様子であった。一方で血糖管理が上手くできていなかった事実には大変驚かれ，今後は兄もサポート者の一人として加わって下さることとなった。

② 合同カンファレンス(実兄との面談後)

　兄，妻，主治医，病棟看護師，退院調整看護師，筆者も参加し，退院後のことについて合同カンファレンスが開かれた。最初は主治医の方から病状説明と今後の治療方針についての説明があり，その後退院調整看護師がAさんに利用できるサービスについて妻と兄に提案するという形で進められた。

　　　兄：夕食後1回だけのインスリンでいいというんであれば，僕が毎日できているかどうか見に行きますけど。
　看護師：そうですか。でも毎日ではご負担ではありませんか。Aさんの場合だと週2回訪問看護が利用できますよ。
　　　兄：そうなんですか，それは助かります。いくら隣っていっても毎日になるとしんどいかな。

（筆者は静かにやりとりを聞いていたが，妻が一言も発していないことが気になっていた。しばらくするとタオルで汗を拭きはじめ落ち着かないご様子となった）

　　筆者：奥さまはお兄さんが見に来てくれることについてはいかがでしょうか。
　　　妻：あの……家に来てほしくない。
　　　兄：そっか，家の中は嫌やねんな，それやったら玄関のところまで弟に出てきてもらってそこで見るのはどうや。
　　　妻：それやったら大丈夫。

（兄との面談でAさんの自宅が非常に散らかっており，いくら注意しても片付けないということが語られていた。妻は家に入られることに抵抗感があったのだろうと筆者は思った）

　　主治医：奥さんは一生懸命食事管理をしているとお聞きしていますので，奥さんには食事の面で旦那さんをサポートしてくれませんか。
　　　妻：（照れながら）はい，わかりました。野菜の料理いっぱい作ったらいいですか。
　　主治医：いいですねぇ。でもあんまり頑張りすぎないで下さいね。

　妻も一緒に加わってもらうということを筆者は意識しながら見守り，40分程の

表9-3 退院後の決定事項

	解決策
訪問看護導入	・週2回訪問看護利用し，インスリン手技の確認 ・内服管理（カレンダー使用），血糖値の観察 ・食事内容，量の観察 ・低血糖時の対処法の指導
本人	・日課の運動を続ける ・一日一回忘れずにインスリン注射をする ・ブドウ糖を常置する
妻	・食事管理担当
兄	・入院中にインスリン手技確立 ・週2回の訪問日以外は兄が訪問しインスリン手技の確認

話し合いを終えた。表9-3は退院までに決定した事項である。

Ⅷ Aさんへのフィードバックとその後の経過

1 Aさんへのフィードバック（検査実施4日後）

合同カンファレンスが終わった翌日，Aさんの病室におうかがいする。

筆者：この前頑張って検査を受けて下さって本当にお疲れさまでした。
Aさん：ほんまや（笑う）。
筆者：一生懸命やって下さったおかげで退院してからのことをみんなで話し合っていい方法が見つかったんですよ。
Aさん：そうなんやぁ（笑う）。
筆者：低血糖起こすと怖いからインスリン打つのも怖くなるって言われてたでしょ。ちゃんとおうち帰ってからも訪問してくれる看護師さん来てくれるようなんで安心して下さいね。
Aさん：そんなんできるんやぁ，怒られるのは嫌やでぇ（笑）。
筆者：これからはAさんだけがインスリン注射頑張るんじゃなくて，奥さんやお兄さん，看護師さん，みんなでAさんのことサポートしていきますのでね。また退院を調整してくれる看護師さんが来てもっと詳しく説明して下さいますからね。
Aさん：わかった，ありがとう。

今回，Aさんには詳しく心理検査結果のフィードバックはしなかった。Aさんに必要なのは検査結果をありのまま伝えるということではなく，検査結果をAさんの生活の場でどのように役立てていけばよいのか，これからもAさんらしさを維持するにはどうすればよいか，そのことを医療スタッフと共有する方が大切だと考えたからである。

② その後の経過

　検査結果は主治医より診療情報提供書の形でかかりつけ医に送付され，訪問看護ステーションには退院調整看護師から直接口頭で伝達された。無事に退院したAさんは血糖コントロールも良好となり，12.1％あったHbA1cも7.6％まで下がり再上昇することなく経過している。訪問看護師さんの情報によると，Aさんは散歩を1～2時間するなど積極的に取り組まれており，奥さまも食事に気を遣い頑張っておられるとのことである。

IX 総合考察

　当院で心理検査を受ける患者の平均年齢は73歳（±10歳）とほとんどが高齢者であり，Aさんのように何らかの疾患を抱えている方や生活支援を受けながら生活している方も少なくない。高齢者医療においては，生活の質（QOL：Quality of Life）の維持・向上が非常に重要で，退院後の日常生活全般への適応についての心理アセスメントを目的とする依頼が年々増加している。人生の最終章を生きる方々から今まで生きてきた歴史や加齢に伴う機能低下に伴うさまざまな喪失体験などの語りを聴くことによって，筆者自身も健康のことや老いることの意味について考えることが多くなったように思う。加えて苦しかった出来事を懐かしそうに振り返る目の前の高齢者は，その苦労や困難を乗り越えてこられたのだと思うとその強さに只々敬服するばかりである。

　その中で「アドヒアランスが不良である」「治療意欲がない」など医療者側のニーズで心理検査を依頼されるケースが多いのであるが，本当にこの検査で高齢者に対するQOLの維持・向上のお手伝いができているのかと自問自答しながら検査を実施している。もしかすると長い人生の経験よりも合計点数が何点だから認知症，知的障害だと疾病を規定することにエネルギーを注ぎすぎてしまってはいなかったかとAさんの事例をまとめながらも感じている。Aさんはいつも笑顔で穏やかな方であったが，70年間常に平穏無事な道を歩かれていたわけではない

だろう。勉強についていけず，対人関係の築きにくさもありながらも35年間鉄工所一筋で働き続けてこられたのはAさんの強さであると確信している。また，糖尿病を発症してから確かに血糖コントロールは不良であったが，定期通院はかかすことがなかった。石井均との対談の中で門脇孝は「コントロールの悪い人，あるいはいろいろな生活習慣が守れない人でも『定期通院をしている』という事実こそがとても重要である」[2]と述べている。Aさんも毎回血糖値が高く「先生に怒られるのではないか」「嫌だな」という気持ちで通っていたはずであるが，それでも治療中断にならなかったのは「付き合っていきたい」という気持ちの現れではなかっただろうか。Aさんがセルフケアを上手く進めていけなかった理由は「やる気がない」でも「治療法を守れない人」でもなくて，上手く付き合いたい気持ちは持っていても具体的方法がわからなかったことに原因があった。Aさんのように患者一人ひとりに固有の理由があり感情があるため，まずは患者の心の中の想いを聴くことが非常に大切であり，その上で心理検査を行うことが問題解決の手がかりを得ることにつながることを再確認した。

　本稿では心理士が心理アセスメントを行い，診療や療養指導がスムーズになるように配慮しながら患者と家族の持つ力や望みを医療スタッフに情報提供したということが主要な関わりであった。正直，これだけのことで他職種連携と言ってよいのかは迷うところであり自信はない。しかし，医療スタッフは心理アセスメントの情報を自らの専門性を駆使して積極的に患者支援に役立てていたということは事実である。すなわち心理アセスメントの結果を他職種に情報提供するというアプローチが患者や家族と医療スタッフの協働へと発展しうるのではないかと推察する。一人でも多くの医療スタッフが患者の主体性や自主性を育てるような関わりを行い，今後の変化を楽しみにしてくれるような手助けに繋がればと願いながら今日も患者の心理アセスメントを行っている。

◆ 文献
[1] 若松直樹：序章：神経心理学的検査とは？　小海宏之，若松直樹編：高齢者こころのケアの実践・上：認知症ケアのための心理アセスメント．創元社，2012, p.12.
[2] 石井均：病を引き受けられない人々のケア．医学書院，2015, p.156.

9章コメント

糖尿病患者への心理的援助とチーム医療における他職種との連携・協働について

久保 克彦

I│はじめに

　総合病院で働く臨床心理士には求められることが非常に多い。事例提供者（以後，水戸さんと記させていただく）は最初の3ページを割いて，その仕事内容を記述してくれている。臨床心理士の受け容れられ方はそれぞれの医療現場によって異なっているだろうし，仕事の内容も医療現場によって違うだろうが，病院やクリニックといった医療現場で勤務することを考えている者にとっては具体的なイメージが描けるのではないかと思う。医療現場は完璧な資格社会であり，医師を頂点にしたヒエラルキーが形成されており，民間資格でしかない臨床心理士は，ともすれば心理検査を実施する人（テスター）とだけしか捉えられていないこともある。他職種との連携や協働など「夢のまた夢」という職場もまだまだあると聞いている。

　この事例では，医師や看護師とのやりとりを読むだけで，水戸さんが総合病院のなかで臨床心理士という立場をすでに盤石なものに築きあげていることがわかる。水戸さんは臨床心理士になるための勉強をする前に，病院勤務を10年間していたとのことである。その経験は，病院のなかでの各職種の役割を把握することに役立ったのであろうし，糖尿病やその他の一般的な疾病について大まかな知識を習得することにつながったと思われる。これは，水戸さんが総合病院で勤務する上で大きな武器になったはずである。

　臨床心理学を専攻する学生は，精神医学あるいは精神病理学を履修して精神疾患に関する知識は有しているが，今回のテーマである糖尿病のような身体疾患についての知識はほとんどもっていない。それゆえに，総合病院ではどれだけ多くの職種の人間が，患者と関わっているのかも知らない。それらのすべてを病院で働き出してから学んでいくことになる。だからこそ，他職種との連携や協働ということが困難で時間もかかることになるのだろう。水戸さんは自分の経歴や経験を活かしつつ，臨床心理士としての役割を考えながら真摯に仕事に取り組んでき

たと思われる。医師や看護師との話し合いの様子からは，臨床心理士の視点や意見が非常に役立つものであるという共通認識を，病院内で作り上げていることが窺えるのである。

II 糖尿病患者への心理的援助

1 コメンターと糖尿病との関わり

　コメンターである筆者も総合病院の心理相談室に20年余り勤務した。病床数が1,001床，全職員が1,600名超の大規模病院であった。その経験も考慮していただいたかもしれないが，今回の水戸さんへのコメントを筆者が仰せつかったのは，事例が糖尿病患者であったためであろう。事例提供者の文献にも紹介されている石井均医師とともに，筆者も10数年にわたって糖尿病患者への心理的援助という業務や研究に携わってきた。余談になるが，日本心理臨床学会においても，自主シンポジウム「糖尿病患者への心理的援助」を主催してきており，2016年には15回目を迎える。毎年，さまざまな形で糖尿病患者と関わっている臨床心理士らとともに，意見交換や情報交換を行なっており，2006年にはその仲間らと『実践 糖尿病の心理臨床』(医歯薬出版)を上梓しているので，是非，参考にしていただきたい。また，日本糖尿病学会が毎年発行している『糖尿病治療ガイド』には，「糖尿病患者教育と心理的問題の扱い方」という項目がある。糖尿病患者が適切な自己管理（セルフケア）ができるようにするためは，患者の心理や生活習慣により密着した，きめ細かな援助を提供する必要があるとして，チーム医療の重要性が記載されている。そして，2010年度版からは，医師，看護師，管理栄養士，薬剤師，臨床検査技師，理学療法士などとともに，臨床心理士もそのスタッフとして明記されるようになった。このように糖尿病治療の領域では，臨床心理士の役割が重視されるようになってきており，この領域に関わる臨床心理士の活躍に期待が寄せられているのである。

2 糖尿病という疾病について

　厚生労働省の2012年「国民健康・栄養調査」の推計によると，「糖尿病が強く疑われる人」(糖尿病患者)は950万人，「糖尿病の可能性を否定できない人」(糖尿病予備軍)の1,100万人を合わせると2,050万人となり，特に「糖尿病が強く疑われる人」は年々増加傾向にある。さらに，この「糖尿病が強く疑われる人」の65.1％は治療を受けているが，それ以外の人たちは治療を受けずに放置している

状態にあるとされている。このように治療をおろそかにすることによって，合併症（網膜症，腎症，神経障害，動脈硬化性疾患など）を発症する患者も増加している。糖尿病を含む慢性疾患のコントロールが悪く，腎透析に至るような合併症を発症した場合，その治療にかかる費用は健康保険制度に大きくのしかかってくるのであり，厚生労働省が慢性疾患に発展する生活習慣病の予防に力を入れるのはそのためである。

　周知のように糖尿病は代表的な慢性疾患であり，ひとたび発症すると完治することは望めず，病気を治す代わりに病気をうまくコントロールしていくことが求められる。そのために，糖尿病治療においては，患者自身が主体的，自主的に自己管理に取り組む姿勢が不可欠であり，これが長期的な合併症の進行度や予後を大きく左右する。ところが，この患者に求められる自己管理というのは，食事療法や運動療法，服薬，血糖自己測定，インスリン自己注射など，複雑多岐にわたっている。その上，これらの自己管理は，すでに習慣化した日常生活行動を大きく変化させながら進めていかなければならず，相当な困難さを伴うことになる。

③ 糖尿病患者への心理的援助

　糖尿病患者が医師や看護師などの医療スタッフによって勧められる自己管理を実行できるかどうかは，病気に対する患者の心理的適応，特に糖尿病やその療養法に対して抱いている感情状態が強く影響している。たとえば，なぜ自分だけがこんな食事をしなければならないのかという「怒り」や，好きなものを食べる自由を奪われてしまったという「悲しみ」，こんな食事が一生続くのかという「絶望」などの陰性感情を持ち続ける患者が，なかなか食事療法に取り組もうとしないのは臨床場面でよく出会うことである。

　したがって，これからの糖尿病治療においては，自己管理を進めていくのに必要な知識を伝達したり技術を指導するだけでなく，自己管理を行っていくなかで顕在化してくる感情的な問題にも対応し，患者がしっかりと病気に適応できるように援助していく必要がある。このような援助を進めていく上で，近年，糖尿病臨床というチーム医療のなかに，個々の患者の「個別性」を重視する視点を有していて，患者に主体性や自主性を育てていくためのカウンセリング技術を身につけた臨床心理士の存在が求められるようになってきている。

　従来の糖尿病治療は，「医療モデル」に従った形で，医療スタッフが自己管理について一方的に指示を与え，これを患者がいかに忠実に守るかという「コンプライアンス」（compliance：医師や看護婦の指示に対する遵守）が重視されてきた。

したがって，医師・看護婦と患者との関係は，「治す－治してもらう」「指導する－指導してもらう」という構造になりやすく，患者はいつも受け身の状態にとどまってしまうことになる。そのために，従来のやり方では，自己管理に積極的に取り組んでいくという患者自身の主体性や自主性は育ちにくかったと言える。

こうした糖尿病治療においては，患者が自分の人生や生活にとっての病気の意味や治療の必要性に気づくこと，さらには，自己管理の技術を自分で使えるようになることが大切であり，医療スタッフはその過程を援助し，勇気づけていくことが求められる。このような関係は，患者自身の成長を促していくという「成長モデル」に従う人間関係であり，医療スタッフには患者とともに考えて一緒に治療を進めていくという姿勢が必要なのである。これは，まさに心理カウンセリングにおいて，患者（クライエント）が自分で問題を探り，それを掘り下げ，自分自身の力で解決方法を見つけ出していく作業に，カウンセラーが「つき合っていく」「寄り添っていく」姿と重なるものである。このようなカウンセリング的な人間関係が，これからの糖尿病治療には求められているのであり，コンプライアンスよりも「アドヒアランス」（adherence：治療法の決定から実行までの過程に患者が積極的に参加すること）の強化に焦点をあてていくことが重要なのである。

水戸さんの「2．当院における心理検査の実施とフィードバック」の部分にも「服薬アドヒアランス不良の原因が知りたい」とあるが，このような表現で使われることが多い用語である。そして，コンプライアンスについても「インスリン療法導入されたが，コンプライアンス不良のため継続はできず……」といった表現で，医療スタッフが患者の治療行動を評価する際に使われることが多い。特に，糖尿病治療においては自己管理が重要であるため，これらの用語は頻繁に使用されている。

④ 変化ステージモデルとエンパワーメント・アプローチ

糖尿病患者によって自己管理に積極的に取り組んでもらうための援助法として，近年，注目されているのが，変化ステージモデルとエンパワーメント・アプローチである。

まず，変化ステージモデルとは，自己管理の実行には5つのステージがあり，患者がどのステージにいるのかをアセスメントして，そのステージに適した援助をしていくという方法である。この5つの変化ステージとは，食事療法を例にとると，①前熟考期（食行動を変化させることは考えていない），②熟考期（食行動の変化の意義は理解しているが，実際の行動変化はない），③準備期（患者なりの行

動変化があるか，あるいはすぐに開始するつもりがある），④行動期（望ましい食行動が始まったが，6カ月以内である），⑤維持期（望ましい食行動が始まって，6カ月を超えている）となる。そして，それぞれのステージに適合した援助をしていくのである。たとえば，前熟考期の患者は，問題と直面することを避けており，自己管理にはまったく関心を示さない状態である。このステージの患者への援助は，自己管理の知識を伝えることは無意味であるので，患者の話をしっかりと傾聴して，その考え方や行動を理解するように努め，まずは自己管理について話し合える治療的な人間関係を作ることから始めることが重要である[4]。

次に，エンパワーメント・アプローチであるが，このエンパワーメント（empowerment）という言葉は，本来は「権限委譲」を意味する法律用語であったが，現在では，医療や看護，社会福祉，教育などのさまざまな領域において，「個人が自らの生活をコントロールし，自己決定していく能力を開発するプロセス」を表す概念として用いられるようになっている。

わが国において，糖尿病患者に心理カウンセリングを行うようになったのは1990年代に入ってからである。臨床心理士との面接のなかで，患者は糖尿病を受けとめきれずに悪戦苦闘している事実や治療にまつわるさまざまな不満を語り始めたのである。自分の感情や発言をありのままに受けとめてもらえ，共感してもらえるという体験は，患者が糖尿病を自分自身の病気として受け容れる援助となった。この体験のなかで，患者は自らの問題行動を振り返るようになり，時間はかかったが生活習慣の改善に少しずつ取り組むようになっていったのである。しかしながら，糖尿病のために高血糖状態が続くと，確実に合併症を発症することになる。だからこそ医療スタッフは，「糖尿病患者には時間がない。患者が早く治療行動や行動変化を起こさなければ，合併症の発症は待ってくれない」と焦る。したがって，患者に一刻も早く糖尿病治療にとりかかる動機づけを起こさせることが糖尿病治療の現場の大きな課題であった。

この課題が，エンパワーメント・アプローチ——患者が自分の力で糖尿病をコントロールできることに気づくよう援助すること——の理念を，糖尿病患者への心理的援助に積極的に取り入れることにつながったのである。医療スタッフの役割は糖尿病患者の主体性を育てることであり，そのためには患者と一緒に治療を進めていくパートナーシップ関係を形成することや，患者が成長する力や自己決定する力を尊重するアプローチが重要になるのである。

エンパワーメント・アプローチの提唱者であるアンダーソンとファネル[1]は，エンパワーメントの概念がカウンセリング心理学にその起源があることを明らか

にしている。その上で,「患者に助言を与えたり,何をすべきか教えてくれる援助者よりも,患者の話を心から傾聴してくれて,患者の意思を尊重してくれて,患者自身の問題解決を支援してくれる援助者のほうがはるかに役に立つ」と述べているのである。

5 糖尿病患者の家族への援助

　糖尿病患者の家族によく見られる患者へのかかわり方に,「糖尿病警察」と呼ばれるものがある。これは,一日中患者の自己管理行動を監視して,「そんなに食べて,大丈夫？　糖尿病が悪くなっても知らないよ」「今日は,運動に行かないの？　眼が見えなくなってもいいの？」と,自分たちの心配や不安を非難や警告として与え続けるものである。このような批判的で非援助的なかかわり方は,患者にとって大きなストレスになり,自己管理行動のやる気や意欲を奪ってしまうことになる。このような場合,患者へのサポートが有効に働いていないことをその家族に気づかせ,患者にやる気や元気を与えるソーシャルサポートのあり方を一緒に考えていくような,医療スタッフによる援助が必要である。この場合,望ましい家族のかかわり方としては,「これを機会に,家族みんなで健康的な食事をするようにしましょう」「私も健康のために,一緒にウォーキングにいくよ」といった協力的で援助的な言葉をかけることが自己管理の遂行を促進することになるのである。

　糖尿病患者の毎日の生活のなかで,家族関係は重要な役割を果たしている。そして,家族はそのサポートのあり方によって,患者の自己管理によい効果を及ぼすことができるのである。したがって,糖尿病患者への心理的援助を考える場合,患者本人だけでなく,家族にも糖尿病治療に参加してもらえるような援助が必要である。

III　他職種との連携や協働について

1 検査の実施と報告について

1) 検査実施前について

　水戸さんは,医師から検査依頼を受けた際に,医師が患者のどのような情報を求めているかを話し合えているし,それが可能な状況を作っていることは大切なことである。また,検査前にはカルテをチェックして,患者についての情報収集や見立てをしておくなど,検査を受けてもらう患者の身体的・心理的負担を増やさない配慮が十分にできている。臨床心理士は患者の心理的問題に目を向けるあ

まりに，ともすれば身体的負担を見逃すことになりかねないところであるが，このあたりの水戸さんの動きはさすがである。

2) テストバッテリーについて

　テストバッテリーの組み方については，それぞれの医療機関で多少異なることになるであろう。水戸さんの場合は，神経内科領域で認知機能面のスクリーニングを多く実施してきた経験があるために，Aさんの言動から認知症よりも知的能力の問題と理解して，Aさんの体力を考えて時間をかけ過ぎないように簡易検査を追加実施するという判断につながったと考えられる。経験を積んだ水戸さんだからこそ，一連の検査結果とWAIS-III簡易実施法で推定されたIQ値を用いて，主治医や担当看護師らに理解し納得してもらえる説明となったと思われる。

　新人の臨床心理士ではなかなかそうはいかない。経験が少ない場合，標準WAIS-IIIを2回に分けて実施することを考えてもよいかもしれない。患者の認知の仕方の特徴などのより多くの情報が得られることは確かであるし，きちんとしたIQ値を出しておくほうが報告しやすいと思われる。

3) 検査結果の報告について

　水戸さんの検査実施後の患者や家族への言葉かけも見事である。検査結果の看護師への報告は，具体的な説明で看護師らの疑問を解消しつつ，対応の仕方についての助言も行う形となっている。他の医療スタッフが臨床心理士に期待していることを，一連の業務として鮮やかに実行しているという印象である。

　臨床心理士は，患者から得たさまざまな情報を患者の利益となるようにフィードバックするだけではなく，それらの情報を他の医療スタッフが理解できるように提供することも求められている。それが，医療スタッフとの連携や協働につながることになるため，病院では検査結果の報告と説明は大切な業務となるのである。

2 他職種との連携・協働について

1) 水戸さんの事例の場合

　今回の事例は，医師が認知症を疑って神経心理学的検査を水戸さんに依頼したことに始まり，水戸さんの介入でその後のケアがスムーズに運んだことがよくわかる。ここでの水戸さんの働きは，今後の他職種との連携や協働への道を進めていくものと考えられる。

　特に，Aさんの知的能力の問題を，医療スタッフにしっかり理解してもらったことが大きいと思う。前述のように，糖尿病患者への心理的援助の一番の目標は自己管理に主体的，自主的に取り組んでもらうように援助することであるが，患

者に知的能力の問題がある場合は，これがたいへん難しいことになる。このような場合大切になるのは，家族による患者へのサポートである。Aさんの場合，水戸さんがしっかりと検査結果を説明することで，兄がAさんの糖尿病治療への参加を申し出てくれたのであり，看護師らの支援が届くことになったのである。このような水戸さんの働きこそが，医療スタッフとの連携や協働に他ならないと考えるのである。

2）筆者の事例の場合

筆者も，知的能力の問題を抱えているために自己管理ができない糖尿病患者に数例出会ったことがあるので，そのうちの1例をここで紹介したい。

まず，筆者が勤務していた総合病院の内分泌内科の病棟では，月に2回ほど心理カンファレンスを実施している（現在も継続しているので，現在形で記述した）。心理カンファレンスでは，看護師らが入院している糖尿病患者のなかから特に気になる人，心理的な援助が必要と考える人を一人選び，その患者についてオープンな話し合いをしている。その患者の外来での主治医や入院中の主治医，看護師，薬剤師，栄養士，そして臨床心理士も参加している。事例はBさん，63歳の女性（この事例は知能検査を実施するに至った経緯だけを知ってもらうために提示したので，あえて家族のことには触れない）。

〈Bさんの現病歴〉

Bさんは47歳頃，足を負傷したことをきっかけに近医で糖尿病と診断された。近医に通院を続け，58歳頃にはインスリン導入となっている。60歳になったとき，動悸と胸痛にて他院の循環器内科を受診したが，高血糖を指摘され，その病院の内分泌内科で治療を継続していた。61歳時に糖尿病の合併症である網膜症の手術目的で当院の眼科を紹介され，そこから術前コントロールのために当院の内分泌内科に回されてきた。その初診時のHbA1cは12％，随時血糖は605mg/dlとコントロールがまったくできていない状態のため，即刻入院となった。眼科での手術が終わってからは，かかりつけ医での通院を続けていた。手術からほぼ1年後，発熱と食欲不振のために当院の救急外来に運ばれ，高血糖のため緊急入院となり，内分泌内科医が担当となった。その後，今回の入院も含め1年間に眩暈（高血糖によるもの）の訴えで4回の入退院を繰り返している。緊急入院のたびに血糖値は500mg/dlを超えているのだが，入院するとすぐに血糖値は改善されていた。

〈心理カンファレンス：患者紹介〉

「Bさんに，どのような介入や支援が必要なのか，わからない」と主治医と担当看護師からの患者紹介があった。これまで3回の入退院は，毎回入院するとすぐ

に血糖値は良くなり，Bさんも「頑張ります」と1週間ほどで退院していた。今回の緊急入院も訴える症状は前回と同じ眩暈であり，Bさんも「何回も同じことで入院して，お父さん（夫）に叱られた。インスリンをちゃんと打って，頑張ります」と反省していた。しかし，今回，緊急入院となったBさんの血糖値（982mg/dl）は，「これまでのような短期の入院では済ませられない」と医療スタッフの考えが一致した。看護師らもBさんの糖尿病の自己管理の実態を知るためにじっくりと話を傾聴した。すると，Bさんは10年以上の治療歴があるにもかかわらず，糖尿病に関する知識がほとんどなく，自己管理行動はまったくできていなかったことが明らかとなった。

　主治医は，Bさんの糖尿病は，病態的に高血糖にも低血糖にも陥りやすい「内因性のインスリン分泌の低下（インスリン治療が不可欠）」に加え，肝硬変がありグリコーゲンを蓄えておけない状態であると説明した。そして，コントロールが困難な糖尿病ではあるが，今回は前回の退院からまだ1週間しか経っていないことや血糖値の高さが尋常ではなかったことに加え，看護師の情報（糖尿病の知識がない，自己管理行動ができていないなど）から認知症の発症を疑うに至り，MMSE-J（短時間でできる検査であり，当院では担当医が実施することが多い）を実施したことの報告があった。ところが，BさんのMMSE-Jの得点は28点あり，認知機能はほぼ保たれていることがわかった。そしてこの結果に，認知症でないならばBさんの言動をどのように理解すればよいのか，どのような支援が有効であるのかと，医師や看護師は行き詰まってしまったのであった。

〈心理カンファレンス／ディスカッション〉

　心理カンファレンスの場では，お互いの「患者さんを援助したい」を信頼して，どのような発言に対しても非難や批判をしないことがルールとなっている。まず，担当看護師やその患者に関わったスタッフから，その患者の言動の提示から始まる。たとえば，Bさんの場合では，看護師から「"1日1回SMBG（血糖自己測定）している"と言うんですが，糖尿病手帳には血糖値の記載はなくて，他の看護師には"ちゃんとインスリンを打った時間を書いてますよ"と言っているんです」などの報告があった。また，栄養士からは「"カステラ食べたら，フワ～ンとなってめまいがするから食べない"と言ってたと思ったら，"いつも喫茶店で友だちと楽しくやってます。そしたら，（インスリンを持っていても打つことを）忘れる。紅茶と一緒にカステラやバウムクーヘンが大好き"と言ってたり，"紅茶は砂糖入れたらだめって，今回初めて知った。もう砂糖入れません"と言うんですけど，"今までね，ラカント（砂糖の代替品）を使ったらとか言われたけど，味がイヤ。

紅茶は砂糖ないと飲めない。私，我慢しないもん"とも言われました」など，さまざまな職種からの情報提供があった。

　これらのBさんの発言に対して「すごく子どもっぽい」「入院をしたことについては，ご主人から叱られるからイヤとは言うけど，本人は困ってないよね」「本心を語ってくれていないような気がする」「意図的ではないだろうが，話のつじつまが合わないね」などと愚痴でも感想でも，何でもオープンに話し合った。そうすると，今までの心理カンファレンスの経験や蓄積から「糖尿病を否認？」「理解が悪いのは認知症の発症？」「入院して看護師に甘えたいとかの退行行動？」「変化ステージの前熟考期？」といった患者の心理に近づこうとする発言が出てきた。水戸さんの事例でもそうであったように，医師や看護師といった医療スタッフは普通に会話ができていると，精神遅滞による知的能力障害とは思いが至らないようである。したがって，認知症でないとなると，その状態の把握に困ってしまうことになるのである。

〈心理カンファレンス／臨床心理士の役割〉
　他職種が心理カンファレンスに参加している目的が患者心理の理解であることから，臨床心理士は心理職としての見解や助言を求められる。今回のBさんは認知症ではなかったことで，他職種の医療スタッフには今まで学んできた心理的援助の知識だけでは，さっぱり見当がつかないことになったのである。この時点で，臨床心理士ならばBさんが知的能力の問題を抱えていることを推測していると思う。筆者のこの事例は，水戸さんの事例とは逆に心理カンファレンスで出現した問題の理解を深めるために，臨床心理士から知能検査の提案をし，知能検査を実施した事例であった。BさんのWAIS-Ⅲの結果は，言語性IQ64，動作性IQ72，全検査IQ65の軽度水準の知的能力障害であった。

③ 他職種との連携と協働

　筆者は知能検査の提案をする前に，まず他職種（この時は，医師と看護師と栄養士）のBさんへのアプローチをすばらしいと評価した。さまざまな側面からBさんを理解しようと試みたことの意義を伝えることは，その医療スタッフをエンパワーすることに繋がるからである。「できて当然，して当然」のことであってもそれを高く評価されることは，医療現場のような身体的にも心理的にも疲弊しやすい場で働く医療スタッフにとっては，心的エネルギーの補充になると考えている。

　総合病院の臨床心理士の役割として求められているものを考えるとき，臨床心理士が自身のもつ専門知識を提供して患者の心理的援助に役立ててもらう（Bさ

んの場合では，認知症と知的能力障害の違いの説明や今後の対応への詳細な助言などは，水戸さんの記述とほぼ同じになるので割愛した）だけにとどまらせてはもったいないと思う。患者に対して物理的な関わりをしない臨床心理士だからこそ，実際の身体的ケアに携わる他職種のスタッフに対して敬意をはらいつつ，心理的に支援をするという専門性を発揮できるのではないだろうか。他職種へのエンパワーメントを視野に入れておくことが，他職種との連携や協働に繋がると考えるのである。

IV│おわりに

　水戸さんが総合考察で述べている「患者の主体性や自主性を育てるような関わりを行い……」は，まさに糖尿病患者の心理的援助に関わる臨床心理士が常に頭に置いている「患者をエンパワーメントする」ことそのものである。糖尿病患者との関わりが決して多くない水戸さんが，その視点をもってくれているのは，やはり臨床心理士としての専門性のなせる技だと思う。

　これから総合病院で働こうと考えている臨床心理士は，今回の水戸さんが提供してくれた事例および情報を参考にして，大いに奮起していただきたいと願っている。

◆文献

[1] Anderson, B., Funnell, M. : The Art of Empowerment, 2nd. edition. American Diabetes Association, 2005.（石井均監訳，久保克彦ほか訳：糖尿病エンパワーメント［第2版］．医歯薬出版，2008）
[2] 石井均，久保克彦編：実践糖尿病の心理臨床．医歯薬出版，2006．
[3] 厚生労働省：平成24年国民健康・栄養調査結果の概要2012．[http://www.mhlw.go.jp/stf/houdou/0000032074.html]
[4] 久保克彦：実践 栄養カウンセリング．メディカ出版，2014．
[5] 日本糖尿病学会編：糖尿病の治療ガイド2010．文光堂，2010．

あとがき

　同じ心理職といっても，日々の活動において心理検査をどの程度使うかは人によってかなりの違いがある。職域や職場，臨床心理学を学んだ場所の持つ文化，検査者の指向性や臨床経験によっても異なるから，心理検査をもっと使うべきだと主張するつもりはないし，逆にその価値を引き下げるような意見にも与しない。検査を受けることを望む人がおり，受けさせようとする人がいる。受けることが妥当なら受けてもらうし，そうでないなら（少なくともその時は）受けてはもらわない。受検者本人が拒むのであれば無理はしない。しかし，検査を実施するのであれば，その結果は何らかの形で受検者に返さねばならないし，援助を目的に検査をしている以上，その検査結果はその後の援助のために役立てられなければならない。

　では結果のフィードバックにおいて，また検査結果の活用において大切なことは何か。それについては臨床的知見が集まりつつある。それが似たようなものになるのはおそらく自然なことだろう。ただ実践家として重要なことは，検査のフィードバックや活用の要点として語られることを，個々の事例の中でどのように具体的に展開させるかということだ。展開させる力を備えていることがこの場合の心理臨床家の力量であるし，それができてこそ，その要点も深みのあるものになる。

　「第1集」はおかげさまで版を重ねた。それだけ，臨床心理検査のフィードバックやその後の活用について関心を持っていながら，それを学ぶ機会に恵まれずにいる人が多くいたということだろう。あれから7年が経過した。時代の影響なのか，「第2集」に取り上げられた8つの事例では，結果として，いずれにおいても知能検査・発達検査が用いられている。しかし，その使われ方は多様である。第1集では事例を職域ごとに分けたが，第2集では受検者の年齢順に並べてみた。臨床心理検査が年齢層にしたがってどのように使われ，活かされているかという観点から眺めてみることもできるだろう。

　フィードバックは，単にデータを伝達すればよいというわけではない。受検者にとって意義を持つように伝え，話し合いを通して受検者の自己理解を深め，支

援者側の理解をさらに深めるような場とするには，面接技術が必要である。初心者にとってなかなか難しいものであることは間違いないが，それでも，それを日常の職務としている初心心理士たちがいるのだから，学ぶ機会を提供するのは，それなりの経験を重ねてきた心理士の責務だろう。

　心理士が検査を実施した後，面接技術を駆使してフィードバックを行い，その活用に努めるということは，心理士は単なる「臨床心理検査技師」ではないということである。第1集の読者には医師もおられたようであるが，このことは是非ご理解をいただきたい。そして，「詳しい所見を書いてもらっても，データだけしか見ない」などとおっしゃらずに，患者の心理的側面の個性を理解し，それを心理士と共有していただきたいと願っている。その分だけ，全人的な医療が前に進むことになると思うからである。

　事例執筆者は臨床心理士資格取得後，数年から十数年になる人たちである。各事例の構成は第1集に倣っている。また，本書第1章に述べた「検査者の心理検査行動」を詳細に書いてもらっている。それはある意味，その事例における事例執筆者の「至らぬ点」も率直に見せることになるだろう。読者には，揚げ足取りのような読み方をすることなく，実践の難しさとして共有していただければと思う。事例執筆者はこの事例報告を書き上げて以降，もう既に成長を続けているはずであるから，どうか固定的な評価を下されぬようお願いしたい。

　守秘についてであるが，8つの事例のうち2つは受検者もしくは保護者の同意を得ている。その他の6例は創作例である。いずれの場合も所属長等に了解をいただいているが，無用の誤解を避けるため，創作例も含めて事例執筆者の所属先を明らかにせず，「精神科病院勤務」のように記載した。これも第1集と同様である。

　企画書を提出してから，完成まで1年半を要した。事例の掲載を承諾して下さった受検者の方々，筆者からの要望に付き合って，事例をより読みやすいものへと何度も書き直してくれた事例執筆者の皆さん，事例執筆の了解やご助言をいただきました事例執筆者の所属機関の所属長，上司，先輩方，守秘や版権の関連で僅かにしか提供されない検査データをもとにコメントをお書き下さったコメント執筆者の先生方，そして私も含めた大人数とのやり取りを一つ一つ丁寧に行ってくださった金剛出版出版部の高島徹也さんに御礼申し上げます。縁あって一緒に一つのものを作り上げられたことをとても嬉しく思っています。

2016年6月

竹内　健児

索引

心理検査索引

HTPPテスト 43, 172
P-Fスタディ 43, 47, 49, 50, 52, 55, 57, 66-68, 72, 126
WAIS-III 72, 99, 100, 102, 103, 119, 120, 125, 126, 135-138, 154, 156-160, 162, 164, 171, 172, 174, 175, 179, 182, 183, 185, 205, 206, 212, 213, 217, 231, 234
WAIS-R 82, 93
WISC-IV 19, 22, 24, 27, 35, 36, 41, 43, 47-51, 55, 56, 66-68, 126, 206
内田クレペリン精神検査 ... 10
改訂長谷川式簡易知能評価スケール 99, 154, 206, 212
自閉症スペクトラム質問紙 125, 135, 149
新版K式発達検査2001 .... 18, 71, 72, 74, 76, 79, 81, 86, 93
精神状態短時間検査日本版（MMSE-J） 99, 154, 205, 206, 212-214, 217, 233
前頭葉機能検査（FAB） 206, 213
動的家族画 45
時計描画テスト 99, 205, 206, 214
日本版BDI-IIベック抑うつ質問票 13

バウムテスト 7, 43, 45, 71, 72, 74, 76, 81, 93, 94, 99, 100, 102, 104, 119-121, 125, 126, 128, 129, 144, 145, 153, 154, 156-159, 161, 172-174, 179-181, 183, 184, 186, 199
風景構成法 125, 126, 128-130, 132, 133, 140, 144-148, 150, 151, 172
文章完成テスト（SCT）.... 10, 99, 100, 102, 104, 106, 119-121, 126, 179, 180, 181, 183, 186, 193, 200, 201
ロールシャッハ・テスト ... 18, 72, 99, 100, 102, 105, 119-121, 124, 126, 154, 179-181, 183, 185

事項索引

アルファベット

ADHD 21
ASD 21
DSM-5 63
PDI 77
QOL 207
SST 53

あ

アスペルガー症候群 131
アドヒアランス 206
アレキシサイミア 68
依頼目的 117
インフォームドコンセント 70
うつ 13
エンパワーメント 229
夜尿 44

か

介護度 72
学習障害 33
学生相談 16
過剰適応 52
家族関係 183
希死念慮 101
逆転移 5
教育委員会 19
教育センター 43
協働 5
強迫症状 127
強迫性障害 127
群指数 103, 175
ケースワーカー 73
言語聴覚士 19
検査者の心理検査行動 5
コーディネーター 30
個性 9

さ

作業療法士 111
支援学級 74
自己愛 121
自己理解 12
自殺 179

自傷行為	74
質問紙法検査	14
児童相談所	71
指標	24
社会生活能力	72
就学	19
就労	79
受検態度	9
小児科	19
事例検討会	4
神経心理学的検査	205
診断	10
診断書	19
心理判定員	71
心療内科	44
精神科病院	99
精神遅滞	14
精神病	185
精神保健福祉士	100
双極性障害	101
総合所見	8
総合病院	179

た

退院	100
大量服薬	101
チック	44
知的障害	64
——者更生相談所	71
知能	10
知能検査	9
昼間遺尿	47

デイケア	99
適応指導教室	43
テストバッテリー	101
糖尿内科	206
投薬	25
トゥレット症	63
特別支援	19

な

入院	100
乳幼児健診	21
認知機能検査	207
認知症	205

は

パーソナリティ	181
パーソナリティ障害	121
発達検査	10
発達支援	10
発達障害	9
描画法	7
標準出現率	36
病態水準	181
病棟看護師	101
不安障害	131
フィードバック面接	11
福祉事務所	72
服薬	31
不登校	33
プレイセラピー	45
分離不安	34

保健師	22
保健センター	20

や

薬物療法	127

ら

リストカット	92
リファー	16
療育	19
療育手帳	40
臨床心理士	19
連携	5

人名索引

アンダーソン（Anderson B）	229
エリクソン（Erickson E H）	167
木村晴子	14
栗原和彦	14
田形修一	60
高橋祥友	192
津川律子	115
馬場禮子	120
フィン（Finn S E）	3, 4, 196, 197
フリス（Frith U）	175
若松直樹	210

著者略歴

第1章 ◉ 竹内 健児……たけうち・けんじ

第2章 ◉ 事例▶ 森 名月……もり・なつき
　　　小児科クリニック勤務，徳島大学大学院修了，臨床心理士

　　◉ コメント▶ 篁 倫子……たかむら・ともこ
　　　お茶の水女子大学基幹研究院教授

第3章 ◉ 事例▶ 山口 恵理……やまぐち・えり
　　　教育センター勤務，立命館大学大学院修了，臨床心理士

　　◉ コメント▶ 吉岡 恒生……よしおか・つねお
　　　愛知教育大学障害児教育講座教授

第4章 ◉ 事例▶ 福田 香織……ふくだ・かおり
　　　知的障害者更生相談所勤務，徳島大学大学院修了，臨床心理士

　　◉ コメント▶ 川畑 隆……かわばた・たかし
　　　京都学園大学人文学部教授

第5章 ◉ 事例▶ 宮部 由紀……みやべ・ゆき
　　　精神科病院勤務，追手門学院大学大学院修了，臨床心理士

　　◉ コメント▶ 髙橋 靖恵……たかはし・やすえ
　　　京都大学大学院教育学研究科准教授

第6章 ◉ 事例▶ 森崎 志麻……もりさき・しま
　　　心療内科診療所勤務，京都大学大学院修了，臨床心理士

　　◉ コメント▶ 吉川 眞理……よしかわ・まり
　　　学習院大学文学部心理学科教授

第7章 ◉ 事例▶ 柿田 明梨……かきた・あかり
　　　精神科病院勤務，徳島大学大学院修了，臨床心理士

　　◉ コメント▶ 篠竹 利和……しのたけ・としかず
　　　前日本大学文理学部教授

第8章 ◉ 事例▶ 天満 弥生……てんま・やよい
　　　総合病院精神科勤務，徳島大学大学院修了，臨床心理士

　　◉ コメント▶ 吉村 聡……よしむら・さとし
　　　上智大学総合人間科学部准教授

第9章 ◉ 事例▶ 水戸 薫……みと・かおる
　　　総合病院精神科勤務，立命館大学大学院修了，臨床心理士

　　◉ コメント▶ 久保 克彦……くぼ・かつひこ
　　　京都学園大学人文学部教授

編者略歴

竹内 健児……たけうち・けんじ

立命館大学大学院応用人間科学研究科教授，臨床心理士。京都大学大学院教育学研究科博士後期課程学修認定退学。トゥレーヌ甲南学園カウンセラー（在仏），徳島大学准教授，法政大学学生相談室主任カウンセラー，奈良大学臨床心理クリニック専属実習指導教員等を経て，現職。

主著──『Q&Aで学ぶ 心理療法の考え方・進め方』（創元社，2015），『パーソナリティの心理学』（共著，有斐閣，2013），『事例でわかる 子どもと思春期への協働心理臨床』（編著，遠見書房，2011），『事例でわかる 心理検査の伝え方・活かし方』（編著，金剛出版，2009），『ドルトの精神分析入門』（誠信書房，2004），『臨床心理査定技法2（臨床心理学全書7）』（分担執筆，誠信書房，2004），『スクールカウンセラーが答える 教師の悩み相談室』（ミネルヴァ書房，2000），『生活の中に学ぶ心理学』（共編，培風館，1997），他

心理検査を支援に繋ぐフィードバック
事例でわかる心理検査の伝え方・活かし方 ［第2集］

2016年 9 月20日　印刷
2021年 5 月30日　3 刷

編者 ─── 竹内健児
発行者 ─── 立石正信
発行所 ─── 株式会社 金剛出版
　　　　　　〒112-0005 東京都文京区水道1丁目5番16号 升本ビル二階
　　　　　　電話 03-3815-6661　振替 00120-6-34848

印刷・製本◉新津印刷株式会社

ISBN978-4-7724-1507-1 C3011　　©2016 Printed in Japan

事例でわかる 心理検査の伝え方・活かし方

[編]=竹内健児

● A5判 ●並製 ●240頁 ●定価 **3,740**円
● ISBN978-4-7724-1113-4 C3011

心理検査後の結果の「伝え方」と「活かし方」を，
多様な現場の事例とコメントから学ぶ。
臨床の幅を広げるスキルアップの書。

治療的アセスメントの理論と実践
クライアントの靴を履いて

[著]=スティーブン・E・フィン　[訳]=野田昌道　中村紀子

● A5判 ●上製 ●368頁 ●定価 **4,950**円
● ISBN978-4-7724-1369-5 C3011

テストからフィードバックを経て査定者が治療者になる
ヒューマニスティックな治療的アセスメントの
実践と方法を学ぶ。

神経心理学的アセスメント・ハンドブック［第2版］

[著]=小海宏之

● B5判 ●並製 ●262頁 ●定価 **4,620**円
● ISBN978-4-7724-1687-0 C3011

発達障害児・者の神経心理学的アセスメントや
認知症における認知機能の評価に用いられる
70にのぼる心理アセスメントを紹介する。

価格は10%税込です。